CW00520997

WIR YR!

WIR YR!

Atgofion
Maldwyn Lewis

Argraffiad cyntaf: 2006

Mae'r cyhoeddwr yn cydnabod cefnogaeth ariannol
Cyngor Llyfrau Cymru.

Rhif Llyfr Safonol Rhyngwladol:
1-84527-079-7

Clawr: Sian Parri

Argraffwyd a chyhoeddwyd gan Wasg Carreg Gwalch,
12 Iard yr Orsaf, Llanrwst, Dyffryn Conwy, LL26 0EH.
☎ 01492 642031
🖷 01492 641502
✆ llyfrau@carreg-gwalch.co.uk
Lle ar y we: www.carreg-gwalch.co.uk

I'r enwog a'r distadl a frwydrodd dros ryddid i'n cenedl.

Yng ngeiriau J.M. Edwards:

Hwynt-hwy ydyw'r gweddill dewr a'i câr yn ei thlodi,
Ac a saif iddi'n blaid yn ei dyddiau blin;
Allan yn y cymoedd a'r mynyddoedd amyneddgar
Hwy a wynebant yr estronwynt a phob hin.

Y rhai yn y dyddiau diwethaf a blediodd eu henaid drosti
Â thân yn eu her, a'i hen hiraeth hi yn eu hiaith.

Cynnwys

Gair o gyflwyniad

Lawer tro uwch sgwrs crybwyllodd y llenor dawnus a ffraeth William Owen o Borth-y-gest, 'mae'n hen bryd iti gyhoeddi cyfrol o'th atgofion'. Dros y blynyddoedd bu cyfeillion, cyd-gynghorwyr, gwleidyddion, gweinidogion, darllenwyr *Yr Wylan* ac aelodau o gymdeithasau ble bûm yn rhoi ambell i sgwrs yn fy nghymell hefyd. Dyma gadw fy addewid iddynt yn y gobaith na fydd eu ffydd yn ofer.

Cefais fy nghythruddo lawer gwaith hefyd gan erthyglau a chyfrolau a ysgrifennwyd gan rai o Brif Swyddogion yr hen Gyngor Gwynedd. Hyd y gwelwn, nid oedd gan ambell un ohonynt fawr o syniad am gefndir penderfyniadau tyngedfennol yr Awdurdod. Yn wir, amheuwn weithiau a wyddent ychwaith pa aelodau o'u staff oedd yn gwneud y cyfraniadau mwyaf gwerthfawr.

Pethau sych ac anniddorol yw cofnodion cynghorau i lawer, ond y tu ôl i un frawddeg fer y mae yn aml ddramâu cyffrous a theatr bur. Adar brith ond diddorol yw gwleidyddion a dylid, er mwyn haneswyr y dyfodol, rhoi llifolau ar eu cymeriadau boed wych neu wachul. Gwn, wrth gwrs, y bydd hynny o reidrwydd yn creu gwg weithiau a gwên bryd arall.

Mwynheais ar hyd y blynyddoedd 'Gyfres y Cewri' yn darlunio hynt, helynt a phrofiadau amrywiaeth o gymeriadau enwog Cymru. Credaf mai da o beth oedd ceisio rhoi darlun o'r un cyfnod trwy lygaid rhywun mwy cyffredin oedd yn digwydd bod yno.

Gyda'r gostyngiad yn aelodaeth eglwysi Cymru dros yr hanner can mlynedd diwethaf, mae'r ffyddloniaid yn naturiol yn holi yn eu calonnau pa ddyfodol sydd i Gristnogaeth. Mentrais fel gwrthgiliwr gyfrannu fy hatling i'r drafodaeth.

Hoffwn ddiolch yn gynnes i staff Archifdy Arfon am eu caredigrwydd a'u cymorth tra oeddwn yn ceisio gwirio ffeithiau; i'm teulu am fyw am wythnosau gyda meudwy; i Bill

Gates, creawdwr Microsoft Word – heb hwylustod ei raglenni cyfrifiadurol ni fuaswn fyth bythoedd wedi cwblhau'r dasg; ac i Myrddin a'i staff yng Ngwasg Carreg Gwalch am eu cefnogaeth, eu cyngor, eu cydweithrediad llawen a'u hargraffu graenus.

Rhennais y llyfr yn benodau niferus fel y gall darllenwyr ddiystyru pynciau nad ydynt o ddiddordeb iddynt. Hyderaf fod digon yn weddill fydd at ddant pawb.

Nid hunangofiant fel y cyfryw yw hwn. Ei brif bwrpas yw diddanu a mentro ar yr un pryd – yng ngrym arferiad pobl bro'r chwareli – i ddatgelu ffeithiau noeth nas cyhoeddwyd o'r blaen.

Maldwyn Lewis
Medi 2006

Blaenau Ffestiniog

Ar y silff gul hon o graig, nid oedd yn 1800 ond ychydig ffermydd ac ambell i dyddyn yma ac acw. I Lan Ffestiniog yr âi'r boblogaeth denau i addoli, i gladdu eu meirwon, i'r ffair gyflogi a'r dafarn.

Dechreuodd pobol o Ben Llŷn ac ardaloedd chwareli Arfon ddod i gloddio am lechi. Ond methu taro ar wythïen broffidiol fu eu hanes am flynyddoedd. Yna gwawriodd dyddiau gwell gyda dyfodiad Samuel Holland a'i debyg tua 1830. Adeiladwyd tai, capeli a thafarnau ar bob llaw ac erbyn 1901 roedd nifer y trigolion bron yn 12,000 o eneidiau. Roedd yna ddŵr yn y rhan fwyaf o'r tai, trydan yn goleuo'r stryd mor gynnar â 1903, a charthffosiaeth mewn rhai anheddau a threfn casglu lludw.

Yn 1930, pan oeddwn i'n blentyn, tua 9,000 oedd y boblogaeth a channoedd yn parhau i weithio yn y chwareli. Tref yn llawn bwrlwm oedd hi, gyda 26 o gapeli, band enwog y Royal Oakeley, eisteddfodau, a llwyfannu dramâu fel *Taith y Pererin* a *Pobl yr Ymylon*. Yn ogystal ceid tair sinema a thri chwmni trên, sef GWR i'r Bala, trên Ffestiniog i Borthmadog a'r LNER i Fetws-y-coed a Llandudno.

Yn y parc roedd cyrtiau tennis a dau gae bowls – un i blant ac un i'r oedolion. Ein harwyr ni blant yn y tîm pêl-droed oedd Cremei â'i gic fel taran a Glyn Bryfdir yn gwau trwy'r gwrthwynebwyr fel Ryan Giggs ein dyddiau ni. Clybiau fel Nottingham Forest, Bolton Wanderers, West Brom, Grimsby,

Stoke City a Tottenham Hotspur oedd yn dwyn ein chwaraewyr.

Daeth Forest i chwarae yn erbyn tîm Blaenau un flwyddyn. Ar ddechrau'r gêm neidiodd chwaraewyr yr ymwelwyr dros y weiran oedd o amgylch y cae. Trwy andros o ymdrech llwyddodd hogiau'r Blaenau i wneud yr un peth. Dim ond 8–0 o gweir a gawsom yn erbyn tîm o'r drydedd adran. Ar ddiwedd y gêm dyma dîm Notts yn neidio eto dros y weiran i adael y cae. Hogiau Blaenau wedi cael wythnos galed o waith yn y chwarel a chael gêm ymdrechgar, yn cropian yn flinedig oddi tani yn sŵn clapio brwdfrydig ni'r plant.

Ar furiau ein cartrefi roedd amrywiaeth o luniau. Llun o Grist yn curo drws, llun Gladstone neu'r frenhines Victoria, a Siân Owen yng nghapel Cefn Cymerau yn ddiweddarach. Ar wal un o'r llofftydd yn ein tŷ ni roedd y geiriau 'Duw cariad yw' wedi ei sgwennu mewn blodau. Ar ben y ffrâm bren y cadwai Mam y wialen fedw, er na welais i hi'n ei defnyddio erioed ond i'n bygwth ni pan oeddem yn mynd dros ben llestri.

Mi rydw innau fel Kate Roberts yn gwadu ein bod yn dlawd. Roedd gennym gartref cynnes a digon o lo ar y tân. Roedd y prydau bwyd yn syml ond yn faethlon: lobscows, uwd, wyau, cacennau mwyar duon a llus yn eu tymor, a chlamp o bastai cig a thatws unwaith yr wythnos. Roedd William Jones yn nofel T. Rowland Hughes yn cael breuddwyd fendigedig un noson: nid am gael gwraig dyner gariadus ond am gael plât o gig moch a dau wy er na chafodd ef, fwy na'r rhelyw o chwarelwyr Stiniog, ddau wy yn ei fywyd. Y mae'n wir, wrth gwrs, nad oedd gan ein mam *Hoover* – dim ond brws llawr, rhaw a mop, a styllen a mangl yn lle peiriant golchi.

Ein gwyliau oedd trip yr Ysgol Sul i Landudno. Cyhoeddodd yr LMS docyn deg swllt yn 1939. Cawsom fynd i rywle bob dydd. Cawsom gyfle i deithio i bellafoedd daear – Prestatyn a Phenmaen-mawr.

Cofiaf weld carnifal yn y Blaenau tua 1937, lorri ac arni chwarelwr a'i wraig yn eistedd mewn cadair haul a'r plant yn codi cestyll yn y tywod o'u blaenau. Arni roedd baner fawr yn cyhoeddi 'Chwarelwr ar ei wyliau a Mr Graves yn talu'. Pawb yn rowlio chwerthin ar y syniad rhyfeddol o gael wythnos o wyliau a derbyn cyflog gan berchennog y chwarel.

Y Chwarel

Ar lefelau ar wyneb y graig y gweithiai chwarelwyr Arfon, ond rhaid oedd cloddio dan y ddaear i gyrraedd y llechen yn Ffestiniog. Tyllu un lefel a gadael pileri o graig heb eu gweithio yma a thraw i ddal to'r ogofâu mawr ac yna mynd i lawr lefel arall. Gweithio yng ngolau cannwyll ar ddechrau'r ganrif, drilio tyllau, eu llenwi â ffrwydron a thanio. Yn chwarel yr Oakeley yr oedd yn agos i 50 milltir o reilffyrdd a deg o lefelau ar ben ei gilydd, a'r isaf yn is nag arwynebedd y môr.

Y ddau greigiwr yn anfon slabiau enfawr o feini ar wagenni i'w partneriaid ar yr wyneb. Y ddau ohonynt hwythau'n torri'r gwastraff ymaith gyda lli gron ac yna'n hollti'r clytiau gorau yn gelfydd i wneud y llechi. Gwaith caled, llychlyd ac afiach.

Ni'r plant yn gorwedd yn gynnes yn ein gwlâu ar fore rhewllyd yn y gaeaf. Clywed sŵn esgidiau hoelion y chwarelwyr yn mynd heibio – fel clindarddach esgidiau trwm y gwerthwyr nionod yng ngherdd I.D. Hooson. Gwrando arnynt yn cyfarch a thynnu coes ei gilydd.

Y Gymdeithas

Am bron i gan mlynedd, tref brysur, fywiog oedd y Blaenau. Pobl hoffus yn llawn hwyl er garwed y gwaith. Cymeriadau nobl, crefyddol a Chymreig. Yn 1891 roedd 85% o boblogaeth y Blaenau nid yn unig yn Gymry ond yn uniaith Gymraeg. Gallwn ddweud hanes dwsinau o blant fy nosbarth – i ba gapel y perthynent, pwy oedd eu tad a'u mam a'u taid a'u nain, a pha rai oedd eu hoff emynau.

Pawb bron yn adnabod ei gilydd. Mrs Thomas, y wraig drws nesaf, yn galw ar Mam i fenthyca cwpanaid o siwgr a Mam yn ei thro yn galw arni hithau i gael jygaid o lefrith. Roedd gan ein cymydog saith o feibion ond nid oedd yr un ohonynt yn gapelwyr. Er hynny, pan oeddem yn galw yno unwaith y flwyddyn i gasglu at y genhadaeth, rhoddai pob un bres yn y bocs ar yr amod ein bod ein tri yn canu neu'n adrodd.

Dynion a merched yn dweud beth oedd ar eu meddwl oedd pobol Stiniog ac yn siarad yn blaen heb ofni gwg neb. Canmolwyd lawer tro ddiwylliant y Caban lle'r oeddynt yn bwyta eu brechdanau ganol dydd ac yn yfed te wedi'i stiwio. Cafodd gŵr o'r enw Tom Jones hyd i gofnodion y flwyddyn 1908 ar gyfer caban Sink y Mynydd yn chwarel Llechwedd. Cefais eu benthyg ganddo rai blynyddoedd yn ôl. Y maent yn rhoi darlun cignoeth o'r trafodaethau.

Bu dadl yn y caban ar 'Ai huodledd y pulpud neu fargyfreithiwr sydd fwyaf?' Canlyniad y bleidlais oedd 15 dros arabedd y pulpud a 10 dros y 'llysgennad'. Yr ysgrifennydd yn ychwanegu 'a 15 oedd gall a 10 oedd ffôl'.

Bu dadl arall ar gyllideb Lloyd George, a Robert Hughes yn cymryd rhan. Er bod cofnodion yr wythnos yn cael eu darllen yng ngŵydd pawb ar ddydd Gwener, cofnodwyd y sylw: 'anerchiad eiddil, gwan ei feddwl a disynnwyr'.

Ar gyfer cystadleuaeth dweud stori, dyma oedd y cofnod: 'Nid yw'r hen ffrind John Owen wedi ei ddonio â dawn i ddweud stori. Mi roedd yn peri i mi feddwl am Melchisdeg, Brenin Salem "heb iddo ddechrau dyddiau na diwedd einioes".'

Cofiaf ddadl yn Is-bwyllgor Ysgolion Gwynedd tua 1975 a ffrind imi ers dyddiau ysgol yn cymryd rhan. Minnau'n awgrymu iddo ei fod yn gwneud cyfraniad neilltuol o werthfawr i'r drafodaeth ond ei bod yn biti ei fod yn gwneud ei bwynt braidd yn rhwysgfawr a rhai o'r aelodau, o ganlyniad, ddim yn gwrando. Ar ôl y pwyllgor roedd y cyfaill a minnau'n sgwrsio. Daeth Ffowc Williams, Llandudno, atom a dweud, 'Y

mae'n ddrwg gennyf eich clywed chwi eich dau yn ffraeo.'
Ninnau mewn syndod yn ateb, 'Ffraeo? Rydyn yn mynd i ginio
gyda'n gilydd rŵan'.

Tad y Parch. O.M. Lloyd oedd llyfrgellydd y dref. Hoffai
ddangos i ni blant adran o'r llyfrgell nad oedd neb yn edrych
arni bellach. Silffoedd lawer o esboniadau Beiblaidd, chwe
chopi o Destamentau Newydd yn yr iaith Roeg a thri Beibl
Hebraeg ac ôl bodio trwm arnynt.

Ond rhaid cydnabod fod nifer o chwarelwyr heb fwyta
erioed yn y caban ac eraill yn ymadael cyn i'r trafod a'r cystadlu
ddechrau. Eto, pan gynhelid sesiwn carolau Nadolig neu
eisteddfod byddai'r cwt dinod yn llawn. Ymhob cyfnod ceid
chwarelwyr diog, digydwybod, celwyddog yn diota, betio a
byth yn tywyllu unrhyw gapel. Chwedl T. Rowland Hughes,
'Nid oedd Wil erbyn hyn yn malio botwm corn beth oedd gan
yr Apostol Paul i'w ddweud. Ni thaflai'r apostol unrhyw oleuni
ar hynt Manchester United, ac ni wyddai Paul pa geffyl oedd yn
werth rhoi swllt arno.'

Hiwmor y Chwarelwyr

O'r holl straeon am hiwmor y chwarelwyr, fy hoff un i yw'r
hanes a glywais gan Emrys Annwyl Williams, Croesor.
Chwarelwr yn mynd at Bob Owen i gwyno mai dim ond £4 o
gyflog a gafodd yn lle £5. Bob yn dweud, 'dim diawl o berygl!'
Y chwarelwr yn rhoi'r papurau punt i Bob. Yntau'n gweld eu
bod yn rhai newydd sbon ac yn glynu yn ei gilydd. Dyma fo'n
chwythu arnynt i'w gwahanu – a pum papur yn dod i'r amlwg.
Meddai'r cyfaill oedd yn edliw, 'Daliwch i chwythu, Bob,
daliwch i chwythu'.

Rai blynyddoedd yn ôl roedd Gwilym Owen ar fin gorffen
holi tri ohonom ar y radio pan ofynnodd inni ddweud stori
oedd yn nodweddiadol o fro ein magwraeth. Yr unig beth a
ddaeth i'm cof oedd digwyddiad pan oeddwn yn blentyn ysgol.

Rhan o ddyletswyddau fy nhad fel clerc cerrig yn chwarel Llechwedd oedd mynd â phobol ddiarth o gwmpas i esbonio'r gweithgarwch. Ar ben un bonc lle'r oedd y chwarelwyr yn hollti'r llechi, gweithiai cymeriad o'r enw Guto. Dyn peniog a darllengar ond nid oedd yn hoff o waith chwarelwr. Pan welai fy nhad a'r dieithriaid yn agosáu, neidiai ar ei draed a dweud, 'A' i â nhw rownd, Morris John, mi a' i â nhw'. Mi roedd, chwarae teg iddo, yn un penigamp am esbonio popeth oedd yn mynd ymlaen. Y bore hwnnw ychwanegodd, 'Er bod gennyf andros o ddos o annwyd. Chwysu ac oeri yn yr hen le yma.' Dyma ei gymydog yn dweud, 'Guto bach, rydyn ni yn dallt yr oeri, ond ble uffern gefaist ti'r chwysu?'

Rai wythnosau wedi hynny, a minnau'n croesi'r stryd ym Mhorthmadog, clywais lais yn dweud, 'Dwi'n enwog ers rhai wythnosau rŵan. Rhyw hen foi wedi dweud stori amdana i ar raglen Gwilym 'Wan'. Roedd Guto yn dal yn heini yn ei wythdegau! Cawsom hwyl fawr uwch panad o de yn hel atgofion.

Go brin y gwelwn gymdeithasau tebyg i rai Stiniog, Bethesda, Llanberis a Nantlle fyth eto. Er mor llwm ein bywyd materol cawsom, fel plant, fagwraeth gyfoethog yn y pethau sydd yn cyfrif.

Tylwyth

Byddaf yn rhyfeddu at y rhai sydd yn medru nid yn unig enwi, ond hefyd ddisgrifio'n fanwl genedlaethau o'u hynafiaid. Gan fy mod yn un o ddeg o blant ni allaf hyd yn oed gofio enwau pob un o'm cefndryd a'm cyfnitherod.

Ac eto, mae gan lawer ddiddordeb mawr mewn achau teuluoedd pobl eraill. Pan oeddwn yn ymweld â Banc Ewrop gyda Thrysorydd Gwynedd, soniodd un o'r Is-lywyddion oedd yn Ffrancwr mai'r Cymro Syr Ben Bowen Thomas a'i penododd. Ar ddechrau'r cyfweliad gofynnodd Syr Ben iddo ddisgrifio'i daid a'i nain o ochr ei dad a'i fam. Gwell i minnau ddweud gair byr am fy nheulu.

Robert Arthur oedd enw fy mrawd hynaf a anwyd yn 1908. Oherwydd ei fod yn gallu troi ei law at bopeth, ef oedd yn ymgymryd ag unrhyw waith oedd angen ei wneud o gwmpas ein cartref. Bu'n gweithio i'r cyngor, y Bwrdd Dŵr a chwmni trydanol ac yn aelod gwirfoddol o'r frigâd dân. Pan fyddai problem yn codi yn y gwaith nwy yn y Blaenau galwent ar Bob i'w cynorthwyo er nad oedd ar eu staff. Roedd yn Undebwr brwdfrydig, a hyd y gwn, arhosodd yn gefnogol i'r Blaid Lafur gydol ei oes. Hoffai wylltio fy nhad trwy ladd ar yr Iddewon a hwnnw'n ei atgoffa bob tro mai 'Iddew oedd dy Waredwr di a minnau'.

Syrthiodd o ben ysgol uchel un tro a thorri'i goes. Erbyn i'r ambiwlans gyrraedd roedd wedi defnyddio darnau o bren oedd ar lawr gerllaw i osod ei goes mewn sblint.

Bu ei ferch Rhoda Williams yn athrawes yn yr Wyddgrug am flynyddoedd ac y mae ei merch hithau, Delyth, yn ymgynghorydd ail iaith yn ardal Conwy. Mae ei ferch arall Brenda wedi priodi Dr Ieuan Williams sydd yn arbenigwr ar systemau cyfrifiadurol cwmnïau olew. Treuliant y rhan fwyaf o'u hamser yn Califfornia, ac mae eu merch, Dr Ceri Williams Dodd, yn byw yn y cyffiniau hefyd.

Yn 1909 y ganwyd Bronwen Eurwedd. Bu'n gweini ac edrych ar ôl plant rhai o deuluoedd blaenllaw Cymru cyn priodi yn 1938 gyda Ted Dowsing a byw yn Llundain, Rhuthun a'r Wyddgrug. Cogyddes ragorol iawn, a bûm yn aros yn aml iawn yn ei chartref pan oeddwn yn fyfyriwr ac ar ôl hynny. Bu Ted yn organydd mewn nifer o eglwysi ac yn arweinydd cymanfaoedd canu.

Gŵr eithriadol o dawel, er yn ddarllenwr ymroddgar, oedd fy mrawd Richard Gwynros. Bu'n gondyctyr bws a gorsaf-feistr. Gorfu iddo ymuno â'r fyddin yn 1939 er na fuasai'n lladd gwenyn meirch. Yn ffodus cafodd ei wneud yn gogydd a dyna fu ei waith drwy'r rhyfel mewn gwahanol rannau o Brydain. Roed hefyd yn bysgotwr brithyll ac eog brwdfrydig.

Eirwen, a anwyd yn 1912, a fagodd y tri ieuengaf ohonom. Gwasanaethai fel morwyn yn y Bermo ac yn ddiweddarach gofalai am siop y teulu yno yn Nhynycoed. Roedd Glenys fy chwaer fach a minnau'n cael mynd at y teulu ar wyliau. I ni roedd eu cartref yn grand a'r bwyd yn rhyfeddol. Roedd hyn pan oedd y Bermo yn dref brydferth, Gymreig cyn yr ymfudiad trist o bobl Birmingham.

Nyrsio fu Megan cyn prodi Ken Davies a byw am flynyddoedd yn Khartoum lle'r oedd ef yn bennaeth cwmni Ford yno. Yno y magwyd eu gefeilliaid Glenys a Siân. Trawyd Megan ar ei phen gan brifathro'r County School tua 1929 a chredir mai dyna pam y bu raid iddi dreulio rhai misoedd yn Ysbyty Llangwyfan yn Nyffryn Clwyd. Roedd hi'n ferch hwyliog, fywiog oedd yn mwynhau pob taith a phryd o fwyd ac yn fodlon mentro ar unrhyw weithgaredd. Andros o gwmpeini da.

Hyfforddwyd Bess yn athrawes yn y Coleg Normal, Bangor, ac astudiodd Gymraeg uwch dan Ambrose Bebb. Cartrefodd yn Burnley ar ôl priodi gŵr tawel a fagwyd yno. Bu'n dysgu gydol ei hoes. Deuent yn aml gyda'u carafán ac aros yn Eifionydd i gerdded mynyddoedd a dod atom ni yn Nhremadog a Borth-y-gest am eu prydau gyda'r nos. Oherwydd bod gennyf innau ddiddordeb mewn addysg dyna oeddem yn ei drafod nes syrffedu pawb arall o'r teulu. Y mae eu hunig fab Alun yn Arolygwr Treth Incwm yn Northampton.

Lily Maud hwyrach oedd y mwyaf galluog ohonom, ond pan oedd yn bymtheg oed cafodd belten gan Brifathro'r ysgol a rhoddodd hithau fonclust yn ôl iddo yntau gan beri iddo syrthio i lawr rhes o risiau. Er nad anafwyd ef, teimlai fy nhad a'r Awdurdodau y byddai'n ddoeth iddi adael yr ysgol. Bu'n nyrsio am flynyddoedd cyn priodi a symud i fyw yn yr Alban. Ar wahân i gyfnewid cardiau Nadolig nid ydym wedi cadw cysylltiad â'i thri phlentyn, Peter, Ann a David.

Mae fy mrawd Artro ychydig dros ddwy flynedd yn hŷn na mi. Er ei fod yn dalentog, gadawodd yr Ysgol Sir ar y cyfle cyntaf a mynd i weithio i gwmni Maypole. Ymunodd â'r Llynges ar ddechrau'r Ail Ryfel Byd a gwasanaethu fel gŵr cysylltiadau morse, codau ac ati, ar longau oedd yn ysgubo'r moroedd yn difa ffrwydron. Suddwyd dwy o'i longau a threuliodd fisoedd lawer yn Ne Affrica. Cartrefodd yn Wrecsam a phriodi Irene ac yna aeth i weithio i gwmni gwydr Pilkingtons.

Bu farw ei wraig gyntaf yn ieuanc iawn a gadael dau o blant, Valerie ac Elfyn. Y mae Val yn byw ym Mhenrhyndeudraeth a bu Elfyn farw yn ddiweddar yn 56 oed ar ôl blynyddoedd yn arwain tîm oedd yn gwasanaethu hofrenyddion ac awyrennau yn Hong Kong, y Fali a Llanbedr, Meirionnydd.

Fy chwaer fach yw Glenys sydd ddwy flynedd yn iau na mi.

Nyrsio fu hithau, a dysgu mewn ysgol fonedd. Priododd â Tom Jones o Lannerchymedd a fu'n Rheolwr Banc Barclays yn Llanrwst a Threffynnon. Ar ôl graddio yng Nghaergrawnt mewn Botaneg y mae eu merch Nerys yn crwydro'r byd yn darlithio ar yr amgylchedd a phlannu coedlannau.

Roedd Bob a Gwynros wedi gadael cartref cyn fy ngeni i, a phan roeddem yn cwrdd, ar wahân i sôn am eu teulu a physgota, caem drafferth i gynnal sgwrs. Artro, Glen a minnau fu'n ymwneud â'n gilydd fwyaf ar hyd ein hoes.

Addysgwyd Eirian, fy ngwraig, yn Ysgol Ramadeg Llanrwst a Choleg Cartrefle. Bu'n athrawes yn y Drenewydd cyn ymfudo i Seland Newydd. Yna, o 1966 ymlaen, bu'n dysgu yn ysgolion Tremadog, Beddgelert ac yna am flynyddoedd yn Ysgol Eifion Wyn, Porthmadog. Cymerodd ymddeoliad cynnar yn 1982.

Ganwyd dau o'n plant, Dewi a Gwenith, yn Seland Newydd. Ar ôl ennill diploma mewn Garddwriaeth, bu Dewi'n gweithio am flynyddoedd i'r Weinyddiaeth Amaeth yn Nhrawscoed, Aberystwyth. Yn 1979 prynodd siop bapur newydd ym Mhenrhyndeudraeth, yna ei hymestyn i gynnwys Swyddfa Bost ac yn ddiweddarach prynu'r adeilad drws nesaf i ehangu'r siop a'r llythyrdy.

Y mae'n Gynghorydd Sir Gwynedd dros yr ardal a bu'n aelod o Fwrdd Datblygu Cymru ac Elwa. Bu'n Gadeirydd, ymysg pethau eraill, ar Bwyllgor Economi Gwynedd am gyfnod maith. Hwn yw'r corff sydd yn penderfynu pa gynlluniau sy'n cael eu cyflwyno i geisio am arian Amcan Un, a sicrhawyd miliynau lawer i gwmnïau, sefydliadau a busnesau yng Ngwynedd.

Ar ôl gadael ysgol gyda phentwr o gymwysterau aeth Gwenith i grwydro Seland Newydd, Awstralia, y Dwyrain Pell ac Ewrop. Priododd ag Andrew sydd yn Brif Beiriannydd ar longau fferi ac yn frodor o Awstralia. Buont yn byw yng Nghricieth ers pedair blynedd ar ddeg. Y mae eu mab, Cai

Ferguson, yn ddisgybl yn Ysgol Eifionydd a Bryn yn dilyn cwrs BTech mewn Peirianneg Forwrol yng Ngholeg Meirion Dwyfor.

Ganed Geraint Curig yn Llandudno, ac ar ôl graddio mewn Hanes yn Aberystwyth, bu'n rhan o'r tîm fu'n cynhyrchu'r papur Sul Cymraeg *Sulyn*. Ar ôl hynny, bu ar staff Cyngor Chwaraeon Cymru, y BBC ac ITV, yn newyddiadura, ac yn gweithio ym maes polisïau a chynhyrchu rhaglenni yn bennaf. Mae ei fab, Owain, yn ddisgybl yn Ysgol Plas Mawr, Caerdydd.

Magwraeth

Fe'm ganwyd i ar y 5ed o Orffennaf 1927 – yn ôl pob sôn y plentyn cyntaf i gael ei eni yn yr Ysbyty Coffa yn y Blaenau. Roedd fy mam yn enedigol o Abergynolwyn a'i thad yn chwarelwr a adawodd y chwarel ac agor siop lyfrau yn y Blaenau er mwyn bod yn rhydd i gynorthwyo gyda sefydlu Undeb y Chwarelwyr. O'r un llinach roedd Mr Pugh, fu'n athro Ffiseg yn y Blaenau cyn mynd yn brifathro i Ysgol y Berwyn, y Bala. O'r un teulu hefyd â Geraint V. Jones, awdur nofelau gwefreiddiol fel *Semtecs, Asasin* a *Zen*.

Hanai teulu fy nhad o deulu Melin y Brenin, Dyffryn Ardudwy. Bu'n chwarelwr yn Llechwedd am dros ugain mlynedd ac yna'n glerc cerrig yno. Unwaith y mis roedd y chwarelwyr yn cael y Tâl Mawr. Dibynnai hwnnw ar y nifer o lechi, eu maint a'r safon a gynhyrchwyd ganddo ef a'i bartner a'r ddau oedd yn gweithio dan ddaear. Gwaith y clerc oedd cyfrif ac asesu'r llechi. Roedd ambell un yn rhoi llechen wael ynghanol rhai da er mwyn cynyddu'r ffigurau a chamgyfrif yn fwriadol weithiau. Bu 'nhad yn bregethwr cynorthwyol er pan oedd yn ifanc iawn. Pan oedd yn ei 60au gwahoddwyd ef i fod yn weinidog ar Eglwys y Bedyddwyr Moriah, Tanygrisiau, ac ordeiniwyd ef yn 1951.

Fi oedd y nawfed o 10 o blant. Gan i'r hynaf ohonom, Robert Arthur, gael ei eni yn 1908 roedd y rhan fwyaf o'r chwech cyntaf wedi gadael y cartref cyn fy ngeni. Y tri ieuengaf – Artro, Glenys a minnau – a gafodd ein magu gyda'n gilydd, a'n chwaer Bess, oedd yn fyfyrwraig yn y Coleg Normal ym Mangor, gartref yn achlysurol.

Tŷ teras carreg a llechi yn 2 Richmond Terras oedd ein cartref. Safai ar fryn uchel gyda rhes Summerhill gerllaw a dwy res Tanrallt oddi tanom. Roedd gennym olygfa fendigedig o Lyn Trawsfynydd, Cader Idris, tref y Blaenau, Nyth y Gigfran a'r ddau Foelwyn, a dyffryn hyfryd Cwmbowydd yn rhedeg i gyfeiriad Maentwrog.

Y Capel

Eglwys Bedyddwyr Seion oedd canolbwynt ein bywyd. Gwisgo dillad dydd Sul a mynd i oedfa'r bore. Newid i'n dillad chwarae, ac yna disgwylid inni ddarllen y Beibl neu ganu emynau yn sŵn yr harmoniwm. Cinio rhost ganol dydd ac yna newid i fynd i'r Ysgol Sul. Newid eto ar ôl dychwelyd adref ac yna oedfa'r nos. Os oedd yn dywydd mawr yn y gaeaf caem aros adref ac eistedd efo Mam o gwmpas y tân a phawb yn darllen un adnod o'r Beibl yn ei dro am ryw awr.

Fel ymhob oes roedd ambell i bregethwr yn fwy difyr na'i gilydd. Os nad oeddynt, rhaid oedd cyfrif rhif yr emynau ar y bwrdd ger y pulpud. Eu cyfrif i fyny ac i lawr ac ar draws i edrych a allem gael yr un cyfanswm bob ffordd. Roeddem yn bencampwyr yn yr ysgol gynradd ar wneud syms yn ein pen, diolch i'r cenhadon hirwyntog. Cyn bod yn dair oed dysgem yr ABC gyda phoster mawr lliwgar oedd yn dweud 'A am afal, B am bara . . . Pan aem i'r ysgol ddyddiol yn dair oed roedd gennym grap go dda ar ddarllen.

Ein cas gyfarfod oedd y Cwrdd Gweddi ar nos Lun. Roedd y saint wrth orsedd gras am hydoedd. Un o'n pleserau oedd cyfrif sawl gwaith yr oedd hen chwarelwr o'r enw Ellis Hughes yn dweud 'O Dad Nefol' yn ei weddi. Un noson dywedodd y geiriau 43 o weithiau mewn gweddi ugain munud a gwaeddodd un o'r hogiau 'record' dros bob man. Roedd y llenor John Gwilym Jones yn fwy ystrywgar na ni, a chafodd ef ei ddal yn ffeirio cardiau pêl-droed Woodbines gyda'r hogiau eraill tra oedd yr hen greaduriaid ar eu gliniau.

Nos Fawrth cynhelid Band of Hope a chymryd y llw i lwyr ymatal, trwy gymorth Duw, rhag yfed unrhyw ddiod feddwol ar hyd ein hoes. Flynyddoedd wedyn y sylweddolasom fod yr Iesu yn yfed gwin. Noson o adrodd, canu, darllen paragraff heb ei atalnodi, canu yn y côr a dweud stori ddigri oedd hon. Austin Lewis yn chwarae *ukulele* fel George Formby, a'i fam a'i dad yn dweud stori *Taith y Pererin* gyda'r *'magic lantern'*.

Diniwed iawn oedd y straeon. Hen gardotyn yn begera ar ffarm ac yn cynnig gweithio am bryd o fwyd. Gwraig y tŷ yn rhoi stôl a bwced iddo i fynd i odro'r fuwch. Yntau'n dod yn ôl ymhen y rhawg gyda bwced gwag. Cwynai na fedrodd berswadio'r fuwch i eistedd ar y stôl.

Roedd Dr Meredydd Evans yn gweithio yn siop y Co-op cyn mynd i'r Coleg. Roedd gan bob cwsmer rif er mwyn cael difidend ar ddiwedd y flwyddyn, ac yr oedd yn bwysig eich bod yn dweud hwnnw wrth y siopwr gyda phob dimau yr oeddech yn ei gwario. Hogyn bach yn gofyn i Meréd am bwys o india corn ac yntau'n holi 'Ai i dy fam rwyt ti isio nhw?' Y crwt yn ateb, 'Nage'r diawl gwirion, i'r ieir!'

Nos Fercher byddem yn dysgu canu emynau er mai methiant llwyr fu'r holl ymdrechion i'm hyfforddi i ganu mewn tiwn. Nos Iau cynhelid seiat, a ninnau'n gorfod gwrando ar y saint yn dweud pa mor bechadurus y buont er eu bod yn ymddangos yn barchus iawn i ni. Gwrando bob wythnos ar yr hen bererin Edward Edwards yn dweud, 'Dyma ni un porthladd arall yn nes i'r porthladd tragwyddol' ac yna yn ledio, 'Ar fôr tymhestlog teithio'r wyf'. Gan amlaf byddem yn aros adref ar nos Wener i ddysgu adnodau at y Sul. Byddai ffrae weithiau ar y ffordd adref o'r capel fore Sul am ein bod wedi dwyn adnodau'r naill a'r llall.

Fan leiaf cawsom fod yn swyn iaith gyfoethog, a dysgu penodau ac emynau di-ri ar ein cof – ac os na wnaeth saint ohonom rhoddodd sylfaen dda i'n geirfa. Mae'n golled i'r mwyafrif o blant heddiw na fuont mewn ysgolion Sul, a hynny i'w glywed yn eu sgwrs.

Yr ysgol ddyddiol

Dyma ddisgrifiad W.J. Gruffydd o Ysgol Bethel, Caernarfon, ar ddechrau'r ganrif: 'Prin y mae gennyf gymaint ag un cof pleserus am yr Ysgol Gynradd. Beth am y 10 mlynedd a dreuliais yn ddi-dor rhwng muriau Ysgol Bethel? Rhaid dweud mai gwastraff amser oedd y rhan fwyaf ohonynt. Dysgu plant Cymreig mewn iaith estron nad oeddent yn deall ond ychydig iawn ohoni.'

Nid oedd ein hysgol ni yn Stiniog fawr gwell. Siaradai'r athrawon Gymraeg gyda ni pan oeddem rhwng tair oed a phump ac yna popeth yn Saesneg ond am ambell i 'lesson yn Welsh, chwarae teg, am mai Cymry bach oeddem ni' chwedl Dafydd Iwan.

Yr ysgol feistr J.S. Jones – Jac Sam i bobol y Blaenau – oedd yn ein cymryd yn y gwersi Cymraeg. Arferai gan amlaf ofyn inni am enghreifftiau o atalnodau fel 'o'r' neu 'i'm'. Am fy mod yn gwybod cymaint o adnodau ac emynau gallwn ateb pan oedd yn pwyntio ei fys ataf. Os oedd J.S. yn absennol, Miss Roberts Standard 5 oedd yn rhoi'r wers Gymraeg. Er mai Cymraes oedd hi, os methai'r plant eraill ateb dywedai'n gas wrthyf fi 'Ateb di, clever boy'.

Yr arholiad holl bwysig oedd y 'scholarship' i fynd i'r County School. Am flwyddyn gyfan roedd y Prifathro'n cymryd rhai o blant y siopwyr a'r seiri rhyddion dan ei adain i'w paratoi. Ninnau blant y chwarelwyr yn cael hen frawd a gafodd ei anafu'n ddrwg yn y rhyfel cyntaf i'n dysgu. Nid oedd ganddo ef fawr o glem ar bethau.

Pan ddaeth yn amser i fy mrawd a'i ffrind sefyll yr arholiad, dyma'r prifathro'n dweud wrthynt nad oedd yna unrhyw bwrpas iddynt hwy roi cynnig arni gan nad oedd gan y ddau 'obaith mulod mewn Grand National'. Pan ddaeth y canlyniadau roedd y ddau'n agos at ben y rhestr. Rhedasant ato a holi, 'Ydach chi wedi clywed y news, Mr Jones – dau ful wedi ennill y Grand National?'

Am i mi lwyddo'n 11 oed cefais fynd am wyliau at fy ewythr John, brawd fy mam – saer coed wrth ei alwedigaeth ac yn ofalwr eglwys Jewin yn Llundain. Saesneg a siaradai ei wraig gan amlaf, er ei bod wedi'i magu ym Mhontrhydfendigaid. Yr iaith fain a siaradai eu plant, Austin a Nansi, gyda'u mam. Gan nad oedd fy Saesneg i yn rhugl iawn gorfu iddynt siarad Cymraeg am bythefnos. Aeth fy ewythr a hwythau yn eu tro â mi i weld rhyfeddodau'r brifddinas. Rwy'n dal i gofio mynd i weld opera Beethoven *Fidelio* a chael mynd i gefn y llwyfan i gwrdd yr hanner dwsin o Gymry o dde Cymru oedd yn canu yn y corws.

Ysgol Sir Ffestiniog amdani, felly, ym mis Medi. Ar wahân i ambell emyn yn y gwasanaeth boreol a gwersi Cymraeg, roedd pob gwers arall yn Saesneg er bod bron pob aelod o'r staff yn Gymry Cymraeg. Pan oeddwn yn ddiweddarach yn fyfyriwr cofiaf fynd i bregethu i gapel Calfaria yn y Blaenau. Synnais fod Mr Reynolds, Pennaeth yr ysgol y bûm ynddi am bedair blynedd, yn medru siarad Cymraeg. Daeth Lili Thomas yn athrawes i'r ysgol yn fy mlwyddyn olaf. Roedd yn siarad Cymraeg gyda hi yn ei ystafell am eu bod ill dau wedi eu magu mewn ardaloedd cyfagos, ond yn Saesneg y cyfarchai hi'r tu allan.

Mae'n rhaid bod safon yr addysg yn foddhaol gan i lenorion fel Dr Gwyn Thomas ac Eigra Lewis Roberts a nifer fawr o ysgolheigion gael eu codi yno. Ond ni chaniateid trafod dim byd gwleidyddol na chrefyddol ar unrhyw gyfrif yn unman yno. Llafurwyr a Rhyddfrydwyr oedd rhieni mwyafrif y disgyblion ond roedd fy nau ffrind pennaf, Arthur Evans-Williams ac Idwal Lloyd Jones, yn cefnogi Plaid Cymru. Bu Arthur yn weinidog gyda'r Annibynwyr yn Ynys Môn, Rhuthun ac yna yn ardal Llechryd yn Aberteifi, ac Idwal yn gyfarwyddwr llwyddiannus iawn Hufenfa De Arfon ger Pwllheli. Er gwaethaf y gwaharddiad, ambell i amser chwarae rhaid oedd codi'r faner. Sefyll weithiau ar wal fechan uwchben y cae chwarae. Arthur ac Idwal yn sefyll o'm blaen rhag imi gael fy nharo i lawr. Toc buasai'r Prifathro'n fy ngalw i'w swyddfa ac yn fy rhybuddio y buasai raid iddo fy nghuro gyda'r wialen pe bawn yn codi dadl wleidyddol eto. Yr un oedd ei fygythiad bob tro, ond ni ddefnyddiodd ei ffon unwaith.

Pan ddaeth yn amser i sefyll y *School Certificate* galwodd yr athrawes Saesneg, Miss Young, fachgen arall a minnau i'w gweld. Pwysleisiodd nad oedd reswm yn y byd pam na fedrem basio'r arholiad Gramadeg Saesneg, dim ond inni beidio ysgrifennu traethawd politicaidd. Esboniodd bod aml i arholwr yn rhagfarnllyd er mai eu dyletswydd oedd asesu ein hiaith, nid ein syniadau. Roedd yn beryglus iawn, felly, yn ei barn hi, pe bai un ohonom yn dadlau dros Gomiwnyddiaeth a minnau dros Blaid Cymru.

Pan ddaeth y canlyniadau roeddem ein dau wedi bod yn bur lwyddiannus ym mhob pwnc ond wedi cael dim ond *pass* mewn Gramadeg Saesneg. Nid oedd Miss Young yn hapus iawn. Ceisiasom roi'r bai ar un o'r testunau a osodwyd, sef *How grey is your country*. Bu'r pwnc yn ormod o demtasiwn inni ein dau. Cysurodd yr athrawes ni y caem ail gyfle i ailsefyll yr arholiad ym mis Tachwedd ond gwrthodais. Roedd Bwrdd Arholi Cymru – y CWB – wedi pechu'n anfaddeuol. Bu'r corff tebyg ym Mhrifysgol Llundain yn filwaith mwy hael yn eu marcio.

Brysiais adref ddiwrnod y canlyniadau a chyhoeddi'n frwdfrydig fy mod wedi cael y Matric. Yr unig ymateb a gefais gan fy nhad oedd, 'Do siawns. Beth roeddet ti yn 'i ddisgwyl?'

Symudasom fel teulu i fyw yn Rhuthun am flwyddyn a mynychu capel modern, eithriadol hardd, y Bedyddwyr. Ar y pryd Edward Rees oedd Cyfarwyddwr Addysg Sir Ddinbych, a'i feibion Geraint a Wil yn yr un dosbarth ysgol Sul â ninnau. Yr hanesydd hynaws A.H. Williams yn Brifathro'r ysgol uwchradd a chwaer Meic Parry yn athrawes Gymraeg. Roedd A.H. yn ŵr gwahanol iawn i Mr Reynolds yn y Blaenau. Gofynnodd imi un diwrnod a fuaswn mor garedig â pheidio defnyddio'r llwybr heibio ei ystafell ef pan oeddwn yn dianc o'r ysgol ganol y prynhawn!

Perswadiwyd fi i fynd i'r Coleg Normal, Bangor i gael fy hyfforddi fel athro ac i ffwrdd â mi yno yn fachgen swil iawn 17 mlwydd oed ym mis Medi 1944.

Nain Tanrallt – yr hen Biwritanes

Ia, rhaid cyfaddef mai piwritan oedd yr hen greadures mewn llawer ffordd. Roedd hi'n ymddangos yn galed, llym a chul. Gwisgai ffrog ddu, laes bob amser, ond gyda broets arian yn sgleinio ar y düwch. Ni ddarllenai ddim ar wahân i'r Beibl, y Llyfr Emynau a chylchgronau'r Bedyddwyr – *Seren Gomer* a *Seren Cymru*. Gwae ni fel plant pe bai'n ein dal yn darllen unrhyw beth arall ar y Sul. Buasem yn cael blas ei thafod yn sicr pe bai'n gwybod ein bod yn cuddio – y tu mewn i'r Beibl mawr – gomics *Beano* a *Dandy* gyda straeon am Desperate Dan a Dennis the Menace ynddo.

Ond nid ni'r plant yn unig a gâi eu ceryddu ganddi. Lawer gwaith y dywedodd wrthyf, 'Deuda wrth dy dad fy mod isio gwybod pam nad oedd yn yr oedfa fore Sul diwethaf'. Roedd fy nhad y pryd hwnnw yn ei bumdegau gyda thyaid o blant ac yn pregethu bron bob Sul.

Byw mewn ystafell yng nghartref un o'i merched yr oedd hi, ond yn mynnu gwneud ei bwyd a'i golchi ei hun hyd yn oed yn ei hwythdegau. Oherwydd ei thuedd i fusnesa a dweud y drefn, anaml iawn yr âi fy mrodyr a'm chwiorydd ar ei chyfyl. Dim ond y fi o'r plant oedd yn mynd draw ati'n aml am sgwrs neu i redeg neges. Cwynodd fy nhad wrthi lawer gwaith nad oedd byth yn fy ngheryddu i. Ei hateb bob amser oedd, 'Waeth iti heb â dweud dim wrth y bychan yna, mae'n dal i wenu arnat'.

Efo hi, ac nid yn sêt fy rhieni, yr eisteddwn ar y Sul. Gan fod ei chlyw yn dirywio, fy nyletswydd i oedd agor y llyfr emynau yn y lle cywir – er mai prin fod unrhyw eiriau rhwng ei gloriau nad oeddynt yn ddiogel ar ei chof. Pe traddodai pregethwr fymryn yn dawel, gadawai iddo bregethu am ryw ddeg munud ac yna – ar dop ei llais – gofynnai i mi, 'Ydi'r dyn yma wedi rhoi ei destun allan eto dŵad?'

Soniai am gymeriadau'r Beibl fel pe baent yn byw yn Stiniog. Bu'r teulu yn tynnu fy nghoes yn ddidrugaredd oherwydd un digwyddiad. Clywais Nain yn dweud wrth rywun, 'Mi rydym ni yn gwneud cam â Solomon. Hwyrach fod ganddo ormod o wragedd a chariadon ond mae yna ochr dda iawn i'w gymeriad o hefyd.' Yn y stryd nesaf roedd yna ŵr o'r enw Solomon Hughes yn byw. Yn hogyn saith oed fe gymerais i mai amdano fo roedd Nain yn sôn. Bûm yn eistedd gyferbyn â'i gartref am oriau er mwyn cael cip ar yr holl wragedd a'r cariadon oedd ganddo.

Un nos Sul roeddem wedi mynd ein dau, am ryw reswm, i un o gapeli'r Bedyddwyr Albanaidd yn y Blaenau. Roeddent hwy'n fwy caeth na Bedyddwyr fel ni. Dim ond aelodau o'i diadell leol hwy a gâi gymuno. Glynent hefyd wrth y traddodiad o drosglwyddo tafell o fara y naill i'r llall er mwyn i bob un dorri tamaid iddo'i hun. Ceisiodd y gŵr oedd yn eistedd wrth fy ochr basio'r bara heibio i mi a Nain i'w gyd-aelod. Yn anffodus, syrthiodd y tamaid torth ar lawr. Dyma Nain yn dweud dros bob man, 'Sut Gristnogion ydi'r rhain, dŵad, ei bod yn well ganddyn nhw daflu corff y Gwaredwr ar lawr yn hytrach na'i rannu gyda chyd-gredadyn?'

Os oedd y pregethwr yn hwyr yn cyrraedd byddai'r blaenoriaid yn gwadd Jane Lewis i gymryd y rhannau arweiniol. Un Sul roeddwn yn y sêt fawr pan ddaeth Nain ymlaen i ddarllen. Cyhoeddodd ei bod am ddarllen o'r bumed bennod wedi'r hanner cant o Lyfr y Proffwyd Eseia, ac i ffwrdd â hi: 'o dewch i'r dyfroedd pob un y mae syched arno'. Ond gwelais fod yr hen dlawd wedi agor y Beibl yn Llyfr Jeremiah.

Doedd hi ddim am gyfaddef wrth y gynulleidfa bod ei golwg yn gwaethygu. Ond gwyddai'r saint mai adrodd o'i chof a wnâi hi bob amser – er ei bod yn ceisio agor y llyfr yn agos at y man cywir.

Rhaid i mi gyfaddef fy mod innau'n ofalus rhag ei chroesi. Fe anfonodd fi un diwrnod i fferm gyfagos i nôl llefrith. Ar y ffordd adref cofiais imi weld un o'm cyfoedion yn troi piser o ddŵr rownd ei ben heb golli dim ohono. Penderfynais roi cynnig arni, ond yn anffodus cefais fy nhrochi mewn llefrith. Am fod gennyf ormod o ofn wynebu cerydd Nain bûm am tua dwy awr yn curo drysau'r ardal yn gofyn a hoffent imi fynd ar neges drostynt am geiniog nes ennill digon i brynu peint arall o lefrith.

Holais fy mrawd Artro am ei atgofion ef amdani. 'Rwyt ti'n cofio, dwi'n siŵr,' meddai, 'mai ar y ffordd fawr yr oedden ni'n chwarae ffwtbol yn y Topia gan nad oedd cae ar gael. Pe byddem ar ganol gêm a Nain Tanrallt yn mynd heibio buasai'n bownd o aros a gweiddi "Penalti!". Dywedai wrth y gôli am sefyll yn llonydd rhwng y ddwy got oedd yn ffurfio pyst y gôl. Yna, gosodai'r bêl rhyw ddeg llath o'i flaen. Codai ei ffrog laes ddu at ei phengliniau a rhoi andros o flaen troed iddi nes bod y bêl yn taranu heibio i'r gôli druan. Gwaeddai hithau ar dop ei llais, 'Gôl!' ac i ffwrdd â hi.'

Cafodd ei hanrhydeddu gyda Medal Thomas Gee am fynychu'r Ysgol Sul bron yn ddi-dor am dros drigain mlynedd, a chefais fynd gyda hi i'r seremoni wobrwyo. Os cofiaf yn iawn, mewn capel yn Ninbych oedd y cyfarfod ond nis anghofiaf fyth gyfraniad Jane Lewis i'r gweithgareddau. Llond capel – a hi oedd yr olaf i fynd ymlaen i dderbyn ei medal. Gofynnodd y Llywydd iddi a hoffai ddweud gair. 'Na,' meddai dros y capel, 'mae'r hen swnyn 'na oedd o 'mlaen i wedi byddaru pawb am ugain munud ac mi rydan ni i gyd bron â marw eisiau panad.'

Yn naw deg oed aeth i siop cigydd yn y Blaenau. Ar y ffordd allan neidiodd mastiff Dr Morris a phlannu ei ddannedd yn ei braich. Gwaeddodd pawb arni i ollwng y cig i'r ci ei gael ond roedd hithau yn ei phoen yn gafael yn dynn yn y parsel a gweiddi, 'Na, cheith o mohono. Fi bia'r cig.' Cymerodd y fraich fisoedd i wella ac mae'n debyg i'r sioc fyrhau tipyn ar ei hoes. Bu farw'n sydyn yn 91 oed.

Mynnodd gael ei chladdu efo'i gŵr cyntaf a'i phlentyn bychan deuddeg mis oed ym mynwent Cefn Cymerau, Ardudwy. Yn hogyn tair ar ddeg oed yn 1940 nid oeddwn i, fwy na'r rhelyw o blant y Blaenau, erioed wedi cael reid mewn car. Ar ddiwrnod teg o haf cawsom ni'r plant eistedd fel byddigions mewn car du mawr a theithio'r holl ffordd heibio i Lanbedr ac i Gefn Cymerau. Rwy'n dal i gofio canu'r gynulleidfa yn sŵn afon Artro.

Ar ôl cyrraedd gartref dyma fi'n gofyn yn frwdfrydig, 'Argol, pryd ydan ni'n mynd i gael cynhebrwng eto?' Cefais andros o gelpan am fy haerllugrwydd. Mae'n debyg y buasai'r hen biwritanes yn llwyr gytuno â'r bonclust ond – piwritan neu beidio – buasai wedi sleifio tamaid o gacen bwdin imi yn wobr am ddweud fy marn, doed a ddelo. Ac erbyn meddwl, onid dweud eu dweud a wnaeth pobol bro'r chwareli erioed?

Chwaraeon plant bro'r chwareli

Roedd plant bro'r chwareli yn diddori eu hunain drwy chwarae gêmau digon tebyg i weddill Cymru: marblis, concyrs, barcud bapur wedi'i wneud o hen ffrâm ambarél a phapur llwyd, dringo coed, dwyn afalau, pêl-droed, pysgota efo dwylo a genwair, chwarae efo powl a bach. Y genethod yn sgipio, chwarae London, tŷ bach a doliau a chwarae siop.

Ond roedd gennym hefyd ffyrdd ychwanegol o lenwi'r amser. Ydych chi'n cofio'r gêm boblogaidd *What's my line?* ar y teledu ers talwm? Credaf mai gŵr o Ganada a'i dyfeisiodd. Tybed a oedd ganddo gysylltiadau â'r Blaenau? Fel hyn roeddem ni'n ei chwarae:

Un plentyn yn eistedd ar ben wal. Y lleill yn ymgynghori ac yn dewis unrhyw waith – megis saer coed neu chwarelwr. Yna, pawb yn cerdded law yn llaw at y wal yn llafar ganu, 'Dyma griw o hogiau clên yn dod i chwilio am waith'. Yr un ar y wal yn gofyn 'pa waith?' Hwythau'n ateb, 'unrhyw waith'. Yntau'n dweud, 'Dangoswch ef'. Y criw yn actio dyn yn llifio pren neu rywun yn hollti carreg.

Yr un ar y wal yn meddwl yn galed am funud neu ddau. Yna, gweiddi 'saer coed' neu 'chwarelwr' a neidio at y plant. Hwythau'n rhedeg i ffwrdd. Yr un cyntaf i gael ei ddal oedd yn gorfod dringo'r clawdd a dyfalu'r gwaith nesaf.

Cytiau bach

Ond i ni'r hogiau, adeiladu cytiau bach oedd yn mynd â'n bryd. Y waliau oedd 'penna llifiau', sef y tameidiau o gerrig oedd ar ôl wedi i'r cerrig o'r twll dan ddaear gael eu llifio. Aeth yn ffasiynol yn ein dyddiau ni i'w defnyddio i wynebu adeiladau.

Distiau'r to oedd cledrau'r wagenni rwbel fu ar ben yr incleins. Yna hen lechi mawr o'r tomennydd a thywyrch gwair ar eu pen i gadw glaw Stiniog allan. Twll yn y to i fwg y tân roeddem yn ei gynnau y tu mewn i'r cwt fynd allan. Dwyn tysan neu ddwy o gartra a'u rhoi yn y tân nes eu bod yn ddu. Mewn tŷ bwyta heddiw mae tysan yn ei chroen yn costio punnoedd!

Weithiau gallem fforddio rhyngom brynu gwerth dwy geiniog o saim o'r Co-op. Prynu'n achlysurol hefyd badell ffrio o Woolworth am chwe cheiniog. Cael gwledd o sglodion er bod blas mwg arnynt yn aml. Un o'r hogiau y tu allan rhag ofn i gang Lord Street geisio dymchwel to ein plasty. Wrth ei ochr pentwr o dameidiau o lechi'n barod i'w taflu at yr ymosodwyr, er bod y rhan fwyaf o blant yr ardal honno yn ein dosbarth ysgol Sul ac ar y Sul yn gyfeillion penna i ni.

Cowbois

O gwmpas ein cartrefi roedd creigiau ysgithrog – mannau delfrydol i chwarae cowbois. Gynnau bob amser wedi eu creu trwy naddu tameidiau o lechi. Gweiddi 'hands up' fel Tom Mix neu Stuart Granger.

Ar yr un graig y byddem yn chwarae cuddiad a saethu'r Indians i gyd. Rwyf yn dychryn wrth edrych ar y creigiau heddiw a bron â chrynu wrth sylweddoli cymaint yr oeddem yn ei fentro. Ger y copa roedd ogof, ac i'w chyrraedd rhaid oedd dringo dros grib oedd yn ymestyn allan dros y dibyn. Pe baech yn syrthio ni fuasech yn werth eich codi. Nid oedd hyn yn ddim i ni'r plant. Wedi'r cyfan, anaml y byddem yn cerdded ar hyd y ffordd o'r stryd fawr i'r topia. I fyny'r graig oedd ein llwybr heb unrhyw raff i'n cynnal ac weithiau efo bag o sglodion yn ein llaw.

Sleidio

Ambell i aeaf caem gnwd mawr o eira a chymaint weithiau fel na allem gerdded y filltir i'r ysgol. Allan â'r sled, a rhwbio'r rhwd oddi ar y tamed metal oedd dani nes ei bod yn sgleinio. O'n cartref i'r ffordd fawr roedd tair allt hir a serth. Yn y gwaelod un yr oedd y ffordd fawr ac yna, allt fechan arall. Wedi cyrraedd y briffordd teithiai'r sled fel mellten a rhaid oedd meistroli'r dechneg o rowlio oddi arni neu ei throi ar ei hochr cyn iddi daro'r wal oedd rhwng y ffordd a lein trên y GWR.

Ar ein boliau roeddem yn teithio bob amser. Nid oedd ond rhyw wyth car yn yr ardal ar y pryd – sef cerbydau rheolwr y banc, y trefnwr angladdau, fan y dyn llefrith, ceir y garej a'r doctoriaid ac un ambiwlans. Un diwrnod stopiodd honno reit ar waelod yr elltydd. Nid oedd gan un o'r hogiau ar ei sled obaith stopio. Aeth yn syth o dan yr ambiwlans ac allan yr ochr arall!

Pêl-droed

Un o'n prif feysydd chwarae pêl-droed ni pan oeddem yn blant oedd y ffordd gefn tu ôl i'r gwaith nwy ac ar ochr lein y GWR o'r Bala i'r Blaenau. Yn wir, ein cefnogwyr selocaf oedd gyrrwr y trên a'r taniwr oedd yn stopio'r injan weithiau i'n gweld yn chwarae.

Weithiau nid oedd gan neb bêl go iawn. Papur newydd wedi'i rowlio'n dynn a'i glymu gyda llinyn neu dun ffa oedd y bêl.

Nid oedd gennyf yn bersonol ddiddordeb mewn chwarae pêl-droed yn yr ysgol. Dyfeisiwn lu o esgusion rhag gorfod mynd i'r gêm. Ond un diwrnod, oherwydd prinder chwaraewyr, gorfodwyd fi i chwarae yn erbyn tîm ysgol Llanrwst. Funudau cyn y diwedd a'r gêm yn ddi-sgôr roeddwn yn crwydro'n ddiamcan o gwmpas y maes. Dyma un o'n hogiau ni yn rhoi ergyd galed i'r bêl, ac ar ôl iddi daro'r postyn dyma finnau'n sgorio'r gôl i ennill. Sgorio gôl? Wel, trwy ddamwain trawodd y bêl fy mhen-glin ac i'r rhwyd â hi.

Ein cae chwarae arall oedd y ffordd ger ein cartref. Yn anffodus roedd y tir ar ei hochr yn rhedeg yn serth tuag at res o dai cyfagos. Yn naturiol âi'r bêl yn bur aml i ardd y tŷ cyntaf. Cadwai'r perchennog y peli. Aeth fy mrawd dros ben y wal i nôl pêl un prynhawn ac wrth iddo ddringo'n ôl aeth ei drowsus yn sownd yn y weiren bigog. Daeth hithau allan a rhoi chwip din iddo gyda ffon cyn ei ryddhau. 'Miss Hughes dwyn peli' oedd pawb yn ei galw. Pan oeddem heb bêl ar ôl, perswadiai'r hogiau fi, druan, i fynd i apelio ati oherwydd mai fi oedd y lleiaf a'r mwyaf parod i wenu. Chwarae teg iddi, cymerai drugaredd bob tro gan fynnu mai hwnnw oedd y tro olaf.

Tydi hi'n biti bod 'playstations' a chyfrifiaduron wedi eu creu i ddiddori plant ein hoes ni hyd syrffed?

Ar y bysys

Rhaid oedd i lawer o fyfyrwyr ar hyd y blynyddoedd chwilio am waith yn ystod misoedd yr haf i dalu am gostau byw'r tymor canlynol yn y Coleg.

Felly, swydd condyctyr bws yn y Blaenau amdani o fis Mehefin i Fedi. Cap pig, bathodyn mawr crwn, rhes o docynnau amryliw ar silff bren yn eich llaw a pheiriant bach yn canu 'ping' i wneud tyllau yn y ticedi.

Yn y pumdegau roedd y bysys o'r Blaenau i Lanrwst, Pwllheli, Dolgellau a'r Bermo yn boblogaidd iawn. Rhybuddiodd yr hen lawiau fi nad oedd tips i'w cael er hynny. Buan y deallais y caech ambell i swllt gan y bobol ddiarth am dynnu eu sylw at gestyll fel Dolwyddelan a Harlech a dweud tipyn o'r hanes. Hwyrach nad oedd y ffeithiau hanesyddol yn hollol wir bob tro, ond roedd y straeon yn plesio.

Y diwrnod cyntaf, un o'r hen gondyctors oedd yn rhoi gwersi imi. Rhoddodd Stan ei ben allan drwy'r drws. Roedd Silyn yn gyrru nid yn unig yn gyflym ond yn agos i'r ochr chwith. Trawyd cap pig Stan druan yn erbyn polyn nes hedfan oddi ar ei ben. Ar ôl gwrando ar yr iaith las, y cyfan oedd gan y gyrrwr i'w ddweud oedd, 'Dwyt ti ddim i fod i roi dy ben allan pan mae'r bws yn symud.'

I fynd i'r Bermo rhaid oedd symud i fws arall ym Maentwrog. Aeth Dic Jones, un o'r stiwdants, i drwbl. Er mwyn i'r Cymry gael y cyfle cyntaf ar y seddau ar fws Bermo, cyhoeddai Dic yn Gymraeg yn gyntaf. Ar ôl i'w gyd-wladwyr ymadael byddai'n adrodd yn Saesneg bod angen newid bws. Fel y gallech ddisgwyl, fe gwynodd rhywun wrth y rheolwr a Dic druan yn cael rhybudd pendant iawn i ymatal rhag ffafrio'r siaradwyr Cymraeg.

Cefais innau gerydd cyn hir. Rhaid imi gyfaddef fy mod ers fy mhlentyndod yn fwy hoff o gathod na chŵn oherwydd hwyrach eu bod yn fwy annibynnol. Dywedodd rhywun ryw dro mai dangos ei fod yn hoff ohonoch y mae ci wrth glosio atoch. Ar y llaw arall, y rheswm y daw'r gath i eistedd ar eich glin yw ei bod wedi penderfynu mai dyna'r lle mwyaf cyfforddus sydd ar gael y foment honno.

Roeddwn yn rhoi tocyn i wraig ddiarth ac ni sylwais fod ganddi gi bach *pekingese* ar ei glin. Dyma'r diawl bach yn brathu fy mys. Ar yr union bryd hwnnw teithiai'r bws yn araf. Heb feddwl dim, dyma fi'n gafael yn y ci a'i daflu allan drwy'r drws agored. Glaniodd mewn gwrych, ac nid oedd ddim gwaeth. Ond gellwch ddychmygu'r stŵr!

Roedd ambell i yrrwr yn teithio yn gyflymach na'i gilydd. Roedd un ohonynt yn cyrraedd Pwllheli ddeg munud o flaen ei amser, ac yn aros ugain munud yn lle deg er mwyn cael paned a siopa. Yna gyrru'n ôl fel cath i gythraul!

Un prynhawn cyflymodd y bys yn sydyn ger Abererch ac yna stopio'n stond. Neidiodd y gyrrwr allan a dod yn ôl gyda chwningen yn ei law a dweud, 'Dyma dipyn o lwc – cwningen i swper nos fory. Bydd y wraig wrth ei bodd!'

Un diwrnod roeddem yn teithio i lawr i'r dref ar ôl codi llwyth o chwarelwyr o chwarel yr Oakeley. Dyma'r gyrrwr yn dweud 'Argol, yli – mae rhywun wedi colli olwyn bws'. Arhosodd ein bws ni ar waelod yr allt i ollwng teithwyr. Wrth iddynt ymadael, symudodd y pwysau i ben blaen y cerbyd. Yn sydyn dyma'r ochr chwith yn syrthio i lawr a bron iawn i'r cerbyd droi ar ei ochr. Olwyn flaen ein bws ni oedd wedi dod yn rhydd!

Ac yn wir i chi, yn fy swydd fel condyctor roedd digon o gyfle i ddod o hyd i gariad. Ac mi rydw i'n dal i fyw efo un ohonyn nhw hyd heddiw!

Ymarfer dysgu yn Ysgolion Môn

Dyma gyrraedd y Coleg Normal a'r George Hostel yn fachgen dibrofiad 17 oed. Magwyd fi ar aelwyd gysgodol grefyddol a sylweddolais yn fuan pa mor ddiniwed oeddwn i o gymharu â mwyafrif fy nghyd-fyfyrwyr. Cefais hi'n anodd setlo oherwydd rhyw ddefodau plentynnaidd a hurt i'ch derbyn. Digon cyffredin oedd y darlithiau ar y cyfan, ar wahân i rai Ambrose Bebb a'r athro Cymraeg. Fy nghof mwyaf byw yw clywed Rhys Jones yn canu'r piano yn yr ystafell gyffredin. Weithiau, y clasuron neu emyn-donau a gaem ganddo, ac yn sydyn jazz. Rhyfeddwn at ei ddoniau a'i allu i ddiddori criw cymysg o fyfyrwyr.

Mwynhad pur hefyd oedd yr ymarfer dysgu yng Ngwalchmai a Phorthaethwy. Ambrose Bebb oedd yn fy asesu. Cerddai gyda'i gamau breision i bobman. Anfantais hynny i ni'r myfyrwyr oedd na wyddech pryd y cyrhaeddai.

Gwelais ef yn cerdded ar draws buarth yr ysgol un prynhawn a minnau'n ymwybodol nad oeddwn wedi paratoi fawr ddim y noson cynt. Cofiais yn sydyn am dechneg effeithiol Raymond Edwards – Pennaeth Coleg Cerdd a Drama Caerdydd wedi hynny – pan oeddwn ar ymarfer dysgu yn Ysgol Rhuthun, o gael y plant i greu'r wers. Pan eisteddodd Bebb yn y cefn cyhoeddais ein bod am drafod pysgod o bob math a gwahodd y plant i enwi pysgod y môr, afonydd a llynnoedd. Yna holais pa offer oedd ei angen i ddal eog. Pawb bron yn codi ei law a dyma holi'r crwt deg oed oedd yn eistedd o'm blaen. 'Plîs syr – rhwyd, tortsh a gaff'. Ni wyddwn fod yr ardal yn enwog am bregethwyr a photsiars. Roedd Ambrose Bebb uwchben ei ddigon ac yn ffodus i mi nid arhosodd yn hir ar ôl y wers.

Pan ddaeth i Borthaethwy i wrando arnaf roeddwn wedi dechrau paratoi rai dyddiau ynghynt. Gwyddai pawb mai'r Ysgol Sul oedd diddordeb mawr Bebb. Bûm yn dweud hanes Naaman y Syriad wrth y plant ac am y proffwyd Eliseus yn dweud wrtho am ymolchi saith gwaith yn yr Iorddonen os oedd am gael ei wella o'r gwahanglwyf. Soniais wrth y dosbarth y gallai'r Iorddonen fod yn afon fwdlyd iawn weithiau a gwyddai Naaman fod rhai o afonydd ei wlad ei hun yn llawer glanach a thecach. Dyna un rheswm pam ei fod mor amharod i dderbyn awgrym y proffwyd. Pwysleisiais hefyd mai milwr ydoedd ac yn fyr ei dymer ac nad oedd ei iaith bob amser yn lân. Pan gyrhaeddodd Bebb roeddwn wrthi'n dewis actorion o blith y dosbarth i actio'r stori.

Wedi i Eliseus gyflwyno'i argymhelliad dyma'r Naaman naw oed yn ateb 'Be, ymdrochi yn yr hen afon fudr yna? Dim uffarn o beryg!' Estynnodd y tiwtor ei hances boced i sychu'i ddagrau a chuddio'i chwerthin.

Roedd un o'r myfyrwyr, Berwyn Swift Jones o Ddolgellau, yn bregethwr cynorthwyol gyda'r Bedyddwyr. Gwahoddodd fi i fynd gydag ef ambell Sul i rai o eglwysi'r ardal i gymryd y rhannau arweiniol. Mwynheais y profiad yn fawr a dysgais lawer ganddo.

Cyn diwedd y flwyddyn gyntaf fe'm llanwyd â dymuniad i fynd i'r weinidogaeth ac euthum i gael sgwrs gydag Ambrose Bebb. Cynghorodd fi i orffen y cwrs athro a chael Tystysgrif Dysgu am y gallai hynny fod yn gymhwyster gwerthfawr wrth gefn. Rwyf yn difaru erbyn hyn na dderbyniais ei gyngor doeth, ond penderfynais yn lle hynny fynd at y Prifathro Richard Thomas i fynegi fy nymuniad. Bu ef yn hynod o gefnogol a gadewais y Coleg a gofyn i Eglwys Seion, y Blaenau fy ystyried i'r barchus arswydus swydd.

Yn ôl fy chwaer Glenys, roeddwn yn pregethu iddi hi ac Artro pan oeddwn tua wyth oed. Gofynnai imi pam yr oeddwn yn curo'r bwrdd gyda fy nwrn bob hyn a hyn. Fy ateb oedd, meddai hi 'Rhaid imi gadw Ellis Hughes rhag syrthio i gysgu'. Roedd ef yn pendwmpian yn y sêt fawr yn aml ynghanol pregeth.

Pan ddaeth yr amser i gyflwyno fy mhregeth gyntaf dewisais stori'r wraig o Samaria a'r Iesu yn cynnig bywyd oedd yn bodloni'r meddwl, y galon a'r emosiynau. Roedd fy nhad wrth ei fodd o ddarllen am farn yr eglwys yng nghylchgrawn yr enwad, *Seren Cymru*. Wrth bregethu byddai ef yn mynd yn emosiynol iawn ac yn gweiddi. Dywedai wrthyf yn aml ei bod yn braf arnaf yn medru sgwrsio'n hamddenol yn lle cynhyrfu. Minnau'n ei sicrhau fy mod yn gweithio lawn galeted ag yntau gan fy mod yn poeni os oedd hyd yn oed un o'r gynulleidfa yn colli diddordeb.

Ar ôl arholiad a chyfweliad derbyniwyd fi i Goleg y Bedyddwyr, Bangor. Rai dyddiau'n ddiweddarach cefais fy ngalw i fynychu Tribiwnlys Heddychwyr gerbron y Barnwr Samuel a'i banel.

Heddychwyr ar brawf

Rhyw leoedd od oedd y tribiwnlysoedd hyn. Roedd y Prifathro Gwilym Bowyer wedi taro'r hoelen ar ei phen mewn achos yn Llundain. Gofynnodd y Barnwr iddo, 'How long have you known this young man?' Yntau'n ateb, 'Nine months, Sir.' Y Barnwr reit sbeitlyd yn holi, 'Do you think that you can judge this man's conscience in nine months?' Bowyer yn ateb, 'It's better than nine minutes.'

Yn Llundain hefyd y cafwyd un o'r atebion mwyaf digri. Y gwrthwynebwr oedd dyn oedd yn casglu betiau ar geffylau. Hyd y gwn, 'runner' yw'r term cyffredin. Ar ddiwedd yr holi gofynnwyd iddo hoff gwestiwn y panelau: 'Beth fuasech yn ei wneud pe byddech yn gweld clamp o Almaenwr ar fin lladd eich mam?' Atebodd yntau, 'I'd bet 10 to 1 on the old lady'.

Yn ôl cyfartaledd poblogaeth, ymddangosodd mwy o drigolion Blaenau Ffestiniog o flaen tribiwnlysoedd gwrthwynebwyr cydwybodol nag unrhyw dref ym Mhrydain. Ond rhaid cyfaddef nad oeddynt oll yn hollol onest gyda'r llys.

Bu Gandhi a'r Cymro George M.Ll. Davies yn tynnu sylw Lloyd George a Phrydain at y tlodi, yr afiechydon a'r marwolaethau a grëwyd yn yr Almaen oherwydd Cytundeb ffiaidd a chreulon Fersái. Dadleuent wrth Lywodraethau Prydain, Ffrainc ac America eu bod yn creu hinsawdd lle gallai ffasgiaeth eithafol ffynnu. Ar ddechrau'r gyflafan daeth un o Aelodau Seneddol Canolbarth Lloegr, Rhys Davies, i annerch yn y Blaenau. Dywedodd, 'Wyddoch chi, mae'r wasg Seisnig mor gelwyddog a thwyllodrus fel y gallent eich perswadio chi o fewn pythefnos fod Adolf Hitler yn Gristion ac yn sant.' Gwnaeth argraff ryfeddol ar ei gynulleidfa. Ar ddydd cyntaf y gyflafan anfonodd Gandhi frysneges at Lywodraeth Lloegr yn dweud, 'Chi a greodd Adolf Hitler'.

Agwedd llawer o hogiau'r Blaenau oedd na cafodd pobol Cymru gyfle i benderfynu mynd i ryfel. Fel cenedlaetholwyr, credent mai Lloegr a greodd y gyflafan ac mai eu potes hwy oedd rhyfela. Ond roedd bron yn amhosibl perswadio'r tribiwnlysoedd i dderbyn gwrthwynebiad ar dir cenedlaetholdeb, felly'r ddadl grefyddol amdani. Gwn na thywyllodd ambell un ohonynt ddrws unrhyw gapel ers blynyddoedd. Ond buont oll yn yr Ysgol Sul pan oeddynt yn blant ac o'r herwydd meddent ar wybodaeth bur dda o'r ysgrythurau. Er mwyn cael syniad o'r drefn mynychais rai llysoedd fel gwrandäwr. Ynghanol difrifoldeb yr achlysur roedd yn gomedi weithiau.

Gyda'r Barnwr Samuel un diwrnod roedd y diweddar Syr Evan Jones o Ffestiniog. Bargyfreithiwr yn ôl ei alwedigaeth, ond yn bur hoff o berfformio ym mar y Pengwern Arms yn y Llan. Holodd yntau'r chwarelwr lleol: 'Rwyt yn gweithio ar y relwe. Mae cannoedd o wagenni mawr yn cario ffrwydron rhyfel yn mynd drwy dy stesion. Sut wyt ti'n amddiffyn hynna, ta?' Atebodd Elwyn, 'Syr Evan, wyddoch chi fod yna wagenni enfawr yn cario cwrw'n mynd heibio hefyd, ond nid Y FI sydd yn eu hyfed.'

Rhagflaenydd y Barnwr Samuel oedd Syr Artimeus Jones, gŵr boneddigaidd a charedig ei ymarweddiad er yn holwr meddylgar a gwybodus. Gallai Samuel ar y llaw arall fod mor gas ac ymosodol nes bod aml i fachgen ieuanc 18 oed yn torri i lawr ar ôl cael ei arwain i geisio amddiffyn Duw'r Hen Destament.

Penderfynais doed a ddelo fod mor ymosodol ag yntau. Yn

ôl ei arfer dechreuodd trwy ofyn imi roi un adnod i brofi fod Crist yn erbyn rhyfela. Awgrymais y buaswn, yn lle gwneud pethau'n hawdd i mi fy hun, yn rhoi tair adnod iddo ef a'i banel am bob un a roddent hwy i mi yn profi fod yr Iesu dros ladd. Dyfynnodd y rhai arferol fel 'Eiddo Cesar i Cesar'. Minnau'n gofyn iddo ddwedd diwedd yr adnod. Yna, 'Crist yn glanhau'r Deml'. Awgrymais mai hon oedd un o'r gweithredoedd mwyaf heddychlon erioed ac na anafwyd neb, na laddwyd neb, ac mai'r cyfan a wnaeth oedd dymchwel byrddau dynion twyllodrus. Aeth y dadlau ymlaen am ryw dri chwarter awr ac yna, yn sydyn, dyma Samuel yn dweud, 'Ylwch, chi sydd yma i ni ofyn cwestiynau i chi ac nid chi i'n holi ni.'

Aethant allan i ystyried eu dedfryd. Meddai fy ngweinidog Gwynfor Bowen wrthyf, 'Does gen ti ddim gobaith. Welais i erioed yn y fan hon o'r blaen ddadlau mor anheddychol.' Er mawr syndod inni cyhoeddodd y Barnwr eu bod yn fy rhyddhau ar yr amod fy mod yn mynd i'r Brifysgol i ddilyn cwrs diwinyddol yn llawn amser.

Y dyfarniad a gafodd fy ffrind pennaf – Arthur Evans Williams – rai wythnosau ynghynt oedd cael ei anfon i ffermio. Gwrthwynebydd o Sais oedd ar brawf yn y prynhawn, gŵr a astudiodd ar gyfer gradd anrhydedd mewn hanes. Dadleuodd ar y tir fod pob rhyfel yn felltith i ddynoliaeth. Cafodd y Barnwr Samuel hanner awr galed iawn.

Er mawr lawenydd i 'nhad cyflwynais gais am gael fy nerbyn yn fyfyriwr yng Ngholeg y Bedyddwyr, Bangor.

Llusgo traed i ddarlithiau

Yn 1944, yn lencyn deunaw oed, cerddais drwy ddrysau Coleg y Bedyddwyr, Bangor a chael fy hun ymysg rhyw ddeunaw o fyfyrwyr a'r mwyafrif ohonynt yn llawer hŷn na mi. Bu amryw yn gwasanaethu yn y lluoedd yn ystod y rhyfel ac eraill wedi cael profiad o weithio mewn amrywiaeth o swyddi.

Mynnodd y Prifathro J. Williams Hughes fy mod, cyn astudio diwinyddiaeth, yn dilyn cwrs gradd ac astudio Groeg, Hebraeg, Cymraeg ac Athroniaeth yn y flwyddyn gyntaf. Awgrymais iddo y buasai'n fwy buddiol i mi gael darllen pynciau fel Seicoleg a Chymdeithaseg neu ddilyn cwrs diwinyddol o'r cychwyn. Dadleuai yntau fy mod yn ffodus i gael dilyn cwrs gradd ac nad oedd pob myfyriwr yn cael cynnig gwneud hynny.

Cefais lawer o bleser yn y darlithiau Cymraeg. Yr Athro Tom Parry oedd yn darlithio ar Lenyddiaeth Gymraeg, ac ni allech gael neb mwy ffraeth, ysgolheigaidd a diddorol nag ef. Rhaid oedd gwrando'n ofalus i glywed, ymysg yr ymadroddi cyfoethog, yr ebychiadau a wnâi o dan ei wynt, fel 'Rôg oedd Iolo Morganwg, ond ffŵl hurt oedd William Owen Pughe.'

Am flwyddyn cawsom Syr Ifor Williams yn myfyrio ar Fuchedd Dewi. Ambell dro byddai'n sgwrsio am un llinell am ddarlith gyfan a sôn am air neu ddau a welodd mewn mynachdy neu hen femrwn. Yna, ar ôl awr hudol, byddai'n clymu'r cyfan gyda'i gilydd ac yn dweud gyda gwên,

'Roeddech yn meddwl dwi'n siŵr fy mod wedi mynd ar gyfeiliorn'.

Ambell dro caem stori. Soniodd un bore am gerdded i fyny Nant y Garth a gweld bachgen bach yn casglu blodau. Syr Ifor yn dweud wrtho, 'Casglu llygad y dydd wyt ti, machgen i?' Y crwt yn dweud, 'Nage, hel daisies.' Ifor yn esbonio, 'Llygad y dydd ydi'r enw go iawn, wyddost ti' ac yn cael yr ateb, 'Daisies mae teacher yn eu galw nhw. Be wyddost ti?'

Diwrnod arall dywedodd ei fod wedi codi yn ei gar hen frawd lleol a hynod ac yntau wedi gofyn iddo, 'Ers faint wyt ti'n gweithio yn y Coleg yna, dŵad?' Ifor yn ateb, 'Wel, mae hi tua phymtheg mlynedd ar hugain rŵan weldi.' Yr hen gyfaill yn ateb, 'Mae rhaid dy fod ti'n dwp.'

Unwaith yr wythnos roedd Arthur a minnau'n medru fforddio mynd i gaffi Bobby Bobs yn y dref i gael sglodion, pysgodyn, bara menyn, cacen hufen a the. Pe bai Syr Ifor yn galw yno am banad, yn hytrach nag eistedd ar ei ben ei hun, ymunai â bwrdd o fyfyrwyr yr oedd yn eu hadnabod. Pan gafodd y bil un diwrnod dywedodd wrthym ein dau, 'Wyddoch chi, hogiau, mi fydda i'n synnu fod cost fy mhaned i ac un deisen fawr lai na'r wledd a gawsoch chi. Tybed a ddylwn innau fynd ag un o'r gweinyddesau allan am dro ambell i noson?'

Braint nad oeddwn yn ei haeddu oedd cael mynychu darlithiau Hebraeg yr Athro Dafydd ap Thomas – gŵr oedd yn llawn brwdfrydedd ac yn meddu ar ddawn i wneud pwnc yn hudol. Roedd yn drist fod cymaint o demtasiynau y tu allan i'r ystafell i ddenu ambell un ohonom rhag rhoi digon o amser i feistroli'r iaith ddeniadol honno.

Gwledd hefyd oedd darlithiau Huw Morris Jones ar Athroniaeth. Roeddwn yn ei gofio fel ymgeisydd y Blaid Lafur ym Meirion yn 1945, pryd y daeth o fewn 112 o bleidleisiau i ennill y sedd. Mewn sgwrs un diwrnod cyfaddefodd nad oedd yn dymuno bod yn Aelod Seneddol ac mai paratoi'r ffordd i bwy bynnag oedd yn ei ddilyn oedd ei unig fwriad.

Cytunodd i mi wneud y traethawd hir blynyddol ar y testun 'Seicoleg pregethu a bugeilio'. Yr oedd, wrth gwrs, yn bregethwr cynorthwyol ac nid oedd neb o'r blaen wedi dewis pwnc oedd gymaint at ei ddant. Pan gefais yr ymdrech yn ôl ganddo roedd wedi llenwi ymyl y ddalen gyda sylwadau hwyliog a gwerthfawr ac awgrymodd y buasai'n cofio am fy llith wrth farcio fy mhapur arholiad ar ddiwedd y flwyddyn

Gŵr gwahanol iawn oedd y darlithydd arall yn yr adran, Sais merchetaidd oedd yn meddwl ei fod yn ffraeth. Ar ôl rhyw dair darlith penderfynais mai gwastraff amser oedd eu mynychu. Gadawodd ef y Coleg yn fuan wedyn.

Ond er mwyn osgoi cwynion gan yr awdurdodau dyma droi i fyny un diwrnod. Yntau'n gwneud môr a mynydd o'r ffaith imi wneud hynny. 'Rydym yn cael anrhydedd fawr heddiw o groesawu Mr Maldwyn Lewis. Methu dod ynghynt, mae'n debyg, oherwydd i'ch taid farw.' 'Na,' meddwn innau. 'Eich tad neu eich mam ymadawodd â'r fuchedd hon, hwyrach.' 'Na,' meddwn eto. 'Hwyrach mai ddim yn dda eich iechyd roeddech chi.' Cyn imi ateb gwaeddodd un o'r hogiau o gefn y dosbarth, 'Dweda "yes" wrth y diawl gwirion'.

Dim ond ambell un oedd yn ymdrechu i basio'r arholiad Groeg yn y flwyddyn gyntaf. Roedd yn arfer gan y mwyafrif aros yn yr arholiad am yr hanner awr orfodol ac yna cerdded allan a rhoi papur gwag i mewn. Y flwyddyn honno dilynodd pawb y drefn ac yna sylwi fod Derwyn Jones, fu'n llyfrgellydd yn y Coleg yn ddiweddarach, yn parhau i eistedd yn yr ystafell arholiadau.

Ar ôl dwy awr o sgwrsio yn y ffreutur dyma fynd i groesawu Derwyn o'r arholiad a'i gyhuddo o fod yn hen beth sâl a'i fod wedi bod yn astudio Groeg ar y slei. Gwenodd a dweud, 'Wel i ddweud y gwir, be ddigwyddodd oedd imi ddechrau, i lenwi amser, sgwennu awdl am yr Athro Groeg. Anghofiais am yr addewid a'r amser.' Darllenodd rannau o'r gerdd inni. Rwy'n dal i gofio rhannau ohoni, ac yn arbennig y llinell oedd yn sôn am 'Rostio'r diawl ar rostir du'.

Ni fûm yn llwyddiannus yn rhai o'r arholiadau yn ystod yr ail flwyddyn ac nid oedd hynny'n syndod. Gwrthodais yn bendant wahoddiad y Prifathro i'w hailsefyll. Dod i'r Coleg i astudio Diwinyddiaeth oedd fy mwriad, a dyma gael dechrau'r cwrs hwnnw o'r diwedd.

Maldwyn Lewis

Talgraig, 5 Richmond Terrace, Blaenau Ffestiniog, ble cefais fy magu.

Yr olygfa o Flaenau Ffestiniog o'm cartref, Talgraig,
yn ardal y 'Topia'.

*Mam a Dad a'r 10 ohonom ym mhriodas ein chwaer
Bronwen yn 1938.*

*Nain Tanrallt. Hen biwritanes,
ond roedd hi a minnau'n dipyn
o fêts.*

*Priodas Eirian a minnau yn
Seland Newydd yn 1955 gyda'n
gwas priodas, Dan Chapman.*

Mam Eirian gyda'r tri yn Glan Lledr, Betws-y-coed, yn 1961.

Fy chwaer Glenys ym mhen-blwydd ein brawd Artro yn 80 oed.
"Peidiwch dweud wrth y diaconiaid!"

Dewi, Gwenith a Geraint gyda'u rhieni ym mhriodas Dewi a Linda.

Andrew, Gwenith, Cai a Bryn tu allan i'w cartref yng Nghricieth.

Dewi, Linda a Max.

Heulwen ac Owain yn mwynhau picnic ger gorsaf y trên bach yn Waunfawr, Awst 2000.

Geraint ac Owain ym Morth-y-gest.

*Margaret Lewis, ysgrifenyddes a rheolwr ein swyddfa ym
Mhorthmadog yn y "dyddiau difyr", 1966–86.*

Ceffylau blodeuog Gŵyl y Gwanwyn yn Hastings, Seland Newydd, 1960.

Cwmni drama buddugol Cymdeithas Gymraeg Wellington yn perfformio Adar o'r unlliw *yn 1957. Dici Bach Dwl, yr Esgob, Twm a'r Cipar.*

Geraint a minnau ar y Carneddau.

Dafydd Wigley a'r Prifathro Elwyn Jones Griffith yn agor yr estyniadau yn Ysgol y Gorlan, Tremadog.

Adeiladau Cyngor Gwynedd.

Y Cyfarwyddwr Addysg, Tecwyn Elis, a Dafydd Orwig a minnau,
yn croesawu dirprwyaeth o Gyngor Ynysoedd y Gorllewin i
Bwyllgor Addysg Gwynedd tua 1981 i drafod dwyieithrwydd.

Coleg y Bedyddwyr, Bangor, 1948–49.

*Richard Jones a Hywel Pierce yn cario bwrdd casglu tollau'r
'cob' i'r swyddfa am y tro olaf am 3 o'r gloch, Mawrth 1af, 2003.*

*Y Cob ar ei newydd wedd wedi ei ledu, yn dangos y trên bach,
y drafnidiaeth a'r llwybr beicio newydd.*

Cadeirydd Cyngor Gwynedd, Ieuan Jones, ac Andrew Davies o'r Cynulliad, yn agor y llwybr beicio ar y Cob yn 2003.

Wmffra a minnau'n cymryd arnom mai ni a agorodd y Ganolfan, Porthmadog, yn 1975 gydag ymddiheuriad i'r Br. Dan Ellis a wnaeth y gwaith go iawn.

Cynghorwyr olaf hen Gyngor Tref Porthmadog a'r Clerc Emrys Morris adeg yr ad-drefnu yn 1973.

Llyn Cau, Cader Idris. Richard Wilson (1713–1382).

Y cartŵn o Callaghan a Thatcher allan o Herald Ni.
(Cynlluniwyd gan Elwyn Ioan)

Staff Ysgol Eifion Wyn gyda'r Prifathro Meirion Parry 1979/80.

Pwyllgor Rebecca a'u partneriaid, Gwyn Jones o Adran Briffyrdd
Cyngor Gwynedd a thri o staff y Cynulliad – Andrew Cochrane,
Elaine Cosgrove a V. Powell yn dathlu pen-blwydd Rebecca yn 25
oed a gwerthiant Y Cob ym Mhorthmeirion ar Fawrth 1af, 2003.

Yr hen stiwdants gwirion 'ma

Hoffai mam gwraig ein llety ym Mangor ddweud gyda chysgod o wên, 'Da chi stiwdants ddim hanner call weithiau'. Er hynny, roedd wrth ei bodd pan aem ati ambell awr i sôn am helyntion ein cyd-fyfyrwyr.

'Gwylia nhw, Reff'

Roedd Meréd yn chwarae fel canolwr dawnus i dim pêl-droed y Brifysgol. Yn yr ornest bêl-droed flynyddol rhwng y Methodistiaid a'r Annibynwyr llwyddodd i gael benthyg crysau gwyrdd a melyn tîm y Coleg ar y Bryn i'w enwad eu gwisgo. Roedd Annibynwyr (gydag ambell chwaraewr ar fenthyg o'r Baps) mewn crysau o bob lliw a llun.

Llwyddodd Meréd i berswadio un o reffarîs yr FA fod y gêm yn un ddifrifol a phwysig. Druan o'r dyfarnwr. Ar ddechrau'r ornest dyma Meréd yn gwau heibio i bawb a dim ond y gôli i'w guro. Yna stopio'n stond, ac yn lle sgorio gadawodd y bêl rhyw ddeg llath o'r gôl. Brysiodd at y gôl-geidwad, ysgwyd llaw yn frwdfrydig a dweud dros y lle, 'Wel, sut mae'r hen Viv ers blynyddoedd?'

Toc dyma'r reff yn chwythu'i chwiban ac yn cyfrif chwaraewyr y Methodistiaid gan sylweddoli bod 15 ohonynt yn lle 11. Roedd Meréd wedi sleifio pedwar ychwanegol yng nghrysau'r Brifysgol ar y cae.

Roedd hen ffrind i mi yn haeru i'r Annibynwyr, pan oeddynt yn colli 5–0, godi'r bêl, rhedeg y tu ôl i'r pyst a sgorio cais gan haeru mai gêm rygbi oedd hi. 5–5 *draw game*! Ond rwy'n amau mai stori o'r Apocrypha yw'r rhan yna o'r hanes.

Y Prifathro a'r flonden o Baris

Pan oeddem wedi cael punt neu ddwy ychwanegol ar y Sul aem i fwyta ganol dydd i ffreutur y Brifysgol. Codai pawb ar eu traed pan oedd y Prifathro'n cerdded i mewn i eistedd ar y bwrdd uchaf gyda'r proffs.

Roedd y lle'n llawnach nag arfer un diwrnod am fod si ar led fod un o'r hogiau wedi ei wisgo'i hun fel merch a pherswadio awdurdodau'r coleg fod darlithydd o'r Sorbonne yn ymweld â'r sefydliad.

Cafod yr ymwelydd yr anrhydedd o eistedd fel gwraig wadd gyda'r Prifathro Emrys Evans. Ar ôl y 'Benedictus Benedicte' arferol dyma'r cawl yn cyrraedd. Gafaelodd yr 'ymwelydd o Baris' yn nysgl botes Emrys a'i hyfed yn sych.

Pan ddaeth y sglodion dyma 'hi' yn dwyn rhai oddi ar blât yr Athro oedd yn eistedd wrth ei hochr a rhoi sws fawr i'r Athro Groeg. Yn sŵn bonllefau o gymeradwyaeth roedd y Prifathro'n cytuno yn ei galon rwy'n siŵr nad ydi'r stiwdants 'ma yn 'hanner call weithiau'.

Brwydr yr Harmoniwm

Roedd Colegau'r Annibynwyr a'r Bedyddwyr ym Mangor drws nesaf i'w gilydd. Rhyw ddwywaith yr wythnos roedd yn arferiad ganddynt gynnal cyrddau gweddi am 9 o'r gloch y bore, y Bedyddwyr yn canu emyn yn sŵn harmoniwm a'r Annibynwyr yn moliannu y drws nesaf yn ddigyfeiliant.

Ond un bore dyma gyrraedd Bap Col ac, er mawr syndod i bawb, roedd yr organ wedi diflannu. Yn sydyn dyma glywed ei swn yn seinio'n orfoleddus o'r coleg drws nesaf. I roi halen ar y briw clywsom y bore canlynol fod hogiau Bala-Bangor wedi ei rhoi ar drol ac wedi bod yn serenedio y tu allan i hostelau'r merched am hanner nos gyda'n harmoniwm ni. Darpar saint neu beidio, rhaid oedd mynd i'r gad!

Yn oriau mân y bore dyma dorri mewn i goleg ein cymdogion i adfeddiannu'n hofferyn. Yn parhau o gwmpas y lle ers dyddiau rhyfel roedd bwcedi o ddŵr a phympiau bychain. Mae'n rhaid nad taenellwyr yw'r Sentars yn y bôn. Croesawyd ein Comandos gan drochiadau o ddŵr, ond llwyddwyd i gyrraedd yr harmoniwm toc gan ei gyrru fel cerbyd Jehu trwy luoedd Baal ac allan i'r awyr agored.

Yn anffodus, y ffordd rwyddaf i gyrraedd ystafell gyffredin Coleg y Bedyddwyr oedd trwy ardd y Prifathro Williams Hughes. Parhaodd y frwydr ddyfrllyd nes bod yr ardd yn fôr o fwd.

Y bore canlynol, cyn y cwrdd gweddi, clywyd ein Prifathro yn flin gacwn am gyflwr ei ardd ac yn gresynu at ymddygiad barbaraidd ac anweddus ymgeiswyr am y weinidogaeth. Mentrodd un o'r hogiau grybwyll fod gweithred yr Iesu yn gyrru'r anifeiliaid allan o'r Deml yn awgrymu na all cig a gwaed ddioddef ambell i gamwri. Mynnodd Popws nad oedd y weithred honno'n berthnasol ar wahân i'r ffaith fod anifeiliaid wedi rhedeg trwy ei ardd ef.

Yn lle canu 'Rhagom Filwyr Iesu' rhaid oedd bodloni ar ganu emyn o edifeirwch ac ymatal rhag chwarae'n harmoniwm yn fuddugoliaethus o uchel a boddi gweddïau'r trochwyr drws nesaf.

Prynu caffi

Agorwyd caffi crand ym Mangor a phenderfynodd fy nghyfaill Arthur a minnau fynd yno am banad. Cawsom botaid o de a rhyw ddwy gacen yr un, ond cawsom andros o sioc wrth weld maint y bil. Ar ôl ei dalu dyma Arthur yn cario dwy gadair allan i'r palmant. Wrth iddo gario dwy arall daeth y perchennog atom a gofyn beth andros oeddem yn geisio'i wneud. Atebodd Arthur, 'Rydan ni newydd brynu'r lle'.

Ysbrydoliaeth?

Mynegodd arweinydd y Grŵp Efengylaidd yn y Coleg y farn nad oedd raid inni baratoi pregeth at y Sul. Yn ei farn ef, pe bai gennym wir ffydd buasem yn gadael popeth i'r Ysbryd Glân. Haerai mai'r cyfan oedd yn rhaid inni ei wneud oedd agor y Beibl pan genid yr emyn cyn y bregeth a rhoi ein bys yn rhywle ar y dudalen. 'Byddai'r ysbrydoliaeth yn dod,' meddai. Dyma ddyrnaid ohonom yn penderfynu derbyn yr her a'r Sul canlynol dilynwyd y drefn a awgrymwyd inni.

Nos Sul dyma gyfarfod i adrodd ein profiadau ger y tân ym Mala-Bangor. Bûm i'n ffodus. Yr adnod a gefais oedd, 'Dy win sydd wedi ei gymysgu â dŵr'. Y proffwyd yn ceryddu'r genedl eu bod wedi lliniaru neges yr Iôr er mwyn ei gwneud yn boblogaidd i'r cenhedloedd o'u cwmpas. Digon o thema am ugain munud byrfyfyr i unrhyw gyw pregethwr.

A beth oedd profiad Arthur druan? Meddai, 'O'm blaen yn y gynulleidfa roedd fy nyweddi a'i mam. Glaniodd fy mys ar yr adnod, 'Gwrandewch, chwi wartheg Beiasom'. Dyma ei holi beth oedd ei ymateb. 'Ysbrydoliaeth neu beidio, beth allwn ei wneud ond mynd i'm poced i nôl hen bregeth?'

Pechodd Arthur gyda'i hiwmor iach yn erbyn y Parch. Williams Hughes amryw o weithiau. Roedd y Prifathro yn troi i'r Saesneg yn aml. Yn un ddarlith bu'n bustachu am awr yn ceisio esbonio'r Iesu yn melltithio'r ffigysbren ddiffrwyth. Bu ysgolheigion yr oesoedd yn ymdrechu i wneud hynny ac nid oedd gan Popws ddim newydd i'w gynnig.

Yn y ddarlith nesaf dechreuodd y Prifathro trwy ofyn, 'Where were we, gentlemen, in the last lecture?' Arthur yn dal i gofio'r 'fig tree' yn cynnig 'in a fix'.

Hau'r had

Ond weithiau roedd yr hogiau'n cael bai ar gam. Aeth stori ar led am un o fyfyrwyr yr Annibynwyr pan oedd yn pregethu ar ddameg yr heuwr. Yn ôl y sôn, pan ddaeth at y geiriau, 'syrthiodd peth o'r had ar leoedd creigiog', gwasgarodd ddyrnaid o'r had ar goryn moel y diaconiaid.

Chwarae teg i Dic, nid dyna ddigwyddodd. Roedd ganddo ddiddordeb mawr mewn gwyddoniaeth a hynny'n cael ei adlewyrchu yn ei bregethau. Aeth â phentwr o hadau gydag ef a'u rhoi ar lyfr emynau ar y pulpud. Ond cyn iddo gyrraedd y pwynt gwyddonol y bwriadai ei gyfleu digwyddodd anffawd. Wrth iddo ysgwyd ei ddwylo yn yr awyr wrth siarad, trawodd y llyfr emynau gan beri i'r hadau chwalu dros y sêt fawr.

Heresi yng Ngholeg y Bedyddwyr

Prifathro'r coleg oedd y Parch. J. Williams Hughes. Pan oedd mewn hwyliau da roedd yn ddarlithydd difyr ac yn bregethwr gwreiddiol ac effeithiol. Gallai wau themâu cyfoethog allan o unrhyw destun a ddewisai ei fyfyrwyr yn y dosbarthiadau pregethu. Ymhell cyn dyddiau teledu pwysleisiai mai oes y sinema oedd ein cyfnod ni. Dadleuai y dylem greu darluniau cofiadwy yn ein pregethau. Yn od iawn, dim ond un neu ddau ohonom a fabwysiadodd y syniad yn ein cenadwri.

Yn anffodus, ni lwyddodd y Prifathro Williams Hughes a minnau i gyd-dynnu o'r dechrau. Cwynodd blaenor o Lanrwst wrth y Prifathro yn fy mlwyddyn gyntaf fy mod wedi dweud ar bregeth y Sul cynt nad oedd gennym ni Fedyddwyr, erbyn hyn, fedydd credinwyr. Dywedais mai'r drefn ers blynyddoedd oedd bedyddio'r rhelyw pan oeddynt yn un ar bymtheg oed ac nid oherwydd eu bod yn credu. Doedd William Hughes ddim yn hapus.

Ychydig wythnosau ar ôl hynny aeth pethau o ddrwg i waeth rhyngom. Roeddwn yn cerdded heibio'r coleg gyda nyrs a arferai ddawnsio mewn cwmni *ballet* yn Llundain. Soniais wrthi fy mod yn synnu sut y gallai dawnswyr gwrywaidd digon eiddil yr olwg godi dawnswyr benywaidd i'r awyr.

Dyma hithau'n esbonio mai mater o dechneg ydoedd i'r ddau. Yna neidiodd ar ben wal isel a dweud wrthyf, 'Rhowch chi eich dwy law ar fy mol i ac ar ôl imi gyfrif i dri fe wnaf syrthio tuag atoch. Camwch yn ôl a dwi'n siŵr y medrwch fy nal yn yr awyr am o leiaf funud'. Felly y bu. Er fy mod braidd yn sigledig ar fy nhraed llwyddais i'w dal fel aderyn yn hofran. Yn anffodus daeth 'Popws' heibio'r eiliad honno. Gollyngais i hi a cherdded yn barchus tuag ato. Gorchmynnodd fi i alw i'w weld am 6 yr hwyr a chefais ddarlith hir ganddo am y ddyletswydd i ymddwyn yn urddasol fel darpar weinidog.

Yna daeth yn ffrae go iawn rhyngom ein dau. Cyhoeddodd y Prifathro y dylem ni fyfyrwyr bregethu'r Suliau yn ystod y tymor yn eglwysi'r enwad yn unig gan eu bod yn cyfrannu i'r Coleg. Roedd y mwyafrif ohonynt yn y Gogledd yn eglwysi bychain iawn a'r gydnabyddiaeth yn aml yn ddim ond rhyw £3 am ddwy neu dair oedfa.

Derbyniai rhai o'm cyd-fyfyrwyr grantiau helaeth, ond pitw £60 y flwyddyn a gawn i gan Gyngor Sir Feirionnydd a grant bychan gan y Coleg. Nid oedd hynny'n ddigon i dalu costau fy llety, heb sôn am fwyd yn ystod yr wythnos. Roeddwn wedi derbyn nifer sylweddol o wahoddiadau i wasanaethu yn rhai o eglwysi'r Methodistiaid yn yr ardal a thu hwnt a derbyn symiau llawer mwy hael ynddynt.

Gwyddem fod y Prifathro ei hun yn pregethu'r Sul yn rhai o eglwysi mwyaf yr enwadau eraill. Teimlai amryw ohonom y dylai yntau felly ei gyfyngu ei hun fel ninnau. Yr un wedi'r cyfan oedd yr egwyddor. Yn wir, roedd yr Athro Tom Ellis Jones yn gwasanaethu'r eglwysi bychain yn gyson. Galwodd gyfarfod o'r holl fyfyrwyr a mynegi ei siom nad oeddem yn derbyn ei farn. Aeth i weddi hir a dagreuol yn erfyn ar Dduw i'n perswadio i'w gefnogi. Gwrthodais i ac un myfyriwr arall blygu i'r drefn anghyfiawn.

Yn ystod haf 1949 roeddwn ar daith gasglu arian at y coleg yn Sir Benfro. Pregethwn ar nosweithiau gwaith yn ogystal â'r Suliau yn eglwysi'r pentrefi. Un noswaith cyrhaeddais dreflan lle bu nifer dda o'r aelodau yn helpu'i gilydd yn y cynhaeaf gwair. Awgrymais, gan ei bod yn noson mor braf, ein bod yn

71

cynnal yr oedfa yn yr awyr agored a chytunodd pawb. Cyn dechrau hysbysodd y diaconiaid fi eu bod wedi gobeithio cael cymun hefyd.

Ar derfyn yr oedfa dyma fi'n sgwrsio am arwyddocâd y seremoni honno. Crybwyllais ein bod weithiau'n anghofio bod yr Iesu'n dysgu i'w ddisgyblion yn y swper olaf – ymysg pethau eraill – bwysigrwydd cyfeillgarwch. Iddo ef roedd ffrindiau'n bwysicach na theulu. Awgrymais ei fod y noson honno yn gofyn iddynt godi eu gwydraid o win a dweud wrthynt, 'Bob tro y byddwch yn cael gwydraid cofiwch amdanaf fi a'r hyn y ceisiais ei ddysgu i chi'.

Ychwanegais, 'Buoch yn yfed brwas yn ystod y dydd. Hwyrach y dylech, felly, yn lle codi gwydraid bychan o win, heno lenwi cwpanaid o frwas i gofio cyfeillgarwch yr Iesu a chymdeithas ei ddisgyblion yn y gornel hon o'i deyrnas.'

Derbyniodd y mwyafrif y syniad â gwên ar eu hwynebau ond anfonodd un o'r blaenoriaid air o gŵyn at y Prifathro. Yn ei farn ef roeddwn yn tanseilio ffydd y saint, yn gwyrdroi'r ysgrythurau ac y dylwn ymatal o hyn ymlaen rhag mynegi syniadau cyfeiliornus o'r fath.

Ar ôl rhyw bedair blynedd clywais si fod hawl gan y Coleg i wobrwyo myfyriwr a gyflwynai draethawd gwreiddiol. Rhois gynnig arni a datgan ymysg syniadau eraill:

*   *fy mod yn cytuno gyda'r hanesydd Arnold Toynbee mai'r croeshoeliad oedd yr unig ddigwyddiad o bwys yn y ddwy fil o flynyddoedd diwethaf.*
*   *na allwn dderbyn Athrawiaeth yr Iawn a bod emynau fel 'Mi glywaf dyner lais' yn baganaidd ac yn groes i hanfod yr efengyl. Wedi'r cyfan, bu'r Iesu ar hyd ei daith ddaearol yn sôn am gariad y Tad a hefyd yn cyhoeddi maddeuant pechodau cyn loes y groes.*
*   *bod athrylith fawr yr Apostol Paul, er iddo berswadio'r Eglwys Fore bod yn rhaid cyhoeddi'r efengyl i'r cenhedloedd, wedi methu*

rhyddhau ei hun o'i hyfforddiant cynnar Iddewig a'r traddodiad o aberth.

* *bod yr holl bwyslais ar gredoau wedi cymylu neges yr Iesu a gwagio'n heglwysi.*

* *bod yr angen am aberth yn gred ymysg cenhedloedd Palestina ers miloedd o flynyddoedd. Yr offeiriaid a gariodd y syniad ymlaen. Cyhoeddodd proffwydi Israel i'r gwrthwyneb drosodd a throsodd nad oedd Duw eisiau aberthau hyrddod ond yn hytrach ufudd-dod i'w eiriau.*

* *i mi roedd dehongli'r croesholiad fel aberth i berswadio'r Tad Nefol i faddau ein pechodau'n anghredadwy.*

* *bod y gred hon wedi lliwio atgofion yr efengylwyr. Fel pob hanesydd cynt ac wedyn, dynion meidrol oeddynt ac, fel ninnau, yn meddu ar dueddiadau a rhagfarnau cynhenid.*

* *bod athronyddu Paul yn dibrisio gwir ryfeddod y croeshoeliad a bod y rheswm pam y mynnodd yr Iesu gael ei groeshoelio, hwyrach, y tu hwnt i'n deall ni.*

* *i'r traddodiad proffwydol y perthynai Crist nid i'r un offeiriadol. Cyhoeddodd hynny'n ddifloesgni trwy lanhau'r Deml. Hwyrach mai oherwydd ei fod drwy'r weithred hon yn herio'i awdurdod y mynnodd yr Archoffeiriad ei groeshoelio.*

* *yr un mor ddadleuol oedd safbwynt afiach yr Apostol Paul at ferched ac yn groes iawn i ymddygiad yr Iesu ei hun.*

* *y dylem fel credinwyr bwysleisio dysgeidiaeth yr Iesu yn lle credoau nad oeddynt o ddiddordeb bellach i'r rhai y tu allan i'n heglwysi.*

* *pellhaodd miloedd oherwydd ein bod yn rhoi'r argraff fod yn rhaid iddynt gredu yn y gwyrthiau, yr enedigaeth wyrthiol, seren Bethlehem, y daith i'r Aifft ac ati. Ni ddylai derbyn pethau ymylol fel y rhain fod yn rhan o'r amodau i fod yn ddisgybl.*

* *dylem addysgu ein cynulleidfaoedd nad memrynau a ysgrifennwyd gan y Goruchaf a'u gollwng o'r nef ar ddesg Mathew, Marc, Luc ac Ioan yw'r efengylau. Fel y dywedodd Bernard Shaw, 'trychineb yr eglwys fore oedd bod deuddeg disgybl ac nid oedd yr un* *ohonynt yn medru llaw-fer'. Dynion yn ymateb i'w profiad o Dduw oeddent, fel y proffwydi a'r saint ar hyd yr oesoedd.*

* *ei bod yn hen bryd cael llyfr emynau newydd a'i bwyslais ar ddysgeidiaeth yr Iesu ac nid ar ein dehongliad ni o gredoau haearnaidd dadleuol.*

* *y ffordd i fywyd helaethach a sut i greu teyrnas nefoedd ar ein planed ni trwy gariad a maddeuant oedd ei genhadaeth Ef.*

Pan holais y Prifathro ymhen ychydig fisoedd faint o draethodau a dderbyniodd, y cyfan a ddywedodd oedd ei fod wedi dod i'r casgliad na ddylwn fynd i'r weinidogaeth. Credai bod fy syniadau'n heresi ac y buaswn yn hapusach fy myd gyda'r Undodiaid neu'r Crynwyr. Cyflwynais fy ymddiswyddiad i'r Coleg.

Yn y ddarlith gyntaf y tymor canlynol deallaf i'r Prifathro Gwilym Bowyer ddweud wrth y dosbarth, 'Deallaf fod rhai o'r farn na ddylech fynd i'r weinidogaeth os ydych wedi amau eich ffydd. Yn fy marn, nid ydych yn gymwys i fod yn weinidogion os nad ydych wedi amau'r credoau a dderbyniasoch gan eich hynafiaid a medru rhoi rheswm am y ffydd sydd ynoch.'

Rhaid i mi gyfaddef ei bod yn gysur i mi yng nghanol y gwewyr meddwl i glywed rhai o ddiwinyddion amlycaf ein hoes yn awr yn gwahodd trafodaeth debyg. Y maent yn dadlau hynny mewn iaith fwy derbyniol, ysgolheigaidd a graenus nag y gwneuthum i yn grwt cymysglyd 22 oed. Cyhoeddant yr angen am fentro bod yn ddisgyblion – yn ddysgwyr – unwaith eto. Nid digwyddiad, meddant, yw cred ond taith barhaol gyda'n meddwl a'n calon yn agored i'r ysbryd sydd yn cyniwair ym mysg dynolryw ar hyd yr oesoedd.

Ydach chi'n anghofus?

Wedi penderfynu peidio dychwelyd i'r Coleg, nid oedd gennyf syniad beth hoffwn i ei wneud. Er mwyn cael cyfnod i feddwl dyma wneud cais i Adran Addysg Cyngor Sir Llundain am swydd weinyddol yn y 'College of Printing and Graphic Arts' a chael gwahoddiad i gyfweliad yn Neuadd y Dref.

Roedd amryw o ymgeiswyr wedi cael eu holi o'm blaen a phawb yn cwyno fod y panel o bump yn ddi-wên ac yn edrych i lawr eu trwynau arnynt. Ymresymais nad oedd o bwys mawr a fuaswn yn llwyddiannus ai peidio. Cawn fy nghostau am deithio i Lundain pa un bynnag. Trin y cyfan fel tipyn o sialens oedd orau.

Pump o ddynion canol oed oedd yn fy wynebu, a rhyw olwg ddigon surbwch arnynt. Fel y gellid disgwyl, y cwestiwn cyntaf oedd pam yr oeddwn yn awyddus i ddod i weithio i'r Awdurdod, ac yn arbennig i'r Adran Addysg. Er mwyn plesio rhaid oedd sôn am wella fy addysg trwy ddilyn cyrsiau gyda'r nos ac yn y blaen.

Yna holi beth oedd fy mhrif ddiddordebau. Doedd dim pwrpas mewn cyfaddef yr hoffwn gael amser rhydd i fynydda. Dweud 'darllen' wrthynt. Mynnodd yr un ar y pen ofyn 'pa fath o lyfrau?' Er mwyn ceisio gwneud pethau'n anos iddo dyma ddweud 'Athroniaeth'. Ymatebodd trwy holi, 'Pa gangen o Athroniaeth?'

'Mi wna i setlo hwn,' meddwn i wrthyf fy hun a chynnig

'Dirfodaeth' (*Existentialism*). Er mawr syndod a dychryn imi dyma fo'n dweud, 'Hwyrach yr hoffech ddewis un dirfodwr a thrafod ei waith gyda mi'. Crafais fy mhen i geisio cofio un o ddarlithiau Gwilym Bowyer, ac fel fflach o Fala-Bangor daeth yr enw 'Soren Kierkeggard'. Er mawr ryddhad nid aeth yr holwr ymlaen gyda'r drafodaeth a dweud, 'Diddorol iawn. Mae'n biti na fuasem gennym amser i drafod ei gyfrol *Philosophical Fragments*.'

Roedd yn werth troi i fyny i ddysgu'r wers mai peth peryglus yw cymryd yn ganiataol eich bod yn gwybod mwy nag aelodau'r panel mewn cyfweliad. Dwi'n amau mai cymryd trugaredd a wnaeth yr holwr a bod ganddo radlondeb a hiwmor er gwaethaf ei wynepryd.

Bythefnos yn ddiweddarach dyma droi i fyny i'r Coleg Argraffu a'r Prifathro, Mr Thirkettle, yn estyn croeso ac yna'n fy rhoi yn fy lle heb oedi. 'Mr Lewis,' meddai, 'dwi'n siŵr eich bod yn llawn haeddu'r swydd hon. Er hynny rhaid imi fod yn onest gyda chi. Roedd 'na reswm arbennig pam y soniais wrth aelod o'r panel yr hoffwn iddynt, os yn bosibl, eich dewis chi.'

'Fe sylweddolwch yn fuan fod bron pob un o benaethiaid Adran Addysg y Cyngor y mae'r Coleg hwn yn ymwneud â hwy yn Gymry, Albanwyr neu Wyddelod. Sgotyn ydw i a Mr Plait yn Wyddel, chithau'n Gymro. Nid oes fawr ddim na allwn ei gael i'r Coleg hwn o hyn ymlaen rhyngom ni ein tri.'

Y Cofrestrydd oedd Mr Plait, Gwyddel caredig, eangfrydig a rhadlon. Cyfaddefodd wrthyf, ar ôl deall imi fod mewn Coleg Diwinyddol, ei fod yntau wedi dilyn cwrs tebyg a'i fod yn awyddus i fynd yn genhadwr yn yr Affrig. Yn anffodus roedd ei wraig yn bendant yn erbyn y syniad. Ambell dro roedd golwg fyfyrgar arno fel pe bai ei feddwl ymhell oddi wrth ei gyfrifoldeb dros weinyddu Coleg o 7,500 fyfyrwyr o bedwar ban byd.

Y diwrnod cyntaf dyma bennaeth yr Adran Saesneg yn cerdded at fy nesg a gofyn yn Gymraeg 'A sut mae un o hogiau

Stiniog heddiw? I Ysgol Sir y Blaenau'r euthum innau.' Gŵr o Drawsfynydd ydoedd a buan y perswadiodd ef y Prifathro imi gael rhoi ambell wers i ddysgu Saesneg i fyfyrwyr tramor y Coleg a chael cyflog ychwanegol. Synnwn i ddim bod rhai o argraffwyr Ynysoedd y Gorllewin a'r India bellach yn siarad Saesneg efo acen y Blaenau!

Gofynnodd Mr Plait imi un bore Llun gyda gwên, 'Ydach chi'n meddwl fy mod yn anghofus weithiau?' Cyn imi ateb, meddai, 'Bnawn Sadwrn tua 2 o'r gloch euthum i'm llofft ac mewn ychydig funudau cael fy hun yn fy mhyjamas yn fy ngwely. A dyma fi'n sylweddoli – dŵad i fyny i nôl llyfr oedd fy mwriad i.'

Yn fuan wedyn roedd wedi codi'i galon. Roedd pennaeth yr Adran Arlunio wedi trefnu i gael diwrnod o wyliau un bore Llun. Trigai yn Swydd Caint ac roedd yn gorfod teithio am tuag awr a hanner i'w waith pob dydd. Pan ddaeth y cannoedd o fyfyrwyr ei adran i'r Coleg fore Llun sylweddolwyd fod pob cwpwrdd wedi'i gloi a'r agoriadau gyda'r athro gartref. Rhaid oedd ei ffonio ac fe gyrhaeddodd â'i wynt yn ei ddwrn rhyw ddwy awr yn ddiweddarach. Yna, safodd yn stond, rhoi ei law ar ei ben a dweud, 'Daria, dwi wedi gadael yr agoriadau ar y bwrdd adra.' Cysurai Mr Plait ei hun nad ef oedd yr unig un oedd yn freuddwydiol.

Cododd sefyllfa a wnaeth imi o hynny 'mlaen ystyried ystadegau gyda llond berfa o halen wrth fy ochr. Bu Adran Addysg y Llywodraeth yn pwyso ar y Coleg i wneud dadansoddiad manwl o'r 7,500 o fyfyrwyr. Gan ei fod yn ymrwymiad allai gymryd dyddiau lawer, gohiriwyd ei wneud am fisoedd. Yna derbyniwyd llythyr bygythiol yn mynnu cael y ffigurau o fewn saith niwrnod.

Roedd cerdyn mewn ffeil ar gyfer pob myfyriwr yn rhoi manylion llawn amdano ef neu hi. Gofynnodd Mr Plait i mi dynnu allan o'r bocs unrhyw 100 o'r cardiau i'w hastudio a gwnaeth yntau'r un peth. Dyma eistedd i lawr i ateb holiadur y

Weinyddiaeth am bob un o'r 200 ac yna lluosogi pob ffaith 375 o weithiau ac anfon y ffigurau terfynol i'r Adran.

Flwyddyn yn ddiweddarach derbyniodd y Coleg lyfryn deniadol a thrwchus gyda'r teitl yn Saesneg, 'Dadansoddiad o fyfyrwyr Colegau'r Brifddinas wedi'i seilio ar ffigurau a baratowyd gan Goleg Argraffu Llundain'.

Hogia Stiniog yn Llundain

Mwynheais yn fawr y ddwy flynedd yn y Coleg Argraffu, ond nid oherwydd y gwaith bob dydd yn unig. Rhaid cyfaddef y bu'n addysg i ymwneud â staff y cantîn a'r glanhawyr oedd yn gocnis go iawn a chael gwahoddiad i gartref ambell un ohonynt. Doedd bywydau'r rhain ddim 'run fath â bywyd pobol tref fy magwraeth!

Yn rhannu llety gyda mi roedd Ifor Lewis o'r Blaenau. Cwblhaodd radd anrhydedd yn y gyfraith yn Aberystwyth a'i rieni'n cymryd yn ganiataol y byddai'n ymuno â staff ei ewythr oedd yn gyfreithiwr ym Mangor. Dim o'r fath beth. Nid oedd ganddo ronyn o ddiddordeb mewn bod yn dwrna na chael partneriaeth maes o law. Archeolegwr y dymunai fod. Daeth i Lundain yn unswydd i ddechrau ar gwrs yn y pwnc hwnnw gyda'r nos yn un o golegau'r ddinas.

Er mwyn ennill bywoliaeth cafodd yntau swydd weinyddol yn Adran Addysg Cyngor Sir Llundain. Ni chwrddais erioed â gŵr a chanddo'r fath synnwyr digrifwch. Bob dydd rhaid oedd imi ddal y tiwb i'r ddinas. Am 8 y bore roedd bron pob cerbyd yn llawn dop. Pawb yn gwthio'u hunain i mewn fel sardîns cyn i'r gard weiddi, 'Mind the Doors'. Wrth iddo wneud hynny roedd Ifor yn rhoi ei law allan i'm rhwystro rhag mynd ar y trên. Y drysau'n cau ac yntau'n dweud, 'Yli'r diawliaid gwirion. Mae yna drên arall mewn tri munud'.

Rhaid, meddai, iddo ef a minnau adrodd wrth wraig y llety

dros ginio gyda'r nos rywbeth diddorol oedd wedi digwydd inni yn ystod y dydd yn y gwaith neu wrth deithio. Nid oedd angen iddynt fod yn wir. Os yn brin o stori, wel, gwneud un i fyny. Yr hyn oedd yn od oedd nad oeddynt yn coelio'r troeon trwstan go iawn a ddigwyddodd i mi, ond yn credu'r rhai dychmygol!

Ei hoff dric arall ar y daith i'r gwaith oedd creu cymaint o gyffro ag y gallai. Ar ôl prynu papur newydd mynnai droi'r dudalen allanol â'i phen i lawr cyn mynd ar y trên. Ni wyddai ei gyd-deithwyr fod y tudalennau tu mewn y ffordd iawn: ambell un yn cyffwrdd ei gydymaith, yn pwyntio at Ifor a chyffwrdd ei ben.

Ni phrynai bapur weithiau gan wybod y buasai'r cerbyd yn llawn dop ac yntau'n awyddus i gael lle i eistedd. Safai wrth un o'r teithwyr oedd yn eistedd, yn ei het ddu draddodiadol a'i ges llaw, a phlygu i ddarllen papur hwnnw. Toc byddai'n dweud, 'Dw i wedi gorffen efo'r dudalen yna. Wnewch chwi droi drosodd?' Bron yn ddi-ffael byddai'r teithiwr yn symud i'r cerbyd nesaf ac Ifor yn dwyn ei sedd.

Ar ôl iddo fod yn ei swyddfa am wythnos neu ddwy ymadawodd un o'r staff. Gan fod Ifor yn gorffen ei ddyletswyddau erbyn canol y bore, cynigiodd wneud gwaith y person hwnnw hefyd a chytunodd ei oruchwyliwr, wrth gwrs. Honnai Ifor ei fod heb ddim i'w wneud hyd yn oed wedyn erbyn canol y pnawn. Cymerodd drosodd waith un arall yn ddiweddarach i lenwi amser. Oherwydd ei fod mor hamddenol yn y bore cwynai ei fòs ambell dro, 'Hwyr eto, Mr Lewis'. Ifor yn rhoi'r un ateb bob tro, 'Wel saciwch fi 'ta'. Doedd dim perygl i hynny ddigwydd!

Nid oedd gennym bres i fynd allan ond ar nos Sadwrn. Mynd rhyw noson i gaffi Lyons Corner House yn Oxford Street. Roeddem ni hogiau Stiniog yn meddwl ei fod yn lle reit grand. Yno, un o'r gweinyddwyr o Sais yn cymryd arno mai Eidalwr oedd o. Ifor yn ei gyfarch yn Gymraeg ac yna'n dweud yn

Saesneg, 'Dydi dy Eidaleg di ddim yn dda iawn, nac ydi?'

Astudiem y papur newydd yn aml i edrych a oedd yna hysbyseb am ddarlith neu bregeth neu gyfarfod politicaidd yn rhywle o fewn cyrraedd a'r geiriau holl bwysig oddi tano, 'Bwyd ar gael'. Clywsom Clem Attlee, Herbert Morrison, Aneurin Bevan a Martin Lloyd Jones yn areithio, a buom yn ymweld â chymdeithasau capeli o bob enwad.

Mentro un noson i chwarae gwyddbwyll yn Nhwrnament Tref Richmond gan nad oedd gennym ddim gwell i'w wneud. Er nad oedden ni'n fawr o chwaraewyr enillasom ambell i rownd oherwydd bod ein gwrthwynebwyr yn ffwndro gan ein bod yn chwarae mewn ffordd mor anarferol. Ninnau cyn dechrau wedi crybwyll yma ac acw fod y naill a'r llall wedi mynd ymhell mewn aml i dwrnament, er na chawsom y fath lwyddiant erioed. Os oedd ein gwrthwynebydd yn crychu'i aeliau ac yn dweud nad oed rhyw symudiad neu'i gilydd yn bosibl, atebem, 'Dyna wnaeth Diglemio, y pencampwr, yn 1834', er na fu'r fath ŵr yn fyw erioed ond yn ein dychymyg ni. Yn fuan sylweddolodd dau o'r cystadleuwyr pa mor gyffredin oeddem, a'n difa mewn ychydig symudiadau. Ond roedd y brechdanau'n dda iawn.

Arhosodd Ifor yn y ddinas i barhau gyda'i astudiaethau am gyfnod pellach ond penderfynais i mai 'teg edrych tuag adref'.

Rhyfeddod y byd yswiriant

Ar ôl dwy flynedd yn Llundain roedd y wefr o fod mewn dinas fawr llawn amrywiaeth, a chael mwynhau rhyddid, wedi pallu. Hiraethwn am fod mewn cymdeithas fwy Cymreig a bod yn rhan o'r ymgyrch am Gymru Rydd. Roedd fy nghariad, Eirian Owen o Bont-y-Pant, Betws-y-coed, yng Ngholeg Cartrefle yn Wrecsam yn derbyn hyfforddiant i fod yn athrawes. Anaml y gallem fforddio i gwrdd yn Llundain er ei bod yn cael aros gyda fy chwaer Bronwen pan oedd hi'n ymweld â mi.

Gwelais ddwy hysbyseb yn y wasg – y naill am swydd clerc yn Adran Addysg Cyngor Sir Meirionnydd a'r llall am swydd gyda chwmni yswiriant yr Alliance yn Wrecsam. Cefais wahoddiad i fynd am gyfweliad am y ddwy swydd. Yr un gyda'r Alliance ddaeth gyntaf. I mi ar y pryd, dyn y Pearl, y Britannic a'r Prudential yn galw am swllt yr wythnos oedd yswiriant. Cefais sioc fawr o gyrraedd swyddfa'r cwmni o weld ystafell enfawr ac mor hardd ag Eglwys Gadeiriol gyda rhyw 80 o staff yn eistedd wrth resi o ddesgiau.

Y rheolwr, Bryan Hughes, oedd yn holi – Cymro Cymraeg tal a smart ac, fel llawer o bobl Rhosllannerchrugog, a chanddo ddigonedd o hunanhyder. Cefais yr argraff yn ddiweddarach ei fod yn adnabod pawb yng Nghymru. Cymysgai gyda phrif swyddogion Seisnig uchel-ael yr Alliance yn Llundain fel pe bai yn un ohonynt. Gydag ef roedd ei ddirprwy, Emrys Williams – athrylith a fuasai, mewn cyfnod diweddarach, wedi bod yn fargyfreithiwr llwyddiannus iawn. Ni chlywais air o Gymraeg o'i enau ar wahân i'w araith ffarwél wrth iddo ymddeol flynyddoedd yn ddiweddarach. Roedd y cyfweliad yn Saesneg yn bennaf ond daeth yn amlwg i mi yn nes ymlaen fod Bryan Hughes yn awyddus iawn i benodi siaradwyr Cymraeg. Ar ôl cael ein holi cawsom arholiad ysgrifenedig am tua dwy awr. O'r dwsin a wnaeth gais cynigiwyd swydd i dri ohonom: John Roberts, arweinydd talentog Côr Ieuenctid Coed-poeth; Bill Owen, un o deulu Baco Amlwch – gŵr golygus oedd wedi priodi merch o Fetws-y-coed – a minnau.

Y diwrnod cyntaf yn y gwaith cawsom ar ddeall fod disgyblaeth haearnaidd yn y swyddfa. Mynnent hefyd ddarparu hyfforddiant trylwyr a chymryd yn ganiataol y buasem yn eistedd maes o law arholiadau'r 'Chartered Insurance Institute'. Ni welais gynt nac wedyn wŷr a merched mor dalentog â'r staff oedd yno ar y pryd. Penodwyd llawer ohonynt yn yr 1930au pan oedd cael gwaith o unrhyw fath yn gamp, a chael swydd mewn banc neu gwmni yswiriant ag angen dylanwad neu allu arbennig.

Ddwy flynedd yn ddiweddarach, pan oeddwn ar gychwyn i weithio i'r cwmni yn Seland Newydd, rhybuddiodd Prif Reolwr byd eang y cwmni fi i beidio â chymharu unrhyw gangen arall yn y byd gyda changen Wrecsam. Pwysleisiodd ei bod y mwyaf effeithiol a phroffidiol, gyda'r staff mwyaf abl a feddai'r cwmni. Bu, meddai, am flynyddoedd yn cynnig swydd i Emrys Williams fel pennaeth yr Adran Ddamweiniau yn y Brif Swyddfa ac yntau'n gwrthod bob tro. Go brin ei fod yn gwybod fod EW yn sylfaenydd a chynhaliwr Theatr Wrecsam ac mai honno oedd diddordeb mawr ei fywyd.

Roedd yr Alliance yn cael ei gydnabod fel 'Rolls Royce' cwmnïau'r byd. Cynigiai holl ystod polisïau yswiriant tân, Cyfrifoldeb Cyfreithiol i'r Cyhoedd (*Public Liability*), Iawndal Gweithwyr, yswiriant ceir, tai a'u cynnwys, yswiriant ffatrïoedd a busnesau o bob math, ffermydd a phensiynau polisïau bywyd.

Roeddent yn arbenigwyr hefyd ar bolisïau cyfraith contractau a chyfamodau nad oedd yr un cwmni arall yn eu cynnig. Oherwydd hen gysylltiadau'r cwmni, roedd yn yswirio bron bob busnes mawr yng Ngogledd Cymru, Cynghorau Sir, Colegau a Phrifysgolion. Roedd pawb yn cydnabod yn 1950 ei fod y mwyaf hael ac anrhydeddus pan ddigwyddai colled neu ddamwain.

Eisteddai Emrys Williams mewn ystafell wydr yng nghornel y swyddfa enfawr gan gadw llygad barcud ar bawb.

Roeddem ein tri yn cael profiad ym mhob adran yn ei thro. Gwae ni os oeddem yn cyrraedd i'n gwaith ar ôl 8.50! Un bore roedd yr eira mor drwm fel y bu raid i rai ohonom gerdded o'r Rhos trwy luwchfeydd, ac ar ôl cyrraedd awr yn hwyr yn cael cerydd oherwydd na wnaethom gychwyn y daith ynghynt.

Roedd y cyfrolau trwm, oedd yn crynhoi pob yswiriant, mewn ystafell hir, gul gyda drws haearn trwchus arni rhag difrod tân. Yn aml yn ystod y dydd roedd yn rhaid mynd i nôl un o'r llyfrau ac E.W. yn amseru faint o amser roedd yn ei gymryd. Os oedd un ohonom fel bechgyn yn mynd yno pan oedd un o'r merched yno hefyd, caem alwad ganddo'n holi pam yr oeddech chi a 'hon a hon' wedi cymryd deg munud i fynd i nôl llyfr.

Ar ôl tri mis dyma fi'n galw i'w weld i ddweud fy mod yn cael y gwaith yn anniddorol ac am ymddiswyddo. Aeth ei wyneb yn goch ac roedd yn amlwg yn cael trafferth i gadw'i dymer. 'Ylwch,' meddai, 'nid am dri mis ond am bum mlynedd roedd raid i mi wneud y gwaith rydach chi'n cwyno amdano. Mae anghenion ein cwsmeriaid yn newid yn barhaus a rhaid i rywun newid geiriad, cynyddu symiau yswiriedig, disgrifiad o'r ceir ac yn y blaen. Dwi'n meddwl ein bod ni fu'n gwneud y gwaith yna am hydoedd yn y gorffennol mor glyfar â chithau'r genhedlaeth iau.

'Dwi am roi her i chi. Gwaith mwyaf cymhleth y busnes yma yw delio gyda damweiniau o bob math. Fi, fel y gwyddoch, sydd yn gyfrifol am ei oruchwylio. Cewch ddysgu'r gwaith o danaf i, ymholi i'r amgylchiadau, cyf-weld tystion, penderfynu pwy sydd ar fai, trafod gyda chyfreithwyr y rhai sydd yn ein herlyn. Yr amodau ychwanegol yw eich bod yn sefyll arholiadau'r Institute mewn Damweiniau, ac nid y rhai haws fel Tân. Fe wna les i chi weld pa mor gyfreithiol yw'r pynciau.

'Hefyd, o heddiw ymlaen, cewch ymarferiad unwaith yr wythnos. Dyma i chi gopi o'r Polisi *Public Liability* cyntaf a gynigiwyd gan yr Alliance yn 1850 a'r un a werthid yn 1870. Dwi am i chi eu darllen yn fanwl y bore 'ma. Y pnawn 'ma cewch ddweud wrthyf pa eiriau sydd yn wahanol a pham.'

Delio gyda'r twyllwyr

Ro'n i wrth fy modd gyda'r gwaith. Mynd allan bron bob dydd i safle lle bu damwain car, cymryd datganiadau gan yrwyr, teithwyr a thystion. Galw mewn ffatrïoedd, ysgolion, siopau lle collodd rhywun fysedd neu law neu lygad. Uwchlaw pob dim, cael yr athrylith Emrys Williams i ddarllen pob adroddiad, ei feirniadu a chynnig newidiadau.

Gan ein bod yn ymdrin â damweiniau'r Bwrdd Trydan bu raid delio â thrychinebau mawr weithiau. Gwifrau'n syrthio mewn storm erchyll. Dau blentyn bach yn mynd i sgipio gyda'r gwifrau oedd ar lawr ac yn cael eu lladd. Dau weithiwr cydwybodol yn mynd i mewn i is-orsaf drydan i lanhau heb ganiatâd. Nam yn digwydd mewn gwaith brics filltiroedd i ffwrdd a'r trydan yn teithio i'r weiren ddaearu fel roedd eu cryman yn ei chyffwrdd a'r ddau yn colli'u bywydau yn y fan a'r lle.

Rhan o'r gwaith oedd cytuno ar gost trwsio ceir hyd at tua £200. Roedd unrhyw beth dros hyn yn mynd at Aseswyr Proffesiynol. Roedd fy athro wedi rhyfeddu pa mor lwyddiannus oeddwn i wrth berswadio'r modurdai i ostwng eu hamcangyfrifon. Ychydig a wyddai na wyddwn fawr ddim am geir. Roedd fy chwaer Bess yn athrawes yn Wrecsam ac wedi priodi bachgen o Burnley oedd â'i fusnes ei hun yn trwsio cyrff ceir – 'Panel beater' yn Saesneg. Ato ef yr oeddwn yn mynd gyda phob amcangyfrif a dderbynnid oddi wrth fodurdai mawr y dref. Roedd yntau'n dangos imi mai ugain munud a gymerai i dynnu'r bolltiau oedd yn dal adain un car arbennig, ac nid dwy awr. Gwyddai union gost ailbeintio'r cerbydau, cost teiar newydd a.y.b.

Ar y dechrau roedd y cwmnïau'n tynnu fy nghoes. Pan oeddwn yn galw i ofyn am ostyngiad yn y pris roedd y fformyn yn dweud, 'Dyma Maldwyn yn dod i ofyn imi fod yn Siôn Corn unwaith eto a gwneud gwaith am y nesaf peth i ddim'. Ymhen y rhawg aeth y prisiau'n fwy rhesymol o'r cychwyn cyntaf, diolch i'm brawd-yng-nghyfraith.

Hwyl fwyaf y gwaith oedd delio efo ambell i wàg neu ddihiryn oedd yn ceisio twyllo. Dyma un enghraifft yn unig:

Derbyniwyd llythyr gan ŵr oedd yn haeru ei fod wedi cael potel o gwrw yn un o'r clybiau ac ar ôl ei hyfed gweld fod llygoden wedi marw ynddi. Yntau, meddai, wedi cael ei wenwyno a dioddef poenau ac anhwylder am wythnosau. Roedd yn mynnu iawndal am golli gwaith ac am boen a dioddefaint. Dyma alw i'w weld, ac wedi imi wneud ymholiadau cael ar ddeall ei fod yn dipyn o dderyn.

Wedi ymweld â'r clwb a holi'r rhai oedd yno'n rheolaidd, casglais dystiolaeth iddo wneud peth od un noson. Ar ôl archebu potel o'i gwrw arferol penderfynodd fynd i'r toiled. Yn lle gadael y botel hanner gwag fel yr arferai wneud hi gydag ef a dweud, 'rhag ofn i un ohonoch chi'r diawliaid ei hyfed'. Ar ôl dod yn ôl y tynnodd eu sylw at y llygoden yn y botel. Dyma, wrth gwrs, greu amheuaeth go iawn – ond sut oedd profi twyll?

Gofynnais i'r bragdy ymchwilio ym mha gyflwr y buasai llygoden wedi iddi fod mewn cwrw. Cadarnhaodd rhai o'r gweithwyr fod llygod bach yn broblem mewn ambell i fragdy ers talwm oherwydd eu bod yn hoff o'r grawn. Yn wir, cyfaddefodd un hen frawd eu bod, pan yn hogiau mewn bragdy arall yn Swydd Efrog flynyddoedd yn ôl, yn cael cystadleuaeth yn ystod eu hawr ginio i weld pwy fuasai'r cyntaf i ddal llygoden a'i rhoi mewn potel.

Gwadai'r cwmni y gallai hyn ddigwydd yn eu bragdy hwy. Dyma ddangos imi fel roedd pob potel, ar ôl cael ei golchi mewn dŵr chwilboeth, yn teithio ar felt a dwy ferch yn eistedd o flaen sgrin wen. O'u blaen roedd lamp lachar yn llewyrchu ar bob potel. Pe bai rhywbeth yn un o'r poteli buasai i'w weld yn glir. Sefais gerllaw am ychydig yn gwylio'r genethod wrth eu gwaith. Dyma un ohonynt yn troi ei phen at ei chymar ac yn dweud ei bod wedi mynd allan efo bachgen arbennig y noson gynt. Tra oedd yn adrodd yr hanes aeth nifer o boteli gwag heibio'i sgrin. Yn amlwg nid oedd y system yn berffaith.

Awgrymodd Emrys Williams fy mod yn ymweld â nifer o dafarnau – gan yfed diod oren yn unig – i sgwrsio efo'r hogiau tu ôl i'r bar. Bûm am wythnos gyfan heb gael dim lwc. Yna mewn tafarn yn Gresford – Bingo! Pan ofynnais a oedd y cyfaill tu ôl i'r bar yn cofio rhywun yn cwyno am gwrw'r bragdy cofiodd am un digwyddiad rai wythnosau ynghynt. Dau oedd yn y bar ar y pryd ac yn sydyn, wrth iddo wagio'r cwrw i wydryn, dyma fo'n sylwi fod rhywbeth yn y botel. O'i dal i fynnu at y golau gwelwyd fod llygoden fach tu mewn. Mewn chwinciad cymerodd y botel oddi ar y cwsmer a rhoi un yn ei lle. Soniodd wrth y bragdy am y digwyddiad.

Yr ochr arall i'r bar yn gwrando roedd ymwelydd rheolaidd arall – yr hen frawd a anfonodd y llythyr atom. Aeth y bòs â'm hadroddiad trwchus adref a'm galw ato'r bore canlynol. 'Da iawn, Lewis,' meddai, 'ond rydych wedi methu un ffaith holl bwysig. Ewch â'r papurau at eich desg a dowch yn ôl wedi'u hailddarllen i ddod o hyd i'ch camgymeriad.'

Ar ôl hir bendroni ni allwn weld dim o'i le. Rhaid oedd cyfaddef hynny. 'Rydych,' meddai 'wedi nodi taldra'r gwalch a disgrifio'r siaced a wisgai'r noson honno. Nid ydych wedi amcangyfrif pa mor ddwfn oedd y boced tu mewn i'r siaced lle rydych yn haeru iddo gario'r botel a'r llygoden ynddi'r noson honno.'

Galwyd y darpar erlynydd i weld E.W. a minnau. Rhoesom

gynnig o iawndal o £5 iddo ar yr amod ei fod yn arwyddo fod hynny'n setlo'i gais yn llawn ac am byth. Os gwrthodai, rhaid fuasai inni adrodd i'r Heddlu am ei ymgais i dwyllo. Derbyniodd ein cynnig ac arwyddo. Nid yw'n weddus imi ailadrodd ei sylwadau!

Weithiau caem achos i wenu. Cafodd un o'n cwsmeriaid gytundeb gyda Chyngor Sir Feirionnydd i wella'r briffordd rhwng y Bermo a Dolgellau. Golygai hyn ddefnyddio ffrwydron i symud creigiau er mwyn sythu a lledu'r ffordd. Yn ôl y drefn arferol gosodwyd amodau caeth iawn ar drefn a maint y tanio wrth ganiatáu yswiriant yn erbyn difrod i eiddo neu anaf i'r cyhoedd.

Ychydig wythnosau ar ôl cwblhau'r gwaith cafwyd noson stormus iawn. Syrthiodd coeden dderw enfawr ar res o fodurdai a chreu difrod sylweddol. Anfonodd cwmnïau yswiriant y perchenogion lythyrau at y Cyngor a'r contractiwr yn eu dal yn gyfrifol. Wrth deithio draw i wneud ymchwiliad, amheuwn fod ein cleient hwyrach wedi cynnal ffrwydrad rhy gryf er mwyn arbed amser, gan wanio gwreiddiau'r goeden. Er mawr syndod canfyddais nad oedd difrod o fath yn y byd i risgl y dderwen a bod y gwreiddiau'n arwynebol iawn o goeden o'i maint.

Draw â mi i drafod y ddamwain gyda Phrif Weithredwr Cyngor Meirionnydd. Dywedais wrtho fy mod o'r farn nad oedd unrhyw fai ar y contractwr ac ychwanegais, 'Tua chan mynedd yn ôl cododd storm o wynt yn yr ardal. Chwythwyd mesen fechan oddi ar dderwen gerllaw a glanio tu ôl i graig enfawr. Gwreiddiodd yno a byw a thyfu'n glyd a chysgodol rhag bob tymestl. Ni fu angen i'r goeden wreiddio'n ddwfn o gwbl.

'Yna trefnodd Cyngor arbennig i symud y graig er mwyn sythu'r ffordd. Yn sydyn daeth gwyntoedd cryfion ac ni theimlodd y dderwen erioed o'r blaen y fath rym. Oherwydd ei gwreiddiau arwynebol syrthiodd, a mawr fu ei chwymp.'

Chwarddodd yntau a dweud, 'Wel hyd yn oed os nad yw'n wir mae'n ddian o stori dda.' Yn ddiweddarach cadarnhaodd arbenigwr fod coed yn gwreiddio'n ddyfnach oherwydd nerth gwyntoedd. Pan ddychwelais i'r swyddfa yn Wrecsam gorchymynnodd y rheolwr, Bryan Hughes, fi i fynd i'w ystafell. 'Eisiau clywed y stori am y fesen fach rydw i,' meddai. Roedd clerc y Cyngor wedi ei ffonio i ddweud yr hanes.

Am dro i Seland Newydd

Roedd yn arfer gan Gwynfor Evans ac eraill, wrth areithio dros Blaid Cymru, ganmol pa mor ffyniannus oedd gwledydd bach y byd fel y Swistir a Norwy. Am ryw reswm roeddwn i, wrth ddweud gair dros yr achos, yn ychwanegu Seland Newydd.

Yn 1952 roedd Cwmni'r Alliance yn chwilio am staff i fynd i weithio i Ganada, De Affrica neu Seland Newydd. Gorau yn y byd os oeddent hefyd yn brofiadol ym maes delio gyda damweiniau. Gobeithient y buasai'r gwledydd hynny'n mabwysiadu dulliau Prydain o ymdrin â cholledion o'r fath. Roedd fy ysgrifenyddes wedi ymfudo i Christchurch rhyw flwyddyn ynghynt ac yn canmol ei lle. Dangosais ddiddordeb a chefais ateb yn ddiymdroi yn cynnig swydd i mi yn Seland Newydd ar yr amod fy mod yn aros yno am dair blynedd.

Ym Medi'r flwyddyn honno daeth nifer o'm chwiorydd i Heathrow i ddweud ffarwél. Nid oedd yr un ohonom wedi bod ymhellach na Llundain, ac roedd pegwn y de yn ben draw'r byd inni. Trefnodd y cwmni i mi gael torri fy siwrnai yn Delhi, Calcutta a Sydney yn ychwanegol at y gwledydd eraill lle'r oedd yn rhaid i'r awyren Constellation a'i phedwar sgriw aros i gael tanwydd. Yn y tair dinas gofalwyd fod rhywun o'r cwmni yn fy nghroesawu.

Ar yr awyren ar ran gyntaf y daith roedd Jim Burke. Ef oedd yn agor y batio i dîm Awstralia'r pryd hwnnw. Treuliai eu gaeaf hwy yn chwarae i glwb criced yn Lloegr. Soniodd wrthyf ei fod ef yn cael y daith yn hir ac undonog. Mabwysiadodd drefn o gael sgwrs gyda hwn a'r llall. Awgrymodd fy mod yn gwneud yr un peth ac y gwnâi ef un ochr i'r awyren a minnau'r llall. Felly y bu, ac aeth yr hop gyntaf i'r India yn gymharol sydyn.

Arhosodd yr awyren am ychydig oriau hefyd yn Jakararta yn ynysoedd Indonesia. Roeddwn yn crwydro un o'r siopau yn y maes awyr yn chwilio am anrhegion i'r teulu. Pan oeddwn yn pori ymysg yr eitemau oedd ar gael sylwais ar ferch ieuanc tua 30 oed yn fy ngwylio. Wrth i mi ystyried ambell i beth, roedd yn ysgwyd ei phen i awgrymu nad oedd yn werth ei brynu. Aeth pawb i'r awyren i hedfan i Sydney. Nid oedd yn llawn o bell ffordd. Cyn codi i'r awyr daeth y ferch ieuanc ataf a dweud na fu'n hedfan o'r blaen a'i bod yn dra ofnus. Gofynnodd a gâi eistedd wrth fy ochr a gafael yn fy llaw os oedd rhaid. Ni allwn yn hawdd ei gwrthod.

Nyrs hanner Ffrengig a hanner brodorol ydoedd a'i chroen yn lliw brown ysgafn. Enillasai wobr fel nyrs am ei gwaith yn ymgeleddu cleifion ar ôl trychineb yn ei gwlad. Gwahoddwyd hi i deithio i Auckland am saith niwrnod i dderbyn medal yn rhoddedig gan Gymdeithas y Groes Goch. Ar ôl y seremoni trefnwyd iddi gael wythnos o wyliau yn Wellington.

Wrth i'r awyren godi gafaelodd yn dynn ynof, ond ar ôl pryd o fwyd ymlaciodd ychydig ond parhau i roi cipolwg weithiau ar y cymylau oddi tanom. Cysgodd yn dawel wrth fy ochr drwy'r nos. Mewn ateb i'w hymholiadau, dywedais mai mynd i swyddfa Cwmni'r Alliance yr oeddwn, yn Wellington.

Trefnodd y cwmni imi aros mewn gwesty tra oeddwn yn chwilio am rywle i aros yn barhaol. Cysgais am bron ddiwrnod cyfan i ddod dros y daith, a'r bore canlynol cerddais allan i weld y ddinas. Wrth i mi fynd trwy ddrws y gwesty daeth lorri yn llawn bocsys gwag i'r golwg. Yn sydyn disgynnodd ei llwyth a gwasgaru dros bobman. Arhosodd y drafnidiaeth, gan gynnwys y tramiau. Yn lle'r canu cyrn swnllyd i gwyno fel mewn mannau eraill dechreuodd pawb chwerthin a sgwrsio.

Daethant allan o'u cerbydau a brysio i helpu i lwytho'r lorri'n daclusach. Amryw o weithiau clywais hwy'n dweud, 'She'll be right'.

Ni allwn gael gwell cyflwyniad i'r Kiwis. Clywais y dywediad gannoedd o weithiau wedyn. Ambell dro, pan oeddwn yn awgrymu tacluso rhywbeth neu frysio yn y swyddfa, dyma'r ateb a gawn, 'She'll be right pal Mal.' Paid â phoeni, bydd popeth yn iawn rhyw ddydd.

Cyflwynais fy hun yn y Swyddfa a dweud fy mod yn parhau i deimlo'n gysglyd ar ôl y daith ar draws y byd. 'Cymerwch wythnos i ffwrdd,' meddai'r Prif Reolwr, 'ac ewch o gwmpas Seland Newydd i chi gael cynefino â'r wlad.' Nid oedd raid iddo ddweud eilwaith!

Yr ail ddiwrnod ar ôl dychwelyd, a minnau'n gweithio'n barchus wrth fy nesg, clywn rhyw si ymysg y staff a sylwais eu bod i gyd yn edrych ar y cownter wrth y dderbynfa. Clywn lais yn gofyn, 'Can I speak to Mr Maldwyn Lewis, please?' Pwy oedd yno mewn gwisg liwgar frodorol isel yn y gwddf ond y nyrs. Clywais lais y rheolwr yn galw arnaf o'r cownter, 'Maldwyn, there's a lovely visitor for you'. Minnau'n llawn embaras gan fy mod yn ceisio rhoi argraff dda ar ddechrau fy wythnos gyntaf. Dyma ei chyflwyno i Bert y rheolwr. 'Ffwrdd â chi,' meddai wrthyf, 'ewch â'r ferch ieuanc allan am goffi. Cymerwch dri diwrnod o wyliau i ddangos y ddinas iddi.'

Ia, 'Bert' y galwem y rheolwr. Dywedodd wrthyf y bore cyntaf fod pawb yn galw'i gilydd wrth eu henwau cyntaf. Ar ôl gweithio yn Wrecsam, lle'r oedd pawb yn cael ei alw wrth ei gyfenw a bron yn moesymgrymu i'r Rheolwr, roedd yn dro ar fyd.

Fel ymhobman roedd croeso mawr i Gymry. Cymerent yn ganiataol eich bod yn medru canu a chwarae rygbi. Ni fedrais erioed wneud 'run o'r ddau. Yn ddiweddarach sylweddolais eu bod yn tybio hefyd fod fy nhaid ym Mharc yr Arfau yng Nghaerdydd yn 1905 pan drechodd Cymru y Crysau Duon.

Gobeithient fy mod yn cydnabod i ryw ŵr o'r enw Dean sgorio cais ac ennill y gêm i Seland Newydd. Ni welodd fy nheidiau gêm rygbi yn eu bywyd!

Yn y swyddfa roedd gŵr mwyn, boneddigaidd o Lundain. Roedd wedi ymfudo i'r wlad a llwyddo i gael gwaith gyda'r cwmni. Bu'n gyfaill da i mi gan esbonio trefn y swyddfa a chyflwyno rhai o'r achosion oedd yn aros imi ymwneud â hwy. Eto, nid oedd y gweddill mor serchus tuag ato ag yr oeddynt ataf i. Buan y deallais pam. Iddynt hwy, 'pom' ydoedd 'Sais'. Yn ddiweddarach bûm lawer gwaith yn esbonio bod natur pobl pob gwlad yn amrywio a bod rhai yn fwy hoffus na'i gilydd. Cymerodd flwyddyn arall iddynt anghofio ei dras.

Y Sul canlynol i ffwrdd â mi i'r oedfa yng Nghapel y Bedyddwyr yn y ddinas a chael croeso cynnes. Ar ôl y gwasanaeth daeth gŵr o'r enw Mr Breen ataf. Esboniodd ei fod ef a'i wraig yn gwahodd pob person dieithr a ddeuai i oedfa i'w cartref am ginio dydd Sul. Yn ystod y pryd soniais fy mod yn chwilio am rywle i aros. Toc aeth at y ffôn ac yna gofyn imi a hoffwn rentu fflat ar gyrion y ddinas. Roedd brawd-yng-nghyfraith Mrs Breen yn berchen ar eiddo yn Wellington ac roedd un o'i fflatiau newydd ddod yn wag. Adeilad deulawr ydoedd o ddwy fflat yn wynebu parc lle'r oedd Sw'r ddinas a'r meysydd chwarae criced. Derbyniais y cynnig a symud i mewn heb oedi.

Hysbysais y swyddfa o'm cyfeiriad newydd. Am rai dyddiau, digon sychlyd oedd rhai o'm cydweithwyr fu'n glên iawn cyn hynny. Sylweddolais toc pam. Bu dwy ohonynt yn chwilio ers hydoedd am fflat a dyma'r dyn diarth yn cael un ymhen ychydig ddyddiau. Roedd tair llofft yn y fflat a hysbysebais yn y wasg am rywun i rannu'r rhent gyda mi. Bûm yn ffodus iawn o gael ateb gan dri.

Y cyntaf oedd John Maunder, un o broffwydi tywydd Seland Newydd, oedd newydd gwblhau doethuriaeth mewn daearyddiaeth ym Mhrifysgol Christchurch, a'i dad yn bennaeth Banc Seland Newydd. Rai blynyddoedd yn ddiweddarach penodwyd ef yn Gadeirydd Cymdeithas Hinsawdd y Byd. Dyma'r corff oedd yn trefnu cynhadledd o benaethiaid y gwledydd i drafod effaith y tywydd ar economi ac iechyd ein planed. Bu'n gweithio o swyddfa yn Genefa am ryw ddeuddeg mlynedd a deuai ef a'i wraig i aros ddwywaith neu dair y flwyddyn atom yn Llidiart a Borth-y-gest.

Synnai yn fawr pa mor amhoblogaidd oedd gwleidyddion Lloegr yn y cynadleddau, ac am y tensiynau a geid rhwng Ffrainc, yr Almaen a Phrydain. Soniodd am gael cinio un diwrnod gyda Changhellor yr Almaen, a hwnnw'n sgwrsio'n rhugl yn Saesneg drwy'r pryd. Yna mynd i'r gynhadledd am sesiwn arall. Y Canghellor yn codi i gwyno pan oedd yr hen Wyddeles yn siarad nad oedd yr offer cyfieithu'n gweithio ac nad oedd yn dymuno gwrando ar ei sylwadau yn Saesneg.

Yn ystod un ymweliad holodd John fi beth oedd y gair Cymraeg am 'climate'. Crybwyllais mai hinsawdd oedd y gair cywir ond mai'r gair tywydd roeddem yn ei ddefnyddio gan amlaf. Gwenodd yn braf ac ysgrifennu'r geiriau i lawr. Esboniodd fod yna ddadl academaidd yn mynd ymlaen ers blynyddoedd nad oedd yna'r fath beth â 'climate', ac mai patrymau tywydd oedd y cyfan.

Yn y cyfarfod nesaf o'r Gymdeithas roedd Mrs Thatcher yn eistedd yn y seddau blaen gyferbyn â John y Cadeirydd. Dechreuodd yntau – gan edrych yn uniongyrchol arni – drwy ddweud mai Cymraeg oedd iaith hynaf Ewrop a'i bod yn cael ei siarad ers dros fil o flynyddoedd cyn y Saesneg. Meddai, 'Mae'r Cymry yn eu doethineb yn galw hinsawdd yn dywydd. Gawn ni ddechrau ein trafodaeth heddiw gyda geiriau'r Cymry.'

Yr ail ddyn dŵad i'r fflat oedd Dave, brodor arall o'r wlad. Ei waith oedd astudio esiamplau o bob cynnyrch a fewnforid trwy borthladd hardd Wellington. Yn lle taflu gweddillion y ffrwythau ar ôl archwilio samplau, rhennid y gweddill rhwng y staff. Cadwodd Dave ni mewn orenau a grawnwin am fisoedd lawer.

Sgotyn oedd y trydydd. Gwerthai ei gwmni beiriant arbenigol oedd yn cynhyrchu cledrau trên. Arhosai am ryw chwe mis ymhob gwlad i ddysgu'r cwsmeriaid sut i weithio'r ddyfais. Roedd newydd gyrraedd o Iwerddon ac wedi cael croeso rai misoedd ar ôl iddo gyrraedd yno wedi iddynt ddeall mai Gwyddel oedd o, ac nid brodor o Lundain.

Bu'r pedwar ohonynt yn lletya gyda mi nes y daeth Eirian i Seland Newydd i briodi ym mis Medi 1955.

Gwlad y Kiwi

Ar fap, ymddengys bod Seland Newydd yn agos at Awstralia, ond y mae cyn belled o Sydney ag yw Leningrad o Lundain, ac yn 12,000 o filltiroedd o Stiniog!

Ychydig o bobl sy'n sylweddoli pa mor hir yw'r wlad a'r amrywiaeth mawr a geir yn y tymheredd. Mae hi'n ymestyn 1,200 o filltiroedd o'r gogledd i begwn y de. Mae Auckland yn Ynys y Gogledd yn cael tywydd trofannol fel Fiji ac yn ddigon poeth, glawog a chlòs i dyfu orenau a ffrwyth kiwi. Gwelir traethau o dywod melyn yn ymestyn o'r ddinas am gannoedd o filltiroedd i'r gogledd.

Ynghanol yr ynys y mae Llyn Taupo lle bu nifer o Gymru fel Moc Morgan yn pysgota mewn pencampwriaethau byd. Yna, nid nepell oddi yno, Rotorua a'i afonydd o ddŵr berwedig. Roedd y Maori ers talwm yn rhoi eu tatws mewn sachau i goginio yn eu dyfroedd. Gwelir ffynhonnau chwilboeth yn saethu i'r awyr a'r oglau swlphwr yn atgoffa rhywun o Gefnmawr ers talwm.

I'r dwyrain mae Hawkes Bay a threfi Hastings a Napier; mae'r hinsawdd fel un Môr y Canoldir gan fwynhau deuddeg awr o heulwen bob dydd ar gyfartaledd. Tŷf llond perllannau o afalau, lemon, grawnwin, eirin gwlanog a bricyll yno. Pan aethom i fyw yno roeddwn, er mwyn ennill ychydig o arian ychwanegol, yn gweithio'n hel ffrwythau ar y penwythnos. Ar derfyn dydd cawn lond bag llaw o eirin gwlanog a bricyll i fynd adref. Wedi eu trin a'u potelu roedd gennym lond silffoedd o ffrwythau i'n cadw drwy'r gaeaf.

Bob gwanwyn cynhaliai dinas Hastings Ŵyl Flodau a gorymdaith o themâu lle roedd popeth wedi'i wneud allan o flodau. Adwaenid pobol Wellington, meddan nhw, oherwydd bod eu llaw ar eu hetiau drwy'r amser. Ynghyd â Rio, mae hwn yn un o ddau borthladd harddaf y byd. Dinas ar nifer o fryniau yw hi, a'r tywydd yn ddigon heulog ond yn wyntog yn bur aml. Yma mae Senedd-dŷ'r wlad.

Ar ôl croesi culfor roeddech yn cyrraedd Picton a Nelson a'r ffiord droellog gyda bythynnod gwyliau unig yma ac acw – nefoedd i bysgotwyr. Aem allan yn y cwch bach ambell i fore a dal dwsinau o fecryll ymhen rhyw awr i'w ffrio i frecwast. Mae hi'n ardal adnabyddus iawn i bawb sy'n hoff o winoedd Chardonnay a Savignon Blanc, y fro fwyaf heulog yn Seland Newydd.

Yn y canol, yn y gorllewin, ceir tref osgeiddig Christchurch. Islaw iddi mae tref Albanaidd Dunedin a'r tywydd yno'n ddigon tebyg i Gaeredin. Yn y canol, a'r dwyrain iddynt hwy, mae'r Alpau yn codi i 13,000 o droedfeddi a gwelir eira ar eu copaon drwy'r flwyddyn. Mae afonydd iâ'n ymestyn o'r uchelderau i'r dyffrynnoedd – paradwys o lynnoedd glas.

Ym mhegwn y de mae Milford Sound. Cymro o Sir Benfro oedd llywiwr llong Captain Cook, a phan welodd y culfor gyntaf dychmygodd ei fod adref. Enwyd y ffiord yn Milford a'r afon yn Cleddau er cof am Aberdaugleddau. Nid oes sôn mawr yn Seland Newydd am y drydedd ynys, Stewart. Mae hi'n rhy agos i oerni Pegwn y De, mae'n debyg, i fod yn bleserus.

Hyd yn weddol ddiweddar, amaethyddiaeth oedd sylfaen yr economi a gwerthu gwlân, cig oen, menyn a chaws ym Mhrydain yn bennaf. Erbyn hyn maent yn cynhyrchu awyrennau, ceir, peirannau golchi a setiau teledu ac yn allforio coed ar raddfa enfawr. Nid Ewrop bellach yw eu prif gwsmeriaid ond Siapan, Awstralia a'r Unol Daleithiau.

Mae sawl mab fferm o Gymru wedi bod yno'n cneifio rhai o'r miliynau o ddefaid sydd yn y wlad. Aeth yn boblogaidd fel un o fannau hyfrytaf y byd i gael gwyliau, er gwaethaf y daith awyren o 22 awr i fynd yno. Os oes arnoch awydd mynd, torri'r daith yn Singapore neu Los Angeles sydd orau. Swynwyd y wlad amryw o weithiau gan leisiau peraidd Côr Godre'r Aran a chorau ac unawdwyr eraill o Gymru.

Hon oedd y wlad gyntaf yn y byd i roi pensiwn i'r henoed ac i sefydlu gofal manwl dros famau a'u plant. Cyfartaledd cymharol fechan yw'r bobl frodorol, y Maori, ond y maent wrth gwrs yn ddinasyddion llawn. Dechreuwyd talu iawndal iddynt am y tiroedd a ladratawyd oddi arnynt gan yr Ymerodraeth Brydeinig.

Pan ddaeth Prif Reolwr cwmni'r Alliance i'm cyfarfod yn y maes awyr, gofynnodd imi ynganu enw'r dref gyntaf yr aethom drwyddi. Synnodd fy nghlywed yn dweud Paraparaumu yn berffaith. Felly hefyd gyda'r dref nesaf, Paekakariki. Yr unig beth roeddwn yn ei wneud oedd eu darllen fel pe baent yn eiriau Cymraeg. Fisoedd yn ddiweddarach y deallais mai cenhadwr o Gymro a ysgrifennodd iaith y Maori am y tro cyntaf, a hynny gan ddefnyddio synau'r Gymraeg.

Ond pa mor ogoneddus bynnag yw'r tirwedd, y golygfeydd a'r tywydd, ni allaf feddwl am ddigon o ansoddeiriau addas i ganmol caredigrwydd a chyfeillgarwch y trigolion.

Cristnogion Llawen

Ynghanol y bedwaredd ganrif ar bymtheg, ymfudodd carfanau o Bresbyteriaid a setlo yn ninas Dunedin yn Seland Newydd. Sefydlodd nifer sylweddol o Anglicaniaid yn ninas Christchurch. Dim ond grwpiau bychan ac unigolion o Annibynwyr a Bedyddwyr a ymfudodd i Seland Newydd, gan ymgartrefu ar hyd a lled y wlad. O ganlyniad, yn fuan yn eu hanes, aethant ati i efengylu. Yng nghanol y ganrif ddiwethaf mabwysiadwyd ganddynt ffordd ddiddorol i ddenu i'w rhengoedd rai nad oeddynt yn gapelwyr.

O fewn canllath i'm fflat roedd eglwys fedyddiedig Berhampore gyda thua cant o aelodau, a'r gweinidog yn ŵr yn ei dridegau o'r enw Colin Ayrey. Ganwyd ef ar fferm a thraddodiadol iawn oedd ei ddiwinyddiaeth. Pregethwr cyffredin yn ôl safonau Cymru ond yn ddidwyll iawn ac ar dân dros ei ffydd. Yr hyn oedd yn bwysig i strategaeth genhadu ei enwad oedd bod ganddo bersonoliaeth gynnes a'i fod yn gymdeithaswr naturiol.

Arhosai'r plant yn yr oedfa fore Sul tan yr emyn cyn y bregeth, yna aent allan gyda'u hathrawon i gynnal ysgol Sul. Dychwelent i ganu'r emyn olaf. Yna'r arfer oedd cyhoeddi bod gwahoddiad i bawb fynd i draeth arbennig ar ôl dau o'r gloch ac apelio atynt i ddychwelyd mewn pryd i fynychu'r gwasanaeth am 6 yr hwyr.

Gofalai Colin eu bod yn dod â'u cymdogion di-gapel gyda

hwy i chwarae gêmau a rhannu eu picnic ar lan y môr. Ymhen amser, os oedd rhyw gyfarfod arbennig yn y capel – fel drama Nadolig y plant, er enghraifft – roeddynt yn estyn gwahoddiad i'w ffrindiau newydd i ddod gyda hwy. Penderfynodd cyfartaledd sylweddol ohonynt, ymhen hir a hwyr, gael eu bedyddio ac ymaelodi yn yr eglwys.

Âi nifer mawr ohonom, gan gynnwys y gweinidog, gyda'n gilydd i wylio gêmau rygbi yn yr Athletic Park gerllaw. Gan amlaf, ceid dwy gêm dosbarth cyntaf a chyn hynny gêm i dimau o blant. Roedd y tywydd yn sych ac oer, ac er bod yr haul yn tywynnu gan amlaf rhaid oedd gwisgo'n gynnes. Yn yr haf roedd Colin a nifer o'r blaenoriaid yn chwarae criced i dîm un o siopau'r dref. Pan oedd y gweinidog yn llwyddo i daro'r bêl, cyrhaeddai sgôr dda o fewn ychydig belawdau. Ond hwyl oedd y cyfan; dyma ffynhonnell arall i ddenu credinwyr newydd.

Ond disgwylid i'r gweinidog hefyd efengylu yn y trefi o fewn rhyw hanner can milltir i Wellington. Cesglid ynghyd, yn y lle cyntaf, Fedyddwyr oedd yn teithio cryn bellter i un o eglwysi'r enwad ar y Sabath a chynnal dosbarth Beiblaidd yn ystod yr wythnos yn eu hardal. Dros amser llwyddent i ddenu eraill atynt a Colin yn dechrau cynnal oedfa yno ambell i Sul gan ddibynnu ar eraill ohonom i wasanaethu yn Berhampore. Ar ôl cael cynulleidfa o 50 sefydlid eglwys a threfnu iddynt gael eu gweinidog eu hunain. Byddai Colin wedyn yn dechrau ei genhadaeth mewn man arall.

Yr hyn oedd yn ddiddorol am yr aelodau newydd oedd eu bod yn darllen yr ysgrythurau gydag agwedd ffres. Gwaith un ohonynt oedd gwerthu ceir, ac ni fu ganddo ef na'i deulu unrhyw gysylltiad eglwysig cyn hynny. Athro'r dosbarth Beiblaidd i ddynion ar noson waith oedd gŵr dwys ddifrifol o'r enw Ron Mardle. Tueddai i dderbyn yr epistolau fel pe bai'r Bod Mawr wedi eu hysgrifennu ei hun a'u gollwng o'r awyr ar ddesg yr Apostol Paul.

Yn aml torrai'r newydd-ddyfodiad ar draws ei ymresymu a

dweud: 'Ron, rwyt ti fel minnau o dras Seisnig. Wyddost ti na ddylem ni geisio dehongli'r hen Destament? Dylem adael hynny i'r Iddewon, y Cymry a'r Gwyddelod. Pan maen nhw'n dweud eu bod wedi bod yn siarad gyda rhywun y dydd o'r blaen, yr hyn maen nhw'n ei feddwl ydi yn ystod y deng mlynedd diwethaf. Yr un modd pan mae'r gair yn dweud i Dafydd ladd deng mil o'i elynion – llawer o bobol yw'r ystyr. Go brin y crëwyd y byd mewn chwe diwrnod. Beth yw o bwys faint o amser a gymerodd? Derbyn mai byd Duw ydy o a'i fod wedi ei roi i'n gofal ni sy'n bwysig.' Ni allai Ron ddirnad y fath agwedd.

Noson arall dywedodd ei bod yn beth od mai dim ond y boi Mathew yma oedd yn sôn am fynd â'r babi i'r Aifft ac am ddoethion a bugeiliaid. 'Mae'n rhaid bod hwn eisiau gwerthu'r grefydd newydd i'r Iddewon. Mi fasa wedi bod yn un da am werthu ceir hefyd, dwi'n siŵr.'

Syndod i ni oedd gweld y casgliad ar nos Sul yn gannoedd o bunnoedd mewn eglwys o'i maint. Roedd nifer mawr o'r aelodau'n amlwg yn rhoi degfed rhan o'u hincwm i'r achos er bod ganddynt deuluoedd ieuanc i'w magu.

Un peth achosodd boen meddwl i mi. Ychydig i lawr y ffordd roedd eglwys gryfach na Berhampore mewn lle o'r enw Island Bay. Rhwng ymadawiad eu gweinidog a dyfodiad y gweinidog newydd bu oediad o ryw chwe mis. Cytunais innau, braidd yn amharod, i arwain yr oedfaon ar rai Suliau. Pan euthum yno ar y Sul cyntaf, pwy oedd yn y gynulleidfa ond ysgrifennydd Undeb y Bedyddwyr, Dr North. Ychydig cyn cael ei ddewis i'r swydd honno roedd yn weinidog ar eglwys fawr y Bedyddwyr yn y brifddinas, pregethwr grymus a gwreiddiol.

Er mawr syndod i mi, roedd yno eto ar y Suliau canlynol. Cefais sgwrs gyfrinachol gydag ef. Pwysleisiais mai ffolineb oedd i mi fel lleygwr gymryd yr oedfaon ac yntau'n gwrando. Apeliais arno i gymryd fy lle. Gwrthododd gyda gwên, 'Rwyf yn cynorthwyo ar rai Suliau. Ni fuasai aelodau Island Bay fyth yn maddau imi wneud y fath beth ac mi fuaswn innau'n siomedig hefyd.'

Ychwanegodd ei bod yn wledd iddo gael clywed yr hen stori mewn delweddau gwahanol. Roedd yn hoffi'r syniad oedd gennyf o sefyll neu eistedd gyda'r gynulleidfa i fyfyrio, yn lle gwneud hynny o'r pulpud.

'Nid oes gennyf fi storïau am ddwylo chwarelwr,' meddai. 'Mwynheais y Sul diwethaf glywed yn ystod eich pregeth farddoniaeth am Gymro ieuanc yn sgorio cais i guro'r Saeson mewn gêm rygbi, a'r myfyrdod ar gloc y capel y Sul cynt. Nid y plant yn unig oedd wedi gwirioni gyda'ch stori am drysorau'r Beibl a'r papurau punt yn syrthio allan wrth i chi droi'r tudalennau. Chlywson ni erioed o'r blaen stori am fachgen bach yn cario tylwyth teg i barti yn y fasged ar ei feic tair olwyn.'

Yr unig beth oedd yn lleihau fy amheuon weithiau oedd eu bod yn wrandawyr mor garedig ac agored eu meddyliau. Hwyrach mai un rheswm am hynny oedd bod cynifer ohonynt yn ddieithr i drefn draddodiadol oedfaon ac felly yn ymlacio mwy.

Un nos Sul roeddwn yn ceisio esbonio pam, yn ôl y Salmydd, fod pobol y nefoedd yn medru fforddio chwerthin. Gorffennais trwy sôn am Ben Bowen yn marw'n ŵr ieuanc o'r dicáu yn Ne Affrica. Er mwyn eu cadw'n effro gofynnais iddynt adrodd gyda mi yn Gymraeg ei englyn:

> Ymdawelaf, mae dwylo – Duw ei hun
> Danaf ymhob cyffro:
> Yn nwfn swyn ei fynwes O
> Caf lonydd, caf le i huno.

Yna, eu cymell i adrodd gyda'i gilydd gyfieithiad o'r englyn. Apeliais atynt wedyn i'w ailadrodd fel pe baent yn ei gredu. Llanwyd y capel â môr o leisiau. Yna, heb eu cymell, dyma nhw'n adrodd y geiriau drachefn yn hyderus. Roedd yn rhywfaint o gysur eu bod yn cael rhyw fendith o'r myfyrdod amaturaidd. Rhaid i mi gyfaddef fy mod yn hynod falch er hynny pan gyrhaeddodd eu gweinidog newydd.

Aeth bron pob un o'r myfyrwyr oedd yn cydoesi â mi yng Ngholeg y Bedyddwyr, Bangor, i'r weinidogaeth ac Irfonwy Bowen a Mair yn genhadon i'r India. Rhyfeddaf iddynt barhau i wasanaethu eu heglwysi yn gydwybodol a graenus mewn cyfnod mor anodd. Buasai eu gwaith yn filwaith haws yn nyddiau'r cynulleidfaoedd niferus. Ni allwn i fyth lwyddo i baratoi pregethau diddorol mor aml.

Pan ddaeth Eirian allan i'm priodi flwyddyn ar ôl i mi gyrraedd Seland Newydd, dywedais wrth y gweinidog, Colin Ayrey, fy mod am wahodd nifer bach o'm ffrindiau a'm cydweithwyr i'r gwasanaeth a'r brecwast. 'Dim o'r fath beth,' meddai. 'Pe bai rhywun yn yr Eglwys Fore'n priodi rydw i yn siŵr y buasai pawb o'r saint yn cael gwadd. Fe wnawn ni fel eglwys Crist drefnu popeth. Cewch chi os dymunwch brynu'r defnyddiau i wneud y gacen, ond dim byd arall, a bydd pob aelod a'ch cydnabod yn cael gwadd.' Felly y bu, gyda thros gant yn bresennol yn y seremoni a'r brecwast a chawsom anrheg gan bob teulu.

Ond peidiwch â meddwl fod y capelwyr yma'n sych dduwiol. Ni phetrusent am funud os oedd cyfle i dynnu coes, a daeth cyfle iddynt yn annisgwyl. Roedd cyfaill i mi yn ohebydd seneddol i'r papur lleol ac roeddwn yn eistedd yn eu Tŷ Cyffredin gydag ef pan ddeuai cyfle i wrando ar y dadleuon.

Un noson roedd Dan Chapman a minnau'n eistedd yn cael paned yn fy fflat ger y parc yn Newtown tua 11 yr hwyr. Yn sydyn clywsom lais merch yn sgrechian. Am eiliad cawsom ein temtio i beidio ag ymyrryd, ond allan â ni. Ar ymyl y ffordd y tu allan i'r gerddi safai merch Maori noeth. Pan welodd ni rhedodd atom a cheisio rhoi'i phen ar ysgwydd Dan i grio. Yntau'n ceisio ei dal led braich oddi wrtho. Cofiais yn sydyn fod gwraig Biwritanaidd iawn oedd yn gyd-aelod â ni yng nghapel y Bedyddwyr yn byw gyferbyn. Pe bai'n edrych drwy'r ffenestr y funud honno câi'r argraff fod un o ddiaconiaid yr eglwys yn dawnsio gyda merch noeth!

Esboniodd fod ei gŵr a hithau wedi cael ffrae a'i fod wedi taflu'i dillad i frigau'r coed uwchben. Brysiais innau i'w casglu, ac wrth i mi gerdded yn ôl cyrhaeddodd yr heddlu. Eu geiriau cyntaf oedd, 'Beth ydych chi'ch dau yn ei wneud?' Yna, dyma un ohonynt yn gofyn iddi, 'Onid chi oedd yn rhedeg ar ôl eich gŵr efo bwyell y noson o'r blaen?' Diolch i'r drefn, cyfaddefodd hynny.

Y bore canlynol ffoniais ein gweinidog Colin i ddweud yr hanes. Gwelodd yntau ei gyfle. Ffoniodd Dan i ddweud bod yn ddrwg iawn ganddo, ond byddai raid galw cyfarfod o'r eglwys y noson honno i drafod ei dorri allan. Dywedodd fod ganddo dystiolaeth gan un o aelodau parchusaf yr eglwys ei bod hi wedi ei weld â llygaid ei hun yn dawnsio tua hanner nos gyda merch ifanc noethlymun!

Pan anwyd ein mab, Dewi, dywedais wrth Colin ein bod am ei alw'n Illtud Dyfrig. Bu'n ymdrechu'n galed am rai wythnosau i ddysgu llefaru'r geiriau. Nid oeddynt yn bedyddio babanod, wrth gwrs, ond yn cynnal gwasanaeth i groesawu'r newydd-ddyfodiad i deulu'r ffydd.

Pan ddaeth yr amser i gyflwyno Dewi rhoddais ef ym mreichiau'r gweinidog a dyma fi'n dweud wrtho, 'Mi rydan ni wedi newid ein meddyliau ac am ei alw'n Dewi Eirwyn'. Yn dawel bach dyma fo, cyn ceisio ynganu hyn, yn mwmian dan ei wynt 'I'll get you for this one day'. Ddwy flynedd yn ddiweddarach, pan oeddem yn gadael Wellington i fynd i fyw i Napier, cawsom anrhegion lu a chinio ffarwél. A minnau ar fin mynd i mewn i'r bws i deithio i'r maes awyr, a Dewi yn ein breichiau, cyrhaeddodd Colin a'r blaenoriaid. Taflasant gonffeti drosom a dweud yn uchel wrth bawb, 'They got married today, you know'. Hyn mewn dyddiau pan mai peth anghyffredin iawn oedd dechrau teulu heb briodi.

Prynasom dŷ newydd yn Napier ac, er mwyn arbed arian, cytunwyd y byddem yn adeiladu'r llwybrau a'r dreif a gosod y lawnt ein hunain. Cyhoeddodd y gweinidog, Rex Golsmith, yn yr oedfaon ddydd Sul ein bod yn dechrau ar y gwaith y Sadwrn canlynol. Erbyn imi gyrraedd adref nos Wener roedd un o'r aelodau a'i fab wedi mesur y lefelau a gosod y fframiau ar gyfer y concrid i gyd yn eu lle. Y bore canlynol cyrhaeddodd tua dwsin arall i helpu ac roedd holl waith wedi'i gwblhau mewn ychydig oriau.

'Byddwch lawen,' meddai'r Iesu. Cymerodd y rhain ef ar ei air.

Miri Cwmnïau Drama

Pan oeddwn yn byw yn Rhosllanerchrugog roedd yna gwmni drama llewyrchus iawn a enillodd amryw o wobrau yn y Genedlaethol. Y cynhyrchydd oedd yr enwog Olwen Mears, oedd yn Brifathrawes ysgol fabanod y pentref. Go brin y gwelodd Cymru lawer o rai mor dalentog nac mor ddramatig â hi. Pan oedd wedi gwylltio gyda'r actorion taflai esgid atynt a chyhoeddi eu bod yn anobeithiol. Gwyddai'n dda o brofiad am eu dawn hwythau a bod amryw o gwmnïau dramâu proffesiynol wedi ceisio eu denu. Ond bechgyn a merched y Rhos a'r cyffiniau oeddynt ac yn llawn triciau a thynnu coes.

Perfformiwyd y ddrama gomedi Saesneg, *Happiest days of your life* un flwyddyn. Y thema oedd merched yn cael eu derbyn i ysgol fechgyn yn ystod y rhyfel a'r Prifathro'n ceisio cuddio'r ffaith rhag rhieni'r ddau ryw. Pan oedd y naill a'r llall yn ymweld rhaid oedd symud y pyst hoci a chodi'r rhai pêl-droed yn eu lle, ac yn y blaen.

Pan ddarganfuwyd y dichell maes o law ceisiodd un o'r staff gyfiawnhau'r addysg gymysg trwy ddweud: 'Look at Noah's Ark – they went into that two by two'. Yr unig lein dda oedd gennyf fel y Ficer drwy'r ddrama oedd 'But not for educational purposes'. Mewn rhyw hanner dwsin o berfformiadau ni chefais ddweud y frawddeg ond unwaith. Roedd un o'r cast yn ei dwyn bob tro.

Y March Gwyn

Cyfieithodd Ambrose Bebb ddrama Wyddelig o'r enw *Y March Gwyn,* am offeiriad ieuanc Catholig, a'i llwyfannu yn y Coleg Normal gydag ef ei hun yn cynhyrchu. Y thema oedd y tensiynau rhwng hen offeiriad rhadlon a'i olynydd oedd am ailsefydlu hen drefn haearnaidd ac arferion traddodiadol yr eglwys, doed a ddelo. Piwritan Catholig diamynedd a phenderfynol. Roeddwn ar y llwyfan am bron dair awr fel y tad ifanc.

Yn ystod y perfformiad rhaid oedd imi daflu plataid o gacennau allan drwy'r ffenestr gefn. Erbyn yr ail noson roedd tîm rheoli'r llwyfan yn gorwedd o dan y ffenestr i ddal y teisennau. Wrth ymladd ei gilydd amdanynt trawsant gefn y set, ac i'w rhwystro rhag syrthio bu raid imi sefyll am funudau hir yn ei chynnal a gweiddi'n uwch nag arfer ar yr hen offeiriad yn ei gadair olwyn. I wneud pethau'n waeth roedd ef yn amrywio'i linellau ambell dro a rhaid oedd addasu wrth gynnal y ddadl.

Yn nes ymlaen roeddwn i adael y llwyfan yn fy ngwylltineb a bangio'r drws. Pan ddaeth yr amser imi wneud hynny ni allwn ei agor am fod rhywun wedi rhoi hoelen i'w gloi.

Cynan oedd yn adolygu'r ddrama i'r *Cymro.* Roedd yn garedig iawn ei sylwadau, ar wahân i'r ffaith y dylai rhywun fod wedi dweud wrth Fedyddiwr fel fi mai o'r talcen y dechreuai'r Catholigion a'r Eglwyswyr wneud arwydd y groes.

Rai wythnosau'n ddiweddarach ymddangosodd llythyr gan Athro Ieithoedd Celtaidd o Rydychen yn haeru ei bod yn debygol iawn mai o'r galon y cychwynnai offeiriaid yr Eglwys Geltaidd yr arwydd cyn i'r eglwys ymuno â Rhufain. Derbyniais lythyr grasol gan Cynan yn ymddiheuro, er mai o reddf ac yn fy anwybodaeth y gweithredais i.

Mewn drama yn y Brifysgol, yr unig ran oedd gan fachgen bach o'r ddinas oedd cario ychydig glapiau o lo unwaith a'u rhoi ar y lle tân ffug.

Meréd oedd yn chwarae'r brif ran. Anfonodd y criw tu ôl i'r llwyfan y crwt i roi pentwr o'r glo ar yr aelwyd dair neu bedair gwaith nes ei fod yn cymryd y llwyfan drosodd. Dyma Meréd yn gafael yn y bychan gerfydd ei drowsus a'i war a dweud yn uchel, 'Y diawl bach onid wyt yn gwybod fod yna ddogni glo?'

I mi, y stori orau am ddramâu'r Coleg ar y Bryn oedd yr un am John Roberts Edern a oedd, er ei ddoniau, yn fychan iawn o gorff ond yn awyddus i gael rhan mewn drama. Cafodd rhywun y syniad o'i osod i eistedd ar stôl o'r golwg a'r sgript yn ei law i atgoffa'r actorion o'u geiriau os oedd raid.

Ynghanol y ddrama ddifrifol ei naws anghofiodd un o fyfyrwyr Coleg Bala Bangor neu Meic Parry ei eiriau. Syllodd yn obeithiol i gyfeiriad y promptiwr. Edrychodd hwnnw ar ei gopi a bwydo'r gair 'ac'. Ailadroddodd 'ac' amryw o weithiau. Trodd yr actiwr at y gynulleidfa a dweud 'Esgusodwch fi am funud' ac yna troi i gyfeiriad John a gweiddi 'ac be'r diawl bach?'

Adar o'r unlliw

Roedd Cymdeithas Gymraeg gref yn Wellington Seland Newydd er mai dim ond tri ohonom oedd yn siarad Cymraeg.

Cynhelid Gŵyl Ddrama un-act yn y ddinas bob blwyddyn a rhyw dri deg o gwmnïau'n cystadlu. Penderfynasom gystadlu a dewis drama J.O. Francis, *Birds of a Feather* – hen stori am ddau dincer yn pysgota'n anghyfreithlon i ddal eog un noson dywyll. Daeth Esgob heibio a pherswadiodd Dici Bach Dwl ef i botsian gyda hwy. Fel y gallech ddisgwyl, daeth y cipar heibio ar y foment dyngedfennol.

Y beirniad oedd Athro Drama o un o Golegau Prifysgol Rhydychen. Roedd wedi gweld y ddrama o'r blaen gyda Saeson yn ei hactio. Gwirionodd ar y gwahaniaeth yn sŵn y lleisiau Cymreig, ac yn arbennig ar lais Dici'n disgrifio golau'r ffagl ar wyneb y dŵr yn y tywyllwch a fflach symudiad y samwn. Y ni a enillodd y darian y flwyddyn honno i gwmnïau newydd.

Roedd dau o'r actorion eraill yn Gymry di-Gymraeg o ardal Abertawe, a'r esgob oedd Gwyn, brawd Mrs Gwen Pugh o Borthmadog.

Yn ôl i Fangor

Ar ôl penderfynu dychwelyd i Gymru ar ôl chwe blynedd yn Seland Newydd, gofynnais i Bencadlys Cwmni Yswiriant yr Alliance a gawn weithio yn eu swyddfa yng Nghaerdydd yn hytrach na dychwelyd i Wrecsam. Ond mynnodd rheolwr cangen Wrecsam fy mod yn ailymuno â'i staff ef, ac felly y bu. Awgrymodd fy mod yn ymroi i farchnata yn lle ymwneud â damweiniau. Anfonodd fi i swyddfa'r cwmni ym Mangor i ddechrau ar fy hyfforddiant.

Ysgrifennydd y cwmni yno oedd gŵr gwreiddiol iawn o'r enw Ivon Price, mab i un o gyn-feddygon y ddinas. Addysgwyd ef mewn ysgol fonedd yn Lloegr, ac o ganlyniad roedd ei Gymraeg braidd yn lletchwith. Yr oedd yn ŵr eithriadol hoffus, llawn hiwmor, a phawb yn falch o'i weld pan alwai arnynt. Cyn y rhyfel, geneth o Norwy oedd ei gariad a threuliai ei wyliau bob blwyddyn yn ei gwlad. Ymddiddorai ffermwyr Môn ac Eifionydd yn ei hanes carwriaethol a hoffent dynnu ei goes ynghylch ei Gymraeg.

Roedd gennym y pryd hynny, cyn oes y targedau, amser i sgwrsio'n hamddenol gyda hwn a'r llall. Yn Amlwch, er enghraifft, caem glywed gan reolwr banc y Midland am hynt a helynt ei frawd-yng-nghyfraith, yr actiwr Hugh Griffith, ac am yrfa'i wraig, yr actores dalentog Elen Rogers Jones.

Disgwylid i Mr Price ddelio gyda difrod tân, llifogydd ac ambell i ddamwain. Os oedd, dyweder, rhyw bolyn trydan wedi syrthio ac anafu un o weithwyr MANWEB, anfonai Ivon lun o'r digwyddiad i'r brif swyddfa gyda'r gweithwyr yn cael eu dangos fel y dynion bach oedd ar lyfrau straeon y 'Saint' ers talwm.

Arferai arlunwyr enwog efelychu rhai o ddarluniau Rembrandt a'i debyg. Yng nghornel yr efelychiad ysgrifennent 'John after Rembrandt'. Gwyddai pawb fod Ivon yn hoff o gael peint o gwrw weithiau. Yn fach ar ymyl y lluniau ysgrifennai Ivon, 'Price after Bass'.

Ei ysgrifenyddes ym Mangor oedd Morfudd – merch glên, Gymreig, abl iawn a threfnus. Gwyddai i'r dim sut i drin Ivon a chyda'r adroddiadau graenus a ysgrifennai cadwai benaethiaid y Swyddfa yn Wrecsam yn hapus.

Teimlwn nad oedd yn deg i'r Brif Swyddfa orfodi dyn dieithr arall fel fi arnynt ond nid oedd raid imi boeni, oherwydd cefais groeso cynnes a phob cymorth. Pleser digymysg oedd rhannu swyddfa gydag Ivon a Morfudd a chrwydro Môn drwyddi draw gan ymserchu yn ei phobl.

Cawsom fel teulu ymaelodi yng Nghapel Penuel, Bangor dan weinidogaeth raenus Ifor Williams – tad y darlledwr Dewi Llwyd.

Eglwys Penuel, Bangor

Prynasom dŷ newydd yn y Rhos, Penrhosgarnedd, ac yn ffodus iawn cawsom deulu Cymraeg drws nesaf a'u mab, Eifion Jones – Jonesi sydd yn awr yn un o ddiddanwyr mwyaf poblogaidd Radio Cymru. Roedd ein merch Gwenith a'n mab Geraint yn chwarae gydag ef, a Dewi ein mab arall gyda John a Dafydd Hardy (wyrion y gwron y Parch. J.W. Jones, Conwy) yn eu cartref i lawr y ffordd.

Mae Eifion yn ei gyfrol ddifyr yn gofidio bod ei rieni wedi gwrthod iddo gael mynd i'r Ysgol Gymraeg gyda gweddill y plant oherwydd mae'n debyg fod Ysgol Penrhos gerllaw eu cartref. Yn St Paul's ar y pryd, ymysg eraill, roedd Eleri, merch Gwilym Owen; Mari, merch Cofrestrydd y Brifysgol D.G. Owen; John Hardy a Robin a Geraint Llwyd Owain.

I eglwys Penuel dan weinidogaeth feddylgar Ifor yr aem ar y Sul. Yno ar y pryd roedd cymeriadau diddorol fel Sam Jones BBC, Syr Ben Bowen Thomas a D G Owen.

Am beth amser cefais y fraint a'r pleser o fod gyda Gwilym Owen yn nosbarth yr hanesydd Merfyn Bassett. Myfyriai'r athro ar y maes llafur yn ystod yr wythnos, agor y drafodaeth yn gelfydd ac arwain y drafodaeth fywiog. Ambell i Sul dechreuai trwy ddweud nad oedd gan yr Apostol Paul fawr ddim oedd yn werth ei drafod yn y bennod dan sylw a chodai bwnc fel apartheid i ddadlau drosto. Cefais fy recriwtio ymhen ychydig fisoedd i fod yn athro ar ddosbarth lluosog y merched, ac er mor bleserus oedd eu cwmni hiraethwn weithiau am fod gyda Mr Bassett a'i griw hwyliog.

Ymgyrchai nifer fechan ohonom dros y Blaid a'r iaith a galwem ar rai o'r enwogion am gyfraniad at yr achosion. Byddai Bassett yn rhoi papur deg punt ar y bwrdd i ni a gofyn, 'At beth rydach chi'n hel y tro yma, hogiau?' Byddai Syr Ben bob amser yn rhoi cyfraniad tebyg yn enw 'un a syrthiodd oddi wrth ras'. Sam Jones yn hael hefyd ac yna'n dweud wrth ei wraig, 'Dylet roi mwy na fi i'r bechgyn gan mai ti yw'r pleidiwr'.

Cynigiwyd un Sul fod yr Ysgol Sul yn cael ei chynnal yn y bore, gyda Sam Jones a Syr Ben yn dadlau fod angen trafodaeth fanwl cyn cymryd cam o'r fath. Basset yn dweud, 'Am funud bach. Mae Mr Williams wedi sôn am hyn yn ei bregeth ambell i nos Sul, ond dim ond i oedfa'r bore rydach chi'ch dau yn dod gan amlaf. Cawsom drafodaeth yn y cwrdd gweddi hefyd ar noson waith, ac anaml iawn y byddwch chi'n dod atom. Bu dosbarth ysgol Sul y dynion yn ymdrin â'r syniad hefyd a dim un ohonoch chi'n mynychu hwnnw chwaith'. Roedd y ddau arall â gwên ar eu hwynebau, yn mwynhau ffraethineb eu cyd-aelod.

Ar ôl gosod sylfeini concrid ar gyfer garej yn y Rhos crybwyllais wrth Ifor mewn sgwrs fy mod wedi archebu un o'r modurdai cerrig ffug i'w roi wrth ei gilydd fy hun. Cyn gynted ag y cyrhaeddodd y defnyddiau daeth Ifor draw i'w rhoi wrth ei gilydd. Codai banel neu dau ac yna aros ennyd gyda'i getyn i astudio'r gwaith. Dylwn fod wedi gwerthu llun gorffenedig o'r adeilad i'r cwmni ei arddangos mewn hysbysebion. Heb y gweinidog, Duw a ŵyr sut siâp fuasai ar y modurdy terfynol.

Cwynodd rheolwr fy nghyflogwyr yn Wrecsam fy mod yn darlledu ar y radio yn rhy aml. Taerais innau fod hynny'n hysbysiad i'r cwmni hefyd, ond nid oedd yn derbyn hynny. Doedd dim i'w wneud ond cyfyngu fy hun i raglenni nad oedd ef yn debygol o wrando arnynt. Bob nos Sul trefnai Sam Jones raglen boblogaidd 'Wedi'r Oedfa', gyda Tom Ellis Jones, Tegla Davies, William Morris a dau neu dri o enwogion eraill yn cyfrannu storïau o naws grefyddol weddol ysgafn. Ni enwid hwy o gwbl, ond roedd eu lleisiau wrth gwrs yn gyfarwydd iawn i'r gwrandawyr.

Dyma ganmol y rhaglenni wrth Sam Jones mewn sgwrs un bore Sul, ond ychwanegu bod llawer yn teimlo y dylid cael mwy o amrywiaeth o leisiau. Gofynnodd yn syth a oedd gennyf ambell sgript yr hoffwn ei chynnig a chytunodd yn garedig i ystyried dwy ohonynt. Ni chlywais air o gŵyn o Wrecsam ond, fisoedd wedyn, yn ystod sgwrs dros ginio, dyma Bryan Hughes yn dweud, 'Ro'n i'n leicio'r stori yna am y gŵr ar y dociau yn Seland Newydd a hanes yr etifeddiaeth a gafwyd am ddweud bore da'.

Bu Mary, gwraig y gweinidog, Megan Morris a minnau'n cystadlu am fisoedd yn erbyn rhai o eglwysi eraill Cymru mewn rhaglen deledu o'r enw 'Gwybod y Gair'. Y maes llafur oedd y Beibl, emynau ac emyndonau, cartrefi enwogion ac eglwysi enwog y byd. Rwy'n siŵr fod Mary yn rhyfeddu heddiw, fel minnau, inni fentro cael ein holi ar faes mor eang. Byddai panic mawr ar y funud olaf cyn mynd ar yr awyr ambell dro wrth i ni geisio cofio enw'r gŵr a laddwyd efo gwrthban gwlyb ac enw'r Eifftiaid ar wraig Joseff. Y gŵr oedd yn gofyn y cwestiynau oedd y Parch. Mansel John, Prifathro Coleg y Bedyddwyr, Caerdydd.

Yn y rhaglen gyn-derfynol taflunwyd llun o eglwys hardd ar y sgrin, ond nid oedd yr un ohonom wedi ei gweld o'r blaen. 'Dowch, dowch,' meddai'r holwr, 'un o eglwysi hynaf Ewrop.' Ninnau'n ceisio cofio pa adeiladau a ddaeth ynghynt. Cofiem Rufain, Napoli, Fenis, Paris. Yr unig dref y gallem feddwl amdani ar y funud honno oedd Milan, a dyma gynnig honno. 'Cywir, 3 marc,' meddai'r holwr a dyma ninnau trwy ryw ryfedd wyrth drwodd i'r rownd derfynol. Doedd lwc cystadleuwyr rhaglen 'Millionaire' ddim ynddi, a cholli wnaethom ninnau yn y rownd derfynol honno.

Cartrefu ym Mhorthmadog

Ar ôl pedair blynedd penderfynodd Prif Swyddfa'r Sun Alliance agor swyddfa newydd ym Mhorthmadog. Bu ganddynt ddau gynrychiolydd yn y dref am rai blynyddoedd, ond araf iawn oedd y cynnydd yn yr incwm. Cawsom hyd i adeilad addas, ac yn ffodus iawn apwyntiwyd merch ifanc o'r enw Margaret Lewis i wneud y gwaith ysgrifenyddol a gofalu am y swyddfa. Roedd yn bersonoliaeth ddeniadol ac yn arbennig o gelfydd wrth ymdrin â phobl. Roedd ei holl waith arall hefyd yn raenus a chywir ac mewn cyfnod byr cynyddodd y busnes yn sylweddol.

Roeddem yn gyfrifol am Lŷn, Eifionydd, Sir Feirionnydd a chyn belled â Machynlleth. Rhaid imi gyfaddef na fedrais erioed ofyn i fawr neb am yswirio gyda'r cwmni. Daeth nai deg oed gyda mi am dro un diwrnod o haf. Ar derfyn dydd holodd a oeddwn yn cael fy nhalu gan y cwmni! Teimlai nad oeddwn wedi gwneud dim trwy'r dydd ond galw ar reolwyr banc, cyfrifwyr, ffermwyr a rheolwyr ffatrïoedd, a sgwrsio ac yfed te. Esboniais iddo fod pawb yn gwybod pam roeddwn yn galw a bod rhyw ddau ddwsin o gynrychiolwyr cwmnïau eraill yn gwneud yr un peth. 'Rydw i,' meddwn, 'yn ceisio gofalu bod fy nghwmni i'n cael mwy na'n siâr o'r busnes sydd ganddynt i'w gynnig a chadw'r hyn sydd gennym eisoes.'

Wedi rhyw chwe mlynedd daeth oes y targedau i faes bancio a chwmnïau o bob math. Os oeddech, er enghraifft, wedi cael

£200,000 o bremiwm bywyd ychwanegol un flwyddyn, er mai £40,000 oedd y nod a roddwyd i chi, tua £200,000 fuasai eich targed o hynny ymlaen. Nid oedd y cwmnïau fyth yn derbyn bod elfen fawr o lwc yn y cyfan. Pe baech wedi sicrhau cynllun pensiwn cwmni mawr un flwyddyn, nid oedd yn dilyn y gallech lwyddo i gael un arall hefyd yn fuan.

Er bod fy nghyd-weithwyr yn swyddfeydd y cwmni mewn ardaloedd mwy poblog na ni, yr un oedd eu targedau hwythau ar y dechrau. Os oeddent yn methu eu cyrraedd arhosai eu nod yr un fath, ac eto'r un cyflog a dderbyniem. Penderfynais adael y cwmni yn 1974 a sefydlu busnes Ymgynghorydd Morgais ac Yswiriant ar fy liwt fy hun a'i alw'n Talgraig. Er mawr ryddhad imi, cytunodd Margaret i fentro gadael swydd ddiogel a dod gyda mi.

Golygai hyn fy mod yn fwy rhydd i fynychu pwyllgorau Gwynedd yn ystod y dydd. Yn ffodus, trosglwyddodd rhai o gwsmeriaid mwyaf y Sun Alliance eu busnes i'n gofal. Llifodd busnes o bob rhan o Gymru atom yn aml oherwydd y cysylltiadau gwleidyddol. Roedd y rhaglenni radio a theledu yn hysbyseb werthfawr hefyd. Tystiai pawb ei bod yn bleser galw neu ffonio Margaret bob amser a'i bod yn gwybod lle i gael yr yswiriant rhataf a'r gorau. Cyflogais ddwy ferch arall i'w chynorthwyo, ac yn eu tro bu Gwyneth, Edna a Catrin yn aelodau gwerthfawr iawn o'r tîm.

Roedd yn gyfnod lle'r oedd galw mawr am forgeisi a pholisïau bywyd yn dod yn eu sgil, a chynlluniau pensiynau. Llwyddasom hefyd i sicrhau yswiriannau arbennig nifer fawr o'r cwmnïau teledu annibynnol a sefydlwyd yng nghysgod S4C.

Yn 1986 derbyniais ymholiad gan gwmni o Aberystwyth yn gofyn a hoffwn werthu'r busnes iddynt. Ar ôl hir bendroni penderfynais ar yr amod eu bod yn cyflogi fy staff hefyd. Nid oedd ganddynt ddigon o gyfalaf i brynu adeilad fy Swyddfa a thalu'r ewyllys da o £50,000. Yn anffodus, gwnaed camgymeriad. Yn lle cytuno iddynt dalu'r ewyllys da a chyfle i brynu'r adeilad maes o law, gwerthwyd yr eiddo ac ymddiried ynddynt i dalu'r gweddill dros gyfnod penodol.

Roeddem wedi cael trafferth gyda'n cyfrifon ar ôl prynu cyfrifiadur yn gynnar yn hanes y rheiny. Bûm yn llawer rhy galon-feddal gyda chwsmeriaid oedd heb dalu eu premiwm, a minnau wedi talu drostynt i'r cwmnïau yswiriant. Pan oeddwn yn gadeirydd Is-bwyllgor Ysgolion Gwynedd, ac yn fy nhro yn Gadeirydd y Pwyllgor Addysg ac yna Bwyllgor Cyllid y Cyngor, roeddwn yng Nghaernarfon dri diwrnod yr wythnos yn aml. Dylwn fod wedi treulio mwy o amser yn fy swyddfa, er fy mod yno tua 6 o'r gloch bron bob bore ac yn aml iawn hefyd yn hwyr yn y nos.

Yn sydyn, cefais fy ngwneud yn fethdalwr. Ni wahoddwyd fi i'r gwrandawiad gwreiddiol. Pe bawn wedi mynychu hwnnw hysbysodd y Derbynnydd fi yn nes ymlaen na fuasai wedi ei gadarnhau. Ni welodd, meddai, yn ei yrfa yn yr adran erioed fethdaliad mor ddianghenraid. Cynghorwyd fi ganddo ef, a'r bargyfreithiwr a apwyntiwyd, i erlyn ambell un ond, gan eu bod yn hen gyfeillion, roeddwn yn amharod i wneud hynny.

Roedd tua £16,000 yn ddyledus a thua 90% ohono i gwmnïau yswiriant. Am rai blynyddoedd gwrthododd y cwmni a brynodd Talgraig dalu am yr ewyllys da. Dadleuent fod blerwch yn y cyfrifon wedi creu gwaith ychwanegol iddynt a'u bod wedi colli ambell gwsmer. Er ymdrechion glew fy nhwrna nid oeddynt yn fodlon cyfaddawdu. Penderfynais galedu a llwyddais i gasglu cyfartaledd da o'r dyledion. Paratois frîff i'm cyfreithiwr ei anfon i'n bargyfreithiwr yn gosod fy achos yn fanwl yn erbyn y prynwyr. Penderfynwyd dechrau achos llys, a derbyniasom ymhen y rhawg eu hamddiffyniad hwythau. Atebais eu haeriadau a'r ffeithiau dadleuol yn eu tystiolaeth.

Talasant y swm o £45,000 imi – a oedd, wrth gwrs, yn fwy na digon i dalu pob dyled, ffi enfawr y Llywodraeth ac, fel y mwyafrif o gyfreithwyr, nid oedd fy nhwrna'n swil ychwaith gyda'i gostau er fy ymdrechion.

Y siom fwyaf oedd y llythyr swta a gefais gan Gyfreithiwr Cyngor Gwynedd yn dweud fod yn rhaid imi ymddiswyddo fel Cynghorydd heb yr un gair o werthfawrogiad ganddo ef na'r Prif Weithredwr. Er imi gael perthynas gyfeillgar erioed gyda swyddogion o bob gradd, ymddengys fod yn well gan ambell i Brif Swyddog aelodau ufudd. I un neu ddau ohonynt cawn yr argraff mai dipyn o niwsans yw'r lleygwyr o Gynghorwyr a'r trethdalwyr hefyd.

Daeth cynigion o help gan Bleidwyr amlwg a gweithgar, ond ni allwn weld y ffordd yn glir i'w derbyn. Gwahoddodd Cymdeithas y Crynwyr fi i'w cyfarfodydd ym Mhorthmadog a dyma eiriad un o'r llythyrau o gysur a dderbyniais oedd yn werth y byd:

'You may remember me, a formerly deputy Director of Social Services in Gwynedd. May I put pen to paper to express my deep sadness at the quite unjustifiable way in which the media have publicised your business affairs and your departure from the County Council during the past fortnight. Such cavalier treatment of you is thoroughly unethical and insensitive and cruel. It is excessive and indefensible in every sense. Please accept my heartfelt sadness at this treatment.

As a member of the County Council you gave exceptional service to the Authority, its officers, and to the public and it is vital that this should be recognised at this time. Your integrity and abilities are beyond dispute and you contributions to public life and society are many, generous, constructive and bringing so much benefit to all.

Please, Mr Lewis, do not be downhearted or defeated – men of your calibre come back fighting!
Gyda mawr ddiolch, a phob dymuniad da, D.P.

Adroddaf yr hanes poenus hwn gan obeithio y bydd o help i eraill. Erbyn hyn y mae Adran y Derbynnydd yn gwneud pob ymdrech i gael y credydwyr at ei gilydd i gytuno i dalu unrhyw ddyled dros gyfnod. Fy nghyngor i yw, os oes gennych broblem llif arian, ymgynghorwch gyda'ch cyfrifydd ac Adran y Derbynnydd yn fuan. Maent yn hynod foneddigaidd ac yn barod i roi arweiniad.

Cyngor Tref Diddorol

Mae llawer dan yr argraff fod gwasanaethu fel Cynghorydd yn ddyletswydd diflas ac anniddorol. O'r diwrnod cyntaf roedd i mi yn llawn hwyl, amrywiaeth a mwynhâd.

Yn 1966 cartrefasom yn Llidiart, Tremadog, cyn-gartref y Cynghorydd Peniarth Thomas – gŵr busnes hirben a llwyddiannus. Adeiladwyd y tŷ gwreiddiol tua 1530 ac ar ei furiau allanol bu cylchoedd haearn lle clymid y cychod cyn i William Alexander Madocks ddechrau adennill y tir o'r môr. Roedd Peniarth wedi moderneiddio'r tŷ yn helaeth. Taflodd y cylchoedd oherwydd eu bod yn rhydlyd.

Cafodd Sgwâr Tremadog ei gofrestru ymysg yr harddaf ac arbennig ym Mhrydain. Adeiladwyd Capel Peniel gan Madocks, a phan agorwyd ef yn 1810 yn y sêt fawr roedd Thomas Charles, John Elïas a Twm o'r Nant – oedd yn gweithio ar adeiladu'r morglawdd ar y pryd.

Beirniadwyd Madocks gan yr Esgob am godi capel i'r Methodistiaid cyn codi'r eglwys. Adeilad digon cyffredin yw honno, i ddweud y lleiaf, ar wahân i'r bwa o'i blaen, ond y mae'r capel yn un arbennig iawn. Mae'n efelychiad o un o eglwysi harddaf Llundain sef St Paul, Covent Garden, a gynlluniwyd gan Inigo Jones a'i hagor tua 1638.

Cyhoeddwyd etholiad yn 1969. Tri aelod oedd gan y pentref ar Gyngor Tref Porthmadog a bu dau ohonynt yn aelodau am flynyddoedd maith. W.J. Hughes oedd y naill a Robert Roberts oedd y llall – y ddau yn aelodau brwd o'r Blaid Lafur, ond safent fel ymgeiswyr annibynnol.

Bu W.J. yn athro yn yr ysgol ramadeg am flynyddoedd. Cafodd ei anafu yn y Rhyfel Byd cyntaf, ac yn ôl ei ddisgyblion medrai fod yn bur gas a chreulon. Rhaid i mi gyfaddef i mi ei gael yn ddigon clên. Bu Bob Roberts yn brifathro ysgol gynradd Tremadog ac roedd y ddau'n gapelwyr selog.

Penderfynais roi fy enw ymlaen. Roedd gan Blaid Cymru dros gant o aelodau erbyn hyn yn yr ardal i ddweud gair drosof, a minnau'n gwasanaethu gorau medrwn yn eglwysi'r cylch ar y Sul.

Cyn gynted ag y cyhoeddais fy mwriad, penderfynodd Llafur beidio ag enwebu trydydd ymgeisydd. Mae'n debyg nad oeddynt yn awyddus i'w hynafgwyr gael cwffas. Etholwyd ni'n tri yn ddiwrthwynebiad.

Ym Morfa Bychan trigai un o aelodau mwyaf gweithgar ein cangen, sef Ifor Jones. Roedd ei dad Emlyn yn athro gwaith llaw yn Ysgol Uwchradd Pen-y-groes – sosialydd oedd wedi syrffedu ar Brydeindod Llafur. Synnai at gasineb cynifer o'u haelodau seneddol at yr iaith Gymraeg. Ymunodd â phlaid ei fab. Perswadiwyd ef i ymladd am sedd y Morfa dan label annibynnol fel pawb arall. Roedd yn ŵr cymwynasgar iawn ac yn flaenor yng Nghapel yr Annibynwyr yn y pentref. Er cryn syndod i lawer, cipiodd y sedd. Dyma ddau aelod o Blaid Cymru yn ymuno â chyngor lle roedd y mwyafrif llethol yn Llafurwyr. Er syndod i ni'n dau, Saesneg a siaradai pawb, er mai Cymraeg oedd eu hiaith gyntaf a rhai ohonynt yn siarad yr iaith estron yn bur glogyrnaidd. Ni wnaethom gynnig dim y noson honno, ond siarad yn Gymraeg. Am weddill y noson, yn yr iaith honno y siaradodd pawb yn hollol naturiol. Os oeddem yn hwyr yn cyrraedd ambell i noson gwrandawem wrth y drws a chlywed bron bawb yn rhygnu ymlaen yn Saesneg. Cyn gynted ag y byddem yn ymddiheuro am gyrraedd yn hwyr, yn Gymraeg y siaradai pawb ond un.

Brenin y Cyngor oedd Cardi o'r enw Oswald Thomas, cyn-reolwr gorsaf drên y Port pan oedd honno'n cyflogi tua chant o bobl. Siaradai'n huawdl yn Saesneg gan ddefnyddio iaith bur goeth, er ei fod yn ddigon rhugl hefyd yn y Gymraeg. Cefnogai'r mwyafrif o'r aelodau ef ar bopeth, er fy mod yn amau mai Rhyddfrydwr ydoedd yn y bôn. Ef oedd y Cadeirydd yn amlach na neb. Bu'n Gynghorydd am dros hanner can mlynedd ac roedd yn hen law ar y Rheolau Sefydlog.

Ef a estynnodd y croeso swyddogol inni, ond gan fynegi eu gofid i'r cyn-aelod gweithgar dros y Morfa, Emyr Williams, golli ei sedd. Bu Oswald yn garedig iawn wrthym yn rhoi cyngor gwerthfawr pan fyddem yn cwrdd ag e yn y stryd y diwrnod ar ôl y Cyngor. Roeddwn i hefyd yn rhannu swyddfa gyda Tom Jones, Llanuwchllyn, a bu yntau'n athro penigamp arnaf.

Ni fu Emlyn na minnau ar unrhyw gyngor o'r blaen ac ni wyddem ddim am y drefn. Yr unig beth a ddysgasom ymlaen llaw oedd pe buasai un ohonom yn cynnig rhywbeth a'r llall yn eilio, ni ellid ein rhwystro rhag siarad am ddeng munud ar ein cynnig.

Yn ein cyfarfod cyntaf cododd storm enbyd. Ers rhai blynyddoedd roedd dyn o Ogledd Lloegr o'r enw Graham Bourne yn uchel ei gloch yn y Port. Roedd wedi prynu safle carafannau bychan ac yr oedd ar ganol ei ehangu. Ar ôl rhai blynyddoedd tyfodd y safle i fod yn Greenacres gyda thros 1,000 o garafannau. Ger ein bron roedd cais cynllunio i adeiladu ystâd o dai gwyliau ar yr hen gei ym Mhorthmadog. Yma, hyd tua 1890, adeiladwyd llongau hwyliau cadarn i gario llechi i bedwar ban byd. Erbyn 1969 roedd yn dir diffaith ond roedd pobl leol yn parhau i gerdded arno a'i fwynhau.

Yn amlwg roedd Bourne wedi canfasio bron bob Cynghorydd, a phob un ohonynt heblaw Emlyn a minnau'n cefnogi'r cais cynllunio. Nid oeddem yn hoffi'r cynllun. Teimlem y dylid cadw'r cei i bobl Port gael ei fwynhau. Roedd yn fan hyfryd ar gyfer ymlacio. O'i gwmpas roedd mynyddoedd Eryri, aber afon Glaslyn a'r arfordir. Nid oedd gennym obaith i berswadio ein cyd-aelodau i newid eu meddyliau. Hyd y dydd heddiw ni wn o ble daeth y syniad y gallech ofyn i'r swyddogion gofnodi pwy oedd yn pleidleisio dros ac yn erbyn. Gwnaed hynny.

'Cytiau cwningod' oedd enw'r ardalwyr ar y datblygiad ac y maent yn ei gasáu hyd heddiw er bod crefftwr lleol erbyn hyn yn cynnal a chadw llawer o dai'r ystâd mewn cyflwr da. Yn ystod pob etholiad am flynyddoedd buom yn atgoffa'r etholwyr mai dim ond dau aelod o Blaid Cymru oedd wedi gwrthwynebu'r datblygiad.

Pan etholwyd fi i Gyngor Sir Gaernarfon, gwrthwynebais bron bob un o gynlluniau Bourne. Daeth i'm cartref unwaith neu ddwy, ac ar ôl imi wrthod cael fy llwgrwobrwyo deuai i'm bygwth â'i ddyrnau. Ei gyfreithiwr oedd Gwyndaf Williams oedd yn enedigol o Danygrisiau, Blaenau Ffestiniog. Cawn alwadau ffôn gan Gwyndaf. 'Maldwyn, mae Mr Bourne eisiau imi roi gwŷs i'ch erlyn am wrthwynebu ei gais cynllunio echdoe. Dwi'n cymryd mai chwerthin a'i thaflu i'r fasged sbwriel wnewch chi, fel bob amser.' Minnau'n cytuno. Yntau'n ychwanegu, 'Dyna ni yn deall ein gilydd. Does ganddo ddim coes i sefyll arni gan fod gennych resymau cynllunio dilys dros eich safbwynt. Mi gaf i ffi o'i groen o 'run fath.'

Yna, haerodd Bourne ei fod wedi bwriadu rhoi miliwn o bunnau tuag at gynllun carthffosiaeth newydd i'r Morfa. Dau hen frawd yn eistedd ger y parc yn y Port yn galw arnaf ac yn dweud, 'Peidiwch coelio'r diawl drwg. Does yna ddim miliwn o bres y "Great Train Robbery" ar ôl.' Aeth nerfau Bourne yn rhacs maes o law a bu farw'n ŵr gweddol ieuanc.

Dair blynedd yn ddiweddarach roedd gan ein cangen dros 300 o aelodau. Enwebwyd 12 ohonom a dau gefnogwr arall yn y lecsiwn a rhai ohonynt yn ferched ifanc iawn, fel Anna Giraud, Gwen Jones, gwraig y Prifathro Peter Morris Jones, a

Susan Owen. Yn ei anerchiad etholiadol cyhuddodd y Ceidwadwr Goronwy Williams ni o geisio cymryd drosodd y Cyngor Tref. Buom yn ddigon llwyddiannus i gael mwyafrif.

Ni chafodd Emlyn a minnau, pan etholwyd ni dair blynedd ynghynt, ein dewis ar unrhyw gorff allanol. Rhaid oedd dysgu gwers wleidyddol iddynt. Ein haelodau ni a roddwyd ar Lywodraethwyr yr ysgolion ac ar bwyllgorau cynllunio'r Cyngor Sir a chyrff eraill. Roedd rhai o'r hen Gynghorwyr yn llythrennol yn eu dagrau. Ar ôl blwyddyn dyma ddweud wrthynt ein bod wedi gwneud ein pwynt a chytunasom iddynt gael eu siâr. Yna dechreuodd pethau fynd yn hwyliog iawn.

Ymysg yr aelodau annibynnol roedd un gŵr pur ecsentrig. Un noson roeddem yn delio gyda chais am godi tŷ bwyta newydd. Cododd yntau ar ei draed i wrthwynebu oherwydd, yn ei farn ef, yn y safle hwn roedd llygod mawr yn dod allan ers talwm. Atebodd y cadeirydd yn goeglyd, 'Hwyrach bydd y datblygwyr newydd yn falch iawn oherwydd prisiau cig heddiw.' Welodd yr hen frawd mohoni!

Roedd meddyg lleol yn aelod ers blynyddoedd maith. Siaradai ef yn Saesneg bron yn ddi-ffael ac ymhyfrydai yn ei wybodaeth o'r iaith fain. Roedd un o'r Pleidwyr, John Elwyn, yn siopwr lleol a fu yn y Brifysgol ym Mangor am gyfnod. Enillodd wobrau fel dramodydd yn y Genedlaethol. Hoffai gywiro Saesneg y meddyg a hwnnw'n mynd yn grac oherwydd bod 'Welsh Nat' yn gwneud hynny.

Gallaf gofio dwy enghraifft. Y doctor yn dweud, 'This is a very vicarious position'. John yn chwerthin yn uchel a'r meddyg yn holi pam. John yn ateb, 'Onid *precarious* rydych chi'n feddwl?' Dro arall y dywediad oedd, 'There are very strong literal tides here'. John yn awgrymu gyda gwên, '*lateral*?'

Pan ddaeth ad-drefnu Llywodraeth Leol yn 1973 trosglwyddwyd bron y cyfan o ddyletswyddau'r awdurdod i Gyngor Dwyfor. Cafodd ein clerc swydd ym Mhwllheli, ond dymunai aros yn glerc y Cyngor Tref ar ei newydd wedd.

Roeddem yn falch o hynny oherwydd ei wybodaeth a'i allu a'i brofiad, ond roedd rhaid penderfynu cyflog. Cynigwyd £500 y flwyddyn gan nad oedd rhyw lawer o waith, ond roedd yr hen do am roi £1,000. Un o'r aelodau oedd gŵr fu'n gweithio yn Swyddfa'r Dreth Incwm. Dyma'r hen gyfaill hynod yn gofyn iddo'n ddiniwed, 'Is this unearned income?' Chwarddodd pawb, gan gynnwys y clerc.

Yna daeth bygythiad arall gan ŵr o Loegr i adeiladu tua 18 o dai gwyliau ar Gei Greaves. Roedd yr hen siediau llechi wedi cael eu dymchwel eisoes, ac roedd yn fan bendigedig i adeiladu tai. Ar y llaw arall credem mai yn nwylo'r cyhoedd y dylai'r fangre fod i dragwyddoldeb. Bu trafod am fisoedd a llwyddwyd yn y diwedd i gael cyfaddawd. Cytunodd perchenogion y tir, Ystâd Tremadog, i werthu i'r Cyngor am bris rhesymol dir gerllaw'r Cob Crwn sydd heddiw'n faes parcio cyhoeddus i gannoedd o geir. Hefyd caem dir ger Cei Greaves i adeiladu Canolfan yn lle hen Neuadd y Dref. Yn ogystal, hawl rhodfa i'r cyhoedd am byth i gerdded heibio'r Ganolfan ar hyd ymyl yr harbwr.

Cyn cytuno, roedd nifer ohonom wedi dangos cynlluniau'r tai i bensaer ym Mae Colwyn. Mynegodd y farn mai cam cyntaf oedd y cynllun a bod y nifer yma o dai yn hollol aneconomaidd. Rhagwelai, unwaith roedd y cais am 18 wedi'i ganiatáu, y buasid yn ymgeisio wedyn am lawer mwy.

Wedi inni sicrhau ochr y Cyngor i'r fargen, rhoddodd Cyngor Dwyfor, flynyddoedd yn ddiweddarach, ganiatâd i godi tua 30 o dai ond cafodd cais am godi mwy na hynny ei wrthod. Cysylltodd cyfreithiwr y darpar ddatblygwr â mi yn ein cyhuddo o dorri ein gair. Atebais mai 18 o dai a addawsom ni, yntau'n dadlau y gwyddem fod hynny'n aneconomaidd. Minnau'n ateb mai pobl gyffredin oeddem ac nad oeddem yn deall pethau felly. Galwodd fi yn 'Welsh double-crosser'.

Nid aeth y datblygiad yn ei flaen. Chwarae teg iddo, gwerthodd y perchennog Gei Greaves i Gyngor Dwyfor ond gyda chyfamodau caeth. Mae'r safle'n werth ei weld heddiw, ac wedi'i balmantu i fod yn lle bendigedig i'r ardalwyr ac ymwelwyr ymlacio ynddo.

I raddau pell iawn, ar wahân i'r Ganolfan Gymdeithasol, arian Awdurdod Datblygu Cymru oedd yn gyfrifol am sicrhau pob datblygiad o bwys inni.

Gellir dadlau mai anfantais fawr i Borthmadog fu creu Cyngor Dwyfor. Am y tair blynedd gyntaf cynrychiolwyd y dref gan dri o Bleidwyr, sef Bryan Rees Jones, Dafydd Wyn Jones ac Emlyn Jones. Y pedwerydd oedd yr aelod annibynnol Richard Williams, gŵr cydwybodol, gonest a gweithgar iawn. Oherwydd eu gallu a'u hymroddiad hwy cafodd Porthmadog sylw a chyfran o'r adnoddau am y blynyddoedd cyntaf.

Am amryw resymau ymddeolodd pob un ond Richard, a chydag eithriadau prin dirywiodd ein cynrychiolaeth. Aeth yn anodd iawn i Richard, er gwaethaf ei ymdrechion glew, heb gefnogaeth o well ansawdd i gael cyfran deg i'r dref. O hynny ymlaen, Pwllheli a Llŷn oedd yn derbyn bron yr holl sylw a'r manteision.

Yn 1990 ymwelodd Alun Daniel â ni i lansio Rhaglen Ffyniant Gwledig. Penderfynodd y WDA rannu tua phum miliwn o bunnau rhwng pymtheg o ardaloedd a Chricieth/ Porthmadog/Penrhyndeudraeth yn un ohonynt.

Gwahoddwyd ni i baratoi – o fewn chwe mis – adroddiad i ddisgrifio anghenion economaidd a diwylliannol ein bro. Gwahoddwyd Cynghorau, cymdeithasau a busnesau i ethol pwyllgor gweithredol gyda 32 o aelodau. Dewiswyd Griffith Roberts, Cae Canol – gŵr brwdfrydig, cyfeillgar a llawn ynni – yn gynullydd dros y WDA, Robert Lewis yn ysgrifennydd a minnau'n Gadeirydd.

Ffurfiwyd paneli Cyflogaeth, Tai, Amgylchedd, Cymdeithasol, Addysg a Hyfforddiant i drafod yn fanwl yr anghenion a chyflwyno eu hargymhellion. Gwnaethant waith manwl, dadansoddol a gwerthfawr. Pwysleisiwyd y pwyntiau canlynol:

* yr angen i greu swyddi heb aberthu prydferthwch yr amgylchedd iach
* denu ymwelwyr heb anghofio buddiannau tymor-hir
* cryfhau'r economi
* yr angen am ganolfan chwaraeon a phwll nofio
* tai fforddiadwy
* datblygu'r harbwr
* sicrhau parc busnes a ffatrïoedd parod mewn ystâd ddiwydiannol
* ysbyty cymunedol
* statws yr iaith Gymraeg

Paratôdd Griff Roberts, Robert Lewis, Rob Piercy a minnau adroddiad lliwgar gydag un o luniau Rob o'r harbwr ar ei glawr a'i gyflwyno i Awdurdod Datblygu Cymru. Bu'n arf effeithiol iawn. Cawsom gyfanswm o filiwn a hanner o'r pum miliwn o bunnau oedd ar gael.

Comisiynodd yr Awdurdod, trwy Gyngor Dwyfor, adroddiadau swmpus a manwl iawn yn 1992. Defnyddiwyd yr arian drwy gydweithrediad Cynghorau Gwynedd a Dwyfor i sicrhau Parciau Busnes a Diwydiannol ar Lôn Penamser, cafwyd Canolfan Chwaraeon Glaslyn, a'r gwelliannau i Ben-cei a Chei Greaves.

Yr Arwisgo a Phriodas Carlo

Bwriedid adeiladu ystâd o dai Cyngor newydd yn Nhremadog. Cynigiodd ein grŵp ar y Cyngor Tref ein bod yn cylchlythyru pob tŷ yn yr ardal i holi a oedd arnynt eisiau tŷ, ac os felly beth oeddynt ei angen. Dadleuem na ellir cynllunio heb wybod hynny. Gwrthodwyd yr awgrym am ei fod yn golygu gormod o waith i'r clerc.

Yn y cyfarfod nesaf darllenwyd llythyr yn dweud eu bod yn disgwyl cymaint o ymwelwyr i weld yr Arwisgiad fel y byddai'n rhaid darparu llety iddynt yn ein hardal ni. Trwy fwyafrif penderfynwyd anfon llythyr i bob tŷ. Roeddwn wedi fy nghynddeiriogi. Dyma Gyngor Llafur nad oedd yn fodlon cael trefn synhwyrol i gartrefu ein pobl ac eto yn mynd allan o'u ffordd i letya dieithriaid oedd yn ymweld â'r syrcas Brydeinig yng Nghaernarfon.

Y mae cyfieithiad o weddill fy sylwadau ar dudalen flaen copi o'r *Cambrian News* o'm blaen. 'We, real Welsh people, know that when the drums ring out in the ceremony in Caernarfon it is the death rattle of the British Empire.' Fel y digwyddodd, ni wnaed dim ymhellach oherwydd daeth yn amlwg na fuasai'r tyrfaoedd yn dod wedi'r cwbl, a bod mwy na digon o le yn nhref Caernarfon ei hun i'r ymwelwyr.

Cyfnod pryderus fu hwn i ni yn yr ardal – roedd heddlu cudd ymhobman. Gwelid rhai ohonynt wedi'u gwisgo fel ffermwyr yn parcio ger tai rhai o'n haelodau ac yn eu dilyn i bobman.

Arestiwyd Dewi Jones, un o aelodau Cangen Porthmadog o'r Blaid, fel nifer fawr o genedlaetholwyr eraill, ar ffug dystiolaeth. Plannwyd dogfen yn ei boced oedd yn awgrymu y gallai fod yn llwybr trydan bom. Cyhuddwyd ef hefyd o fod â chysylltiad â bom bychan amaturaidd a ddarganfuwyd ger cofgolofn yng Nghaergybi. Haerodd yr heddlu hefyd iddynt ganfod, o dan ei ewinedd, gemegyn oedd yn debyg i *nitro glycerine* oedd yn bresennol mewn bomiau. Mae hwn yr union ddefnydd a geir mewn inc a ddefnyddid gan benseiri fel Dewi. Carcharwyd ef, a bûm yn ymweld ag ef yng ngharchardai Lerpwl a Preston.

Yn naturiol, roeddem yn swnian ar ei gyfreithiwr i apelio ac yn gohebu gyda Dewi i baratoi'r dystiolaeth; am ryw reswm roedd hwnnw'n llusgo'i draed a ninnau'n ei atgoffa'n barhaus. Gorfodwyd Dewi i ysgrifennu llythyrau yn Saesneg ataf am fisoedd lawer. Ar ôl hir oedi, cafwyd apêl Uchel Lys yn Llundain. Wedi gwrando'r achos rhyddhaodd y Barnwr ef y diwrnod hwnnw ac argymell iddo erlyn yr heddlu am greu ffug dystiolaeth a'i garcharu ar gam. Credai Dewi pe bai'n gwneud hynny y buasai'n darged ganddynt am hydoedd ac mai doethach oedd iddo ymatal. Yn anffodus, lladdwyd Dewi mewn damwain car rai blynyddoedd yn ddiweddarach, ond nid oedd dim byd gwleidyddol amheus yn y digwyddiad hwnnw. Digwyddodd hyn i gyd yn enw gwlad sydd yn ymffrostio ei bod yn batrwm o ddemocratiaeth i'r byd.

Go brin y bydd yr awdurdodau'n ceisio cynnal y fath syrcas fyth eto. O'r diwedd mae mwy a mwy o bobl Cymru a Lloegr yn deffro ac yn credu mai gwastraff o'n harian ni yw cynnal y fath frenhiniaeth. Y tristwch mwyaf yw gweld Cymry talentog ac enwog, sydd yn llysgenhadon mor effeithiol i Gymru, yn parhau i dderbyn OBE ac MBE. *British Empire*? Nid yw'n bod bellach. Bu fel pob ymerodraeth arall yn orthrymus a chreulon, yn llofruddio miloedd o wragedd a phlant diniwed ac yn lladrata cyfoeth y gwledydd. Fel y canodd Dafydd Iwan yn achos India, ciciwyd hwy allan gan ŵr heb sgidiau ar ei draed.

Yr unig rai sydd heb fynnu eu rhyddid yw Cymru, Gibraltar a Gogledd Iwerddon. Mae'r Alban ar ei ffordd. Lladdwyd cannoedd o bobl ddiniwed yn y Falklands gan lywodraeth Mrs Thatcher am iddynt geisio ailfeddiannu'r tiroedd a ladratawyd oddi arnynt. Mewn difrif calon, pa werth sydd i'r anrhydeddau hyn bellach?

Yn ddiweddarach cafwyd priodas fyrhoedlog Charles a Diana. Yn ôl y sôn, bu'r awdurdodau'n chwilio am ferch o blith y crachach fel gwraig i'r Tywysog, ac mai chwaer Diana ac nid y hi oedd y dewis cyntaf. Roedd Diana yn ferch i Mrs Shand Kydd a oedd yn 'lady in waiting' i'r frenhines ac yn hanu o deulu hynafol y Fermoys. Flynyddoedd yn ddiweddarach, pan oedd Bryan Rees Jones a minnau'n trafod prynu'r Cob, nid oedd h'n fodlon ein cyfarfod am nad oedd gennym deitlau gwell na Chynghorwyr.

Roedd Gwilym Owen yn holi'r Foneddiges Marian Roberts, Rol Williams a minnau ar raglen radio am y peth yma a'r peth arall. Nid oedd Gwil fyth yn colli cyfle i gorddi tipyn ar y dyfroedd, a dyma ofyn inni beth oeddem yn bwriadu ei wneud ar ddydd y briodas. Rol yn rhag-weld y buasai'n garddio neu gerdded i fyny'r Wyddfa. Marian yn dweud nad oedd yn gwybod eto ond ei bod yn gobeithio'n fawr fod Goronwy a hithau'n mynd i gael gwadd. Edrychai ymlaen yn arw at y digwyddiad hanesyddol a ddeuai ag arian mawr i Brydain.

Daeth fy nhro innau, a dywedais, 'Mi rydw i am fynd i fyny Moel Hebog a heibio i ogof Owain Glyndŵr gan obeithio na fydd gan neb radio yn y fan honno i wrando ar y sioe. Yn sicr ni fyddaf yn edrych ar y teledu neu bydd raid imi gael bag plastig i chwydu iddo wrth weld Cymry Cymraeg yn ymgreinio o flaen tywysog o Sais salach na hwy eu hunain.'

Erbyn hyn, yr unig beth cofiadwy ynghylch y sioe, yn ôl un o olygyddion y *Western Mail* flynyddoedd yn ôl, yw'r gân 'Carlo' gan Dafydd Iwan. Mae eraill ohonom yn cofio'r rhai fel Dewi a garcharwyd ar gam a'r ddau a laddwyd mor drychinebus yn Abergele.

Caru Iaith fy Mam, ond . . .

Yn ddisymwth, bu farw un o'r ddau oedd yn cynrychioli Port ar Gyngor Sir Gaernarfon. Mabwysiadodd y Blaid ŵr cymeradwy yn ymgeisydd, ond awr cyn cau'r enwebiadau penderfynodd na allai sefyll. Eisoes roedd Dr J. Jones Morris wedi rhoi ei enw ymlaen – aelod o un o hen deuluoedd yr ardal, yn feddyg teulu a chynghorydd tref ers blynyddoedd lawer. Ar ôl sgwrsio gyda rhai o'r pleidwyr cerddais i lawr y Stryd Fawr ar frys a chael deuddeg person i arwyddo papur enwebu. Er syndod i'r bwcis lleol, enillais y sedd gyda mwyafrif o 12.

Pan fynychais y Cyngor cyntaf cefais andros o sioc – roedd Cadeirydd pob pwyllgor yn Henaduriaid a nifer dda ohonynt mewn gwth o oedran. Clywid hen chwarelwyr Cymreig diwylliedig yn areithio mewn Saesneg lletchwith. Roedd y Clerc yn enedigol o Borthmadog, yn organydd yng Nghapel Bedyddwyr Caernarfon, ond yn gweinyddu ac yn cyfrannu i'r trafodaethau yn yr iaith fain.

Peth doeth i unrhyw aelod newydd yw agor eich clustiau a chau eich ceg am y misoedd cyntaf ond rhaid oedd, annoeth neu beidio, i mi fentro. Cynigiais welliant ar fater oedd o bwys mawr i'm ward i, a chael eilydd.

Henadur a pherchennog ffatri o'r Felinheli oedd yn cadeirio. Cyn gynted ag y sefais ar fy nhraed tynnodd ei wats a'i gosod o'i flaen. Ni allwn beidio ag ymateb. Dywedais fy mod yn cael ar ddeall nad oedd yn bosibl cael dim yn y Cyngor os nad oeddech yn un o'r Seiri Rhyddion ac yn Henadur, ac nad oeddwn yn bwriadu bod yr un o'r rheini. Atgoffais ef fy mod, yn wahanol iddo ef, wedi cael fy ethol gan bobl fy ardal a bod gennyf hawl i siarad am ddeg munud pe dymunwn. Bu'n edliw hynny imi am flynyddoedd.

Synnais fwy fyth mewn cyfarfod o bwyllgor adnoddau'r ysgolion wythnosau'n ddiweddarach. Y cadeirydd oedd Hugheston Roberts, Henadur cefnog o Dremadog a fu, cyn ymddeol, yn berchen gwaith trin crwyn. Roedd yn Gymro Cymraeg a Wesla selog ac yn gwsmer gwerthfawr iawn i gwmni'r Alliance. Ei hoff ddywediad oedd: 'Rwy'n caru iaith fy mam, ond . . . ' Roedd yr 'ond', wrth gwrs, yn filwaith pwysicach na'r 'caru'. Rhaid cyfaddef fy mod yn hoff ohono erioed ac yn ymweld â'i gartref yn aml i drafod materion busnes.

Y bore hwnnw roedd cynnig gerbron i gyfrannu at offer trydanol i ysgolion, gan gynnwys Ysgol Tremadog. Siaradodd yn erbyn gwario dimai gan ddweud mai canhwyllau a lampau paraffîn oedd yno pan oedd ef yn blentyn ac, er hynny, cawsant addysg benigamp.

Gofynnais iddo onid oeddwn wedi ei weld yn teithio i'r cyfarfod mewn car Rover 2000. Yntau'n ateb, 'Do, pam?' Atebais ei fod felly'n anghytbwys gan mai ar gefn ceffyl roedd ei daid yn gwneud y siwrna. Atebodd, yn sŵn chwerthin yr aelodau, 'Rhaid i chi ddysgu bihafio yn y fan hon'. Chwarae teg, roedd ganddo rai dywediadau diddorol nad oeddwn wedi eu clywed erioed o'r blaen: 'Yng ngenau'r sach y mae cynilo' a 'Little foxes eat the grain'.

Y gŵr mwyaf gwrth-Gymreig oedd yr Henadur Sam Beer o Borthmadog, perchennog golchdy a gwestai ac yn gyflogwr pwysig. Rai wythnosau ynghynt roeddwn wedi gorfod ei ffonio i gwyno oherwydd ei fod wedi defnyddio iaith anweddus wrth siarad ar y ffôn gyda fy ysgrifenyddes a gofyn iddo siarad yn fwy gweddaidd o hyn ymlaen.

Ysgrifennodd at Brif Reolwr yr Alliance yn Llundain i ddweud fy mod yn genedlaetholwr eithafol ac yn gwneud drwg mawr i'r cwmni yn lleol. Ar ôl ymgynghori gyda'r swyddfa yn Wrecsam derbyniodd ateb gan Brif Weithredwr y cwmni yn tynnu ei sylw at y cynnydd mawr ym musnes yr Alliance ers i mi gyrraedd. Etifeddwyd yr eiddo gan ei ddau fab, a hwythau'n wŷr busnes pur galed ond yn deg a boneddigaidd bob amser.

Ymysg yr Henaduriaid roedd Cymry rhadlon cyfeillgar fel R.H. Owen, Llanberis; T.O. Jones, Penmachno, a Ffowc Williams, Llandudno. Roedd y tri yn siarad yn Gymraeg ac yn gefnogol iawn i'r iaith a'r 'pethe'. Cyrhaeddodd cenedlaetholwyr selog fel W.R.P. George, O.M. Roberts a Dafydd Orwig ychydig amser o'm blaen; roedd yr awyrgylch yn prysur newid a cheid swyddogion fel Eluned Jones, ar ôl blynyddoedd o frwydro dros Gymreigio'r ysgolion, yn dechrau codi'i chalon.

Hyfforddiant Mewn Swydd

Fel ambell i Awdurdod Addysg, roedd Cwmni'r Alliance wedi gwirioni ar gyrsiau Hyfforddiant Mewn Swydd. Roedden ni'r staff yn teimlo mai gwastraff ar amser ac arian oedd llawer ohonynt a gwn fod llawer o athrawon yn cytuno.

Cofiaf am un cwrs yn arbennig. Roedd gŵr o Ganada yn rhoi cyfres o ddarlithiau ar werthu pensiynau. Yn ôl pob sôn roedd yn cael £50,000 gan y cwmni dros gyfnod o dri mis. Dadleuai pe baen ni'n dweud dadl 'A' y byddai'r cwsmer yn ateb 'B', os dywedem 'C' roedd y cleient yn siŵr o ddweud 'D'. Nid oeddem erioed wedi clywed y fath nonsens. Diolch i'r drefn nad yw pob ymholydd am bensiwn yn robot mecanyddol neu byddai bywyd unrhyw werthwr yn anniddorol iawn.

Yr ail ddiwrnod roeddwn wedi cael gormod o ginio ac yn eistedd yn gynnes braf ger rheiddiadur; y darlithydd yn rhugno ymlaen mewn llais undonog a thoc syrthiais i gysgu. Deffrodd fi a gofyn yn ei acen gras, 'Are you finding me boring?' Atebais innau, 'No, you're not boring, just elementary.' Holodd a allwn i wneud yn well. Haerais innau fy mod yn meddwl y gallwn. Heriodd fi i roi darlith ar werthu ar ôl y te pnawn. Minnau'n holi a oeddwn am gael rhan o'r ffi roedd ef yn ei derbyn. Atebodd y byddai'n rhoi potel o whisgi imi pe bai'r dosbarth o'r farn fy mod yn rhagori arno ef. Ar ôl i rai ohonynt hwy fargeinio gydag ef cytunodd ar ddwy botel o whisgi Bell's. Y creadur bach – pe bawn y cyflwynwr mwyaf truenus yn y byd, i mi y pleidleisient gan edrych ymlaen yn eiddgar at rannu'r wobr Albanaidd gyda'r nos!

Rai blynyddoedd yn ddiweddarach cawsom gwrs penigamp. Y darlithydd oedd Gwyddel ffraeth fu'n aelod o osgordd i un o'r teulu brenhinol, ac yn actiwr proffesiynol cyn creu cwmni marchnata gyda chwech o wŷr eraill. Sylfaen ei ddarlithiau oedd mai cyfrinach pob gwerthu yw addasu. Mae pawb yn wahanol, ac os ydych am eu perswadio i brynu rhaid i chi barchu hynny a chyflwyno'ch neges mewn ffyrdd amrywiol.

I bob un ohonom yn ein tro amlinellodd beth oeddem i geisio ei werthu, yntau'n actio'r cwsmer a recordio'r sgwrs ar fideo. Yn ei ffordd gyfeillgar ei hun roedd, wrth gwrs, yn mynd allan o'i ffordd i fod yn chwithig. Daeth yn amlwg yn fuan fod y bechgyn o'r dinasoedd mawr, er yn llwyddiannus iawn yn eu gwaith, yn mynd yn hesb ar ganol eu cyflwyniad. Roedd rhai ohonynt yn delio gyda hanner dwsin o froceriaid yn unig a byth yn gweld y cwsmeriaid eu hunain. Roedd presenoldeb y teledu'n dychryn amryw ac, wrth gwrs, gallu'r Gwyddel i wneud pethau'n anodd.

Yn ffodus roeddwn i wedi cael y profiad o glywed Gwilym Owen a Vaughan Hughes yn croesholi'n gelfydd a miniog. Yn wahanol i'r lleill hefyd roeddwn i – mewn ardal fel Llŷn ac Eifionydd – yn cwrdd â'r cwsmeriaid wyneb yn wyneb.

Y bore canlynol awgrymodd inni ei fod, os oedd unrhyw un yn mynd i drafferthion, yn gofyn i mi barhau â'r cyfweliad i edrych a oedd ffordd allan. Tasg un cyfaill o Birmingham oedd gwerthu polisi Damwain Bersonol i dafarnwr. Dechreuodd yn eithriadol dda. Soniodd wrth y cwsmer ffug a oedd wedi clywed fod y tafarnwr i lawr y ffordd wedi syrthio i lawr grisiau'r seler a thorri dwy goes. Pwysleisiodd na allai weithio am fisoedd ac y byddai polisi damwain yn rhoi swm sylweddol iddo bob wythnos i gyflogi rhywun yn ei le.

Fel y gallech ddisgwyl gan y wàg o ddarlithydd, atebodd

nad oedd seler yn ei dafarn ef. Y gwerthwr yn ateb y gallai dorri ei goesau wrth syrthio ar yr iard rewllyd. Y Gwyddel yn dweud mai Cymraes oedd ei wraig ac y byddai'n rhedeg y dafarn gystal ag yntau. Y cyfaill o'r ddinas yn holi pwy fyddai'n edrych ar ôl eu plant ifanc? 'Does gennym ni ddim plant,' meddai'r llall.

Roedd y darpar-werthwr wedi chwythu'i blwc a gorfodwyd finnau i gymryd ei le ac ateb ei ddadl. I ni Gymry roedd yn hawdd i'w sodro. 'Dyna beth od,' meddwn, 'pan ddois i allan o'r car y tu allan i'ch tafarn gwelais ddau fachgen tua 8 a 10 oed yn chwarae pêl. Pan ofynnais iddynt ble roedd eu tad, pwyntiodd y ddau atoch chi.' Yntau'n chwerthin gormod i fynd ymlaen am funudau ac yna'n dweud, 'Dyna chi, hogia – rhaid addasu'.

Ddiwedd yr wythnos soniodd y darlithydd wrthyf mai'r noson honno roedd hawlfraint D'Oyly Carte i berfformio operâu Gilbert a Sullivan yn dod i ben. Am y tro cyntaf, felly, perfformid *Pirates of Penzance* gan gwmni opera Convent Garden. Dywedodd iddo lwyddo i gael dau docyn a gofyn a hoffwn fynd gydag ef. 'P'un bynnag,' meddai, 'rwyf eisiau sgwrs gyda chi ar ran ein cwmni uwchben pryd o fwyd wedyn.'

Esboniodd bryd hynny eu bod yn chwilio am wythfed darlithydd. Nid oedd angen imi wneud cyfraniad o gyfalaf. Pe bawn yn ymuno â hwy cawn gostau teithio llawn, cyflog llawer gwell na'r hyn a gawn gan yr Alliance, ac wythfed ran o'r elw. Fy ymateb cyntaf oedd diolch am y gwahoddiad ond teimlwn bod elfen o risg o'i gymharu â haelioni'r Alliance tuag ataf a sicrwydd fy swydd. Cynigiodd imi fynd gyda dau ohonynt i America am ychydig wythnosau i ddarlithio i stiwardesau awyrennau, yna i gwmni'n gwerthu offer adeiladu a thrydedd wythnos i werthwyr gwyliau.

Esboniodd mai'r un thema o addasu oedd yn sylfaen i'r darlithiau ond fod yr enghreifftiau'n wahanol. Sicrhaodd fi fod y gwaith ymchwil i ddyletswyddau staff y cwmnïau wedi ei gwblhau ac enghreifftiau wedi eu paratoi. Derbyniais y gwahoddiad, ac ymhen ychydig wythnosau defnyddiais ran o'm gwyliau blynyddol i fynd i wlad yr Ianc.

Efrog Newydd a Philadelphia

Mwynheais y profiadau a gefais yn Efrog Newydd a Philadelphia yn fawr.

Ar ôl fy narlith gyntaf cafwyd toriad am goffi. Holais gynrychiolydd y cwmni awyrennau a oeddynt yn fy neall er fy acen Gymreig. Atebodd, 'Nac ydym bob amser, ond peidiwch â phoeni, mae pawb yn hoffi gwrando ar eich acen. Dylwn fod wedi dweud wrthych nad ydym yn disgwyl i chi siarad mewn barddoniaeth drwy'r amser.'

Hwyrach y dylwn fod wedi ymddiheuro i'r Parch. Williams Hughes cyn ei farwolaeth oblegid cefais un profiad oedd yn awgrymu nad ofer oedd astudio Hebraeg wedi'r cyfan.

Cefais wahoddiad i ymuno â dathliadau Gŵyl Diolchgarwch teulu o Iddewon cyfoethog. Daeth y disgynyddion o bedwar ban byd i'r wledd. Rhoddwyd fi i eistedd, fel yr unig ddieithryn, ar ben bwrdd hir a'r hynafgwr o benteulu yn y pen arall. Safodd i'm croesawu a chrybwyll ei bod yn draddodiad gan eu cenedl i gyflwyno un o'r ysgrythurau i ddieithryn yn y Synagog. Ychwanegodd eu bod hwy'n parhau â'r traddodiad ar lefel deuluol. Cerddodd ataf a rhoi memrwn addurnedig yn fy llaw. Sylwais mai Llyfr Rwth ydoedd.

Hwn oedd un o'r testunau yn y flwyddyn gyntaf ym Mangor. Er mwyn gwneud ymdrech i lwyddo yn yr arholiad roeddwn wedi darllen y geiriau hyn yn Hebraeg drosodd a throsodd nes cofio rhan helaeth o'r stori fer ramantus. Dysgais yr adnodau air am air yn Gymraeg hefyd.

Wrth ddiolch am y croeso gofynnais a oedd ganddynt unrhyw wrthwynebiad, gan ei bod yn ŵyl diolchgarwch, imi ddarllen ychydig o'r stori am Ruth yn lloffa yn y maes. Atebodd yr henwr nad oeddent yn disgwyl i hynny ddigwydd ers cenedlaethau ac mai dim ond un neu ddau o'r teulu oedd yn deall Hebraeg. Ymddiheurais am fy acen a mynegi'r gobaith nad oeddwn yn camlefaru eu hiaith. Ffwrdd â mi i ddechrau'r stori gyda 'Waihi bime shyffot hashyffotin . . . 'A bu yn y dyddiau yr oedd y barnwyr yn barnu . . . ' Yn y tawelwch llethol edrychai'r henwr yn syn ac yna caeodd ei lygaid a môr o ddagrau'n llifo i lawr ei ruddiau. Buont mor garedig â threfnu imi wledda bob nos gydag aelodau o'r teulu am y gweddill o'm harhosiad yn y ddinas.

Aeth pethau fymryn o chwith un noson. Roeddem fel cwmni wedi gwledda ac yfed gwin am awr neu ddwy. Roedd Rabbi yn ein mysg ac wrth sgwrsio gydag ef sylweddolais nad oedd yn falch o glywed fy mod wedi ceisio darllen eu hysgrythurau yn eu hiaith. I geisio lleddfu ychydig ar ei deimladau soniais fod fy nain yn hyddysg iawn yn ysgrythurau ei bobl. Yn wir, roedd hi yn siarad am enwogion ei genedl fel pe baent yn gymdogion iddi.

Nid oedd hyn yn ei blesio chwaith. Gofynnodd a oeddwn yn awgrymu ein bod ni, Gymry, yn fwy hyddysg na hwy yn eu traddodiadau. Atebais innau gyda gwên y buasai wedi bod yn ddiddorol gwrando arno ef a Nain mewn cwis ar gynnwys y Beibl. Heriodd fi i gystadlu ag ef ac atebais innau mai tenau iawn oedd fy ngwybodaeth i o gymharu ag un Nain, ond o ran hwyl beth am i ni holi ein gilydd?

Pan oeddwn yn Seland Newydd ymwelodd efengylwr o Gymro o'r enw Ivor Powell â'r wlad a phregethu i filoedd bob nos. Hoffai godi testunau na wyddwn i cyn hynny eu bod yn yr Hen Destament. Yn wir, methais gael hyd i rai o'r adnodau yn y concordans. Adnodau fel: 'Y mae'r aderyn glas yn canu er ei fod mewn cawell.'

Dyma ofyn i'r Rabbi gwblhau diwedd rhai o'r adnodau dieithr ac yr oedd yn cael trafferth gydag ambell un. I achub ei wyneb cymerais arnaf na wyddwn yr ateb i rai o'i gwestiynau, er bod Ysgol Sul Seion y Blaenau wedi sicrhau eu bod wedi eu serio ar fy nghof. Ffoniodd fi drannoeth i ofyn a wyddwn ymhle roedd ambell i ddywediad.

Achubodd Ivor Powell fy nghroen. Yn wir, bu un o'i arferion yn ddefnyddiol iawn imi wrth gynorthwyo i agor ysgol newydd flynyddoedd wedyn. Gorffennai bob oedfa trwy weddïo'r un weddi: 'Lord, I've done my best, over to you now. Amen.' Ar ôl i drysorydd y Cyngor gael hyd i gyllid, penseiri i gynllunio, adeiladwyr i weithio, addas oedd dweud wrth Brifathro'r ysgol a'i staff, 'Drosodd atoch chi, rŵan'.

Er mor hyfryd y profiadau a ddaeth yn ei sgil, ar ôl hir bendroni, penderfynais wrthod cynnig y cwmni marchnata. Teimlwn, pe deuai dirwasgiad, y peth cyntaf mae cwmnïau masnachol yn ei dorri allan o'u cyllideb yw hysbysebion a chyrsiau. Hwyrach hefyd y buaswn yn blino ar y teithio parhaus ac yn hiraethu, fel yn Seland Newydd, am gael siarad Cymraeg yn amlach.

Dewis Dafydd Wigley

Y mae amryw o'm ffrindiau o'r farn y dylid cofnodi cefndir dewis Dafydd Wigley yn ymgeisydd dros Arfon er mwyn haneswyr y dyfodol.

Yn etholiad hwyliog 1970 daeth Robyn Léwis o fewn 2,296 pleidlais i gipio sedd Arfon oddi ar Goronwy Roberts. Roedd yn amlwg ei bod bellach yn bosibl i Blaid Cymru gael y maen i'r wal y tro nesaf. Ond hysbysodd Robyn ni nad oedd yn dymuno bod yn ymgeisydd eto.

Roedd gŵr ifanc o'r enw Dafydd Elis Thomas wedi ymgyrchu'n frwdfrydig yn Etholaeth Conwy ac yr oedd amryw yn Arfon yn awyddus i'w wahodd i sefyll drosom. Roeddent yn pwysleisio fod ganddo radd anrhydedd dosbarth cyntaf, yn ôl pob sôn yn sosialydd, ac ef oedd yr union ŵr i apelio at ardaloedd llafurol fel Nantlle a Llanberis.

Ers rhai blynyddoedd bu Bryan a Rona Morgan Edwards yn byw yn Afonwen. Roedd Bryan yn ŵr busnes llwyddiannus ym maes cyfrifiaduron ac yn un o sefydlwyr Cwmni Sain a Chymdeithas Tai Gwynedd. Bu ef a Rona yn hael iawn eu cefnogaeth yn ariannol i'r Blaid ac yr oeddynt yn enwog am eu croeso a'u lletygarwch.

Bu Dafydd Wigley a Bryan yn aelodau o gangen y Blaid yn Llundain yr un pryd. Fel yn fy achos innau, gwnaeth llwyddiant Dafydd Wigley ym Meirionnydd argraff ddofn arno. Am y tro cyntaf erioed daeth y Blaid yn ail i Lafur a dyblu ein pleidlais. Roedd Wigley hefyd yn gyfarwyddwr cyllid cwmni Hoover ym Merthyr Tydfil ac wedi ennill sedd i'r Blaid ar Gyngor Merthyr mewn stad o dai a arferai bleidleisio i'r ymgeisydd llafur – camp anhygoel yn y cyfnod hwnnw.

Roedd Bryan a minnau'n teimlo yn gryf mai Dafydd Wigley oedd y dyn i drechu Goronwy Roberts yn Arfon. Gwyddem fod Phyllis Ellis, ysgrifennydd gweithgar a threfnus iawn y Pwyllgor Etholaeth, ac eraill yn cytuno â ni. Er hynny, gwyddem nad oedd gennym obaith i berswadio'r Pwyllgor heb gefnogaeth Wmffra Roberts. Dyma wahodd Wmffra i ddod allan am bryd o fwyd gyda Bryan a minnau i'r Ranch yn Llanystumdwy i drafod y syniad o gael Dafydd Elis i ymladd Meirion a Dafydd Wigley yn Arfon.

Soniodd Wmffra fod Gwynfor wedi crybwyll enw Dafydd Wigley i sefyll yn Arfon yn 1966. Wmffra ei hun oedd dan bwysau ar y pryd i ystyried ymgeisio, er mwyn sefyll yn y bwlch, a gwyddai Gwynfor nad oedd yn orawyddus i wneud hynny. Cyfaddefodd ei fod yn edmygydd mawr o Wigley ond yn tueddu at Dafydd Elis oherwydd mai Sosialydd oedd yn ddelfrydol i Arfon a'i bod yn debygol y byddai Dafydd Wigley yn ennill Meirion yn yr etholiad nesaf p'un bynnag.

Dadleuodd Bryan a minnau fod tad Dafydd Wigley yn drysorydd hoffus a phoblogaidd gyda Chyngor Sir Gaernarfon, Dafydd wedi byw ers yn blentyn ifanc iawn yn y Bontnewydd ac yn adnabod yr ardal yn dda. Dangosodd eisoes y gallai apelio, oherwydd ei bersonoliaeth gynnes, at gefnogwyr y Blaid Lafur ym Merthyr, a'r stadau rheiny yn ein barn ni yn debyg eu natur i dai fel Ysgubor Goch yng Nghaernarfon. Dadleuasom hefyd y buasai gŵr o gefndir busnes yn apelio at dref Pwllheli lle roedd pleidlais Dorïaidd gref. Ar ben hynny, roedd ei fam yn hanu o'r dref honno ac o deulu adnabyddus.

Aethom ymlaen i bwysleisio mor addas y byddai Dafydd Elis Thomas i Feirion. Roedd ei daid yn gyn-chwarelwr, ei dad yn enedigol o'r Blaenau ac yn uchel iawn ei barch fel gweinidog

143

Methodist – yr enwad cryfaf yn y sir. Os oedd gan Dafydd Elis Thomas enw o fod â thueddiadau sosialaidd, buasai hynny'n fanteisiol i geisio torri ar y bleidlais Lafur yn ei chadarnle yn y Blaenau. Byddai ei radd mewn Cymraeg yn apelio at gefn gwlad Penllyn, Dolgellau ac yn y blaen.

Bu trafod hyd dri'r bore a dyma Wmffra'n cytuno yn y diwedd y dylem gefnogi Dafydd Wigley ac asesu sut y gallai ef a Dafydd Elis Thomas drefnu pethau. Cytunodd hefyd iddo ef a minnau holi beth oedd barn Dafydd Wigley. Credai Dafydd Wigley, fel ninnau, bod ganddo fanteision oherwydd ei fagwraeth, ei deulu, a'i adnabyddiaeth drylwyr o'r ardal. Bu sgwrsio gyda Dafydd Wigley a Dafydd Elis Thomas a chyda rhai o aelodau Pwyllgor Etholaeth Arfon. Fisoedd yn ddiweddarach gofynnodd Dafydd Wigley i Feirion ei ryddhau a phwyso arnynt maes o law i ddewis Dafydd Elis Thomas.

Yna gwahoddwyd canghennau Arfon i enwebu ymgeiswyr i sefyll yn etholiad 1974. Awgrymodd rhai o'r canghennau enwau tua saith ohonom, ond nid oedd neb ond Dafydd Wigley a W.R.P. George yn fodlon rhoi eu henwau ymlaen i gael eu hystyried.

Yn y lle cyntaf, cyfwelwyd y ddau gan nifer fechan ohonom o'r Pwyllgor Etholaeth. Gofynnodd Wmffra yn ei ffordd wreiddiol ei hun gofyn i W.R.P. George pam nad oedd wedi sefyll yn enw'r Blaid yn y dyddiau blin ac eto ei fod yn fodlon rhoi ei enw ymlaen i sedd y gellid ei hennill. Cawsom ateb diddorol a hoffus ganddo. 'Fe wnaeth Mr Gwynfor Evans,' meddai, 'ofyn imi rai blynyddoedd yn ôl a fuaswn yn fodlon ymladd sedd Penfro yn enw'r Blaid. Waldo oedd yr ymgeisydd ar y pryd a Gwynfor yn teimlo fod Waldo hwyrach yn well bardd na gwleidydd.' Yna, meddai'n sydyn, 'Erbyn meddwl rŵan, tybed oedd Gwynfor yn awgrymu fy mod i yn well gwleidydd na bardd?'

Dewiswyd Dafydd Wigley gan y Pwyllgor etholaeth gyda mwyafrif sylweddol. Ond roedd amryw o aelodau gweithgar y

Blaid – yn arbennig o Gricieth – yn flin a siomedig oherwydd y penderfyniad. Yn wir, gwrthododd rhai ohonynt gynorthwyo yn etholiad Chwefror 1974 oherwydd eu siom. Ond chwarae teg iddynt, unwaith y daethant i adnabod Dafydd Wigley daethant yn ôl yn aelodau o'r tîm.

Roedd Wmffra'n fodlon parhau fel asiant etholiad os mai dyna ddymuniad Dafydd a'r etholaeth. Daeth draw i'm gweld a dweud, 'OK was, mi wna i ar yr amod dy fod ti yn sgwennu'r defnydd etholiadol a bod yn "General" dros Lŷn ac Eifionydd.' Gallai yntau dreulio'r rhan fwyaf o'i amser yn Nantlle a Chaernarfon. Cytunais, gan wybod fod timau o weithwyr ardderchog ym Mhwllheli, Porthmadog a Phen Llŷn.

I'r gad, felly, gydag ymgeisydd nad oedd ganddo ond un gêr, sef 'overdrive'.

Mynydda

Ers pan oeddwn yn blentyn naw oed, mynyddoedd a'm cynhaliai. Hwy fu yn her, ac yn gysur a thangnefedd hefyd mewn dyddiau blin. Buont yn donic i'm corff ac yn awelon balmaidd i'm hysbryd. Lle i ryfeddu a llawenhau ac yn drysorau o atgofion i'w cofleidio pan ddeuai cyfnodau digalon. Gallaf eistedd mewn cadair, cau fy llygaid ac ail-fyw pob cam o'r teithiau. Bron na chlywaf ar yr un pryd sŵn y gwynt a chrawc y gigfran uwchben.

Gan nad oedd gan 'run o'm cyfoedion ddiddordeb, dringwn yn ieuanc iawn y Manod Mawr a'r Bach ac ymweld â'r llyn rhyngddynt, a'r pysgotwyr yn rhannu eu brechdanau gyda mi. Yn y Coleg ym Mangor crwydrem y Carneddau o Abergwyngregyn i Ddyffryn Conwy, ac weithiau'r trum hyfryd gron o Foel Eilio uwchben Waunfawr a thros Fynydd y Cynghorion a heibio Clogwyn Du'r Arddu i gopa'r Wyddfa.

Wedi cartrefu ym Mhorthmadog gallwn adael cartref tua 7 y bore, dilyn yr afonig ger Llyn Ogwen i gyfeiriad Cwm Lloer ac i fyny ysgwydd Pen yr Ole Wen a chyrraedd y copa cyn 9. Syllu i lawr ar Gwm Idwal ac olion yr Oes Rew wedi crafu'r mynyddoedd yn foel a'r codwyr bore yn hongian ar eu rhaffau ar greigiau Tryfan.

Yna, croesi Carnedd Dafydd a throedio'r tir caregog i gopa Carnedd Llywelyn. Ar ôl panad, loetran ar draws i'r Elen ac yna Moel Grach cyn dychwelyd i Garnedd Dafydd. Dyna chi o fewn rhyw bum awr hamddenol wedi sefyll ar gopaon 5 o fynyddoedd dros 3000 o droedfeddi, bron cyfuwch â'r Wyddfa. Mae'n brofiad pleserus i gerdded long-di-long dros Ben Llithrig y Wrach i lawr i'r A5 ac yn ôl i'r car.

Ar y ffordd adref gellwch alw yn y dafarn ym Mhenygwryd. Yma yr arhosai dringwyr cyntaf Everest wrth hyfforddi ar gyfer ei goncro yn 1953. Mae enwau Hunt, Hilary, Tenzing, Evans, Gregory a Bourdillon wedi eu hysgrifennu ganddynt ar y nenfwd. Yma y deuent hefyd bob dwy flynedd i gynnal aduniad.

Cofiaf gerdded y Carneddau gyda Geraint y mab, ac wrth ddychwelyd i lawr ysgwydd Craig yr Ysfa, dod ar draws Sais canol oed yn eistedd wedi dychryn gormod i fentro i fyny nac i lawr. Bu raid inni afael yn ei ddwylo a'i dywys yn araf i ddiogelwch.

Dro arall roedd grŵp o bobl ifanc o ysgol yn Lloegr yn ceisio cerdded i fyny Carnedd Llywelyn mewn corwynt a rhai ohonynt yn gorwedd ar lawr yn eu hofn. Ni allem wneud dim ond cynghori eu harweinydd y byddai'n ddoeth iddynt symud yn araf i lawr o'r uchelderau.

Hwyrach mai'r daith fwyaf pleserus yw'r un ar hyd Crib Nantlle. Dim ond rhyw 2400 troedfedd yw'r uchaf o'r bryniau hyn. Parcio ger Llyn y Gadair, 'nas gwêl y teithiwr talog mo'no bron', a chroesi'r mawndir. Mae'n lladdfa i ddringo'r Garn o Ryd-ddu; mae'r llwybr yn serth ac wedi'i erydu'n ddrwg, felly bydd eich cyhyrau'n brifo a'ch ysgyfaint fel megin. O leiaf mae'n esgus i aros yn aml. Ar eich cyfer y mae'r Wyddfa a'r gwesty, a'r trên bach yn pwffian fel chithau yn y fan hon. Cyrraedd pen y mynydd o'r diwedd a mwynhau syllu ar Graig y Bera a'r Mynydd Mawr gyferbyn, a Dyffryn Nantlle i'w weld yn glir oddi tanoch.

Dacw ffermydd Drws-y-coed a Thal-y-Mignedd. Cofiaf Noson Lawen yn cael ei chynnal yn un ohonynt a'r Max Boyce ifanc yn ein diddori gyda'r gynulleidfa'n eistedd yn gyfforddus o'i gwmpas ar fyrnau o wair. Roedd am ddweud stori am weithiwr Cyngor Sir a holodd a oedd un ohonynt yn bresennol. Cododd un gŵr ei law a Max yn dweud, 'Typical – yn eistedd i lawr fel arfer'.

Ddiwedd y noson, aeth criw mawr ohonom i gartref Ann ac Wmffra yn Eryri Wen ym Mhen-y-groes ac eistedd mewn cylch i barhau efo'r hwyl. Pawb yn gorfod gwneud rhywbeth, boed ganu, adrodd, dweud stori, neu gofio englyn digri neu ddarn o farddoniaeth. Max yn cael egwyl, ac ar ddiwedd y difyrrwch yn oriau mân y bore yn dweud, 'Jiw jiw, dwy awr o bleser a'r cyfan yn Gwmrâg'.

Ar ôl llafurio i goncro'r Garn daw'r rhan fwyaf cyffrous o'r siwrne. Rhaid dringo, fel yr emynydd, ar eich gliniau, grib mynydd Drws-y-coed gyda'r gagendor sydd yn ddychryn i lawer ar yr ochr dde. Un prynhawn roeddwn ar y rhan beryclaf pan glywais sŵn adenydd a sylweddoli bod hebog tramor yn plymio tuag ataf. Ar y funud olaf trodd ac esgyn i'r awyr. Pan soniais am y digwyddiad wrth y mynyddwr a'r naturiaethwr Ted Breeze, holodd pa liw sach oedd gennyf ar fy nghefn. Yn ei farn ef y lliwiau melyn a glas oedd yn denu'r aderyn a chyda'i chwilfrydedd naturiol daeth i fusnesu. Ni fwriadai ymosod arnaf.

Yna o Ddrws-y-coed ymlaen cewch weiriach fel carped dan eich troed i fyny Trum y Ddysgl, cyn anelu at y tŵr cerrig uchel ar Dalmignedd. Yn ôl pob sôn, adeiladwyd ef gan chwarelwr anhysbys ac ni ŵyr neb pam.

Pan oedd Gwenith yn ei harddegau dringodd hi a minnau Foel Hebog gerllaw ar ddiwrnod poeth yn yr haf. Ar y daith soniais wrthi ei bod yn biti na ddaethom â diod i'w yfed gyda'n picnic. Wedi'r lludded dyma fi'n cael hyd i'r botel o win gwyn roeddwn wedi'i chuddio ar waelod y sach. Roedd yn werth ei chario i weld y wên ar wyneb fy nghydymaith.

Soniais am y digwyddiad wrth Dafydd Lewis (Craftcentre Cymru gynt) ac yntau, yn hollol gywir, yn fy atgoffa na ddylid yfed gwin wrth fynydda.

Rai blynyddoedd yn ddiweddarach roedd Shan Roberts, Dr Rawlings o'r Garn, Dafydd a minnau'n cerdded Crib Nantlle ar ddiwrnod oer a glawog. Aethom i lechu ym môn clawdd ger y tŵr ar Dalmignedd, a minnau wedi torri'r rheol euraid unwaith eto i dynnu coes Dafydd. I olchi'r brechdanau i lawr roedd gennyf fflasg o win coch, ffrwythlon. Tywalltais banad i'r ddau arall ac ychwanegu nad oedd Dafydd yn dymuno cyfranogi ohono, ar fater o egwyddor. Cymerais drugaredd ar ei olwg ddigalon.

Oddi yma ar Fignedd gwelwch yr Eifl, Eifionydd a Phen Llŷn a chestyll Cricieth, Caernarfon a Harlech.

I ffwrdd â chi dros anialwch o gerrig i Graig Cwm Silyn ysgithrog a'r ddau lyn yn ddu oddi tanoch. Os nad ydych wedi trefnu i rywun eich cyfarfod yn Nebo neu Nasareth islaw, rhaid cerdded y grib yn ôl; gellir gwneud hynny'n hawdd mewn diwrnod yn y gwanwyn a'r haf os ydych yn weddol heini. Os nad yw'r bryniau hyn yn fawr, maent yn fendithiol.

Nid wyf yn rhy hoff o'r Glyderau a'r tyrau o greigiau llechi miniog ar hyd-ddynt. Mae'n lle dychrynllyd mewn niwl ac yn gofyn am waith cwmpawd manwl iawn i ddod o hyd i'r hafn i lawr i Lyn y Cŵn a'r llwybr caregog i Gwm Idwal.

Ond o'r holl amrywiaeth odidog, y mynydd mwyaf rhamantaidd i mi yw Cader Idris. Mae gennych ddewis o dri llwybr, sef Tal-y-llyn a'r Pony Track a'r Foxes bondigrybwyll. Soniodd un hen fugail wrthyf ar lan Llynnoedd Cregennan mai Llwybr Pilin yr oeddynt yn galw'r naill a Llwybr Melyn y llall. Ni thramwyais hwy erioed ac mae'r Pilin yn boenus gyda'r cerrig scrî yn llithrig dan eich traed, a'r iaith fain yn merwino'ch clustiau'n aml ar y Melyn.

Cychwynnaf i bob tro o Goed Idris ar ochr Tal-y-llyn i'r Gader. Dilyn yr afon, er bod hynny'n galed ar y coesau, ond y wobr rhyw awr yn ddiweddarach yw cyrraedd a gweld rhyfeddod Llyn Cau o dan y graig ysgithrog o'ch blaen.

I gyrraedd Pen y Gader rhaid i chi fynd dros Graig y Cau a

Mynydd Moel. Mae'n demtasiwn bleserus ar brynhawn o haf i eistedd ger y llyn, sipian paned o sudd oren a mwynhau awr neu ddwy i ryfeddu at yr harddwch. Cewch orwedd yn yr haul yn breuddwydio a syllu ar eraill yn dringo.

Os ewch rhyw ddydd i ben y daith, cewch weld un o olygfeydd harddaf Cymru – Dyffryn Mawddach a thraeth melyn y Bermo yn y pellter. Yr ochr arall, mae Llanfachreth a'r Plas Nannau gweddol newydd. Yma y ceisiodd Hywel Selau ladd Owain Glyndŵr. Anelodd saeth at garw ac yna troi a'i saethu at Owain. Arbedwyd hwnnw gan ei wregys dur. Ymatebodd trwy drywanu'i gefnder bradwrus a llosgi'i blas i'r llawr.

Cewch goroni'r dydd cofiadwy, os dymunwch, gyda phryd blasus yn y gwesty yn Nhal-y-llyn islaw. Y diwrnod canlynol ewch i lawr y ffordd i Abergynolwyn, i Gastell y Bere ac i weld olion cartref Mary Jones i gofio am ei thaith hanesyddol, droednoeth i'r Bala i nôl Beibl.

Nid oes rhyfedd i T.H. Parry Williams dystio y bydd darnau ohono ef ar wasgar am byth hyd ei fro.

Goronwy Roberts

Er bod Goronwy'n Gymro Cymraeg, ac yn alluog a diwylliedig, am ryw reswm roedd ei gasineb at Blaid Cymru cyn waethed ag un Prydeinwyr fel Neil Kinnock, George Thomas a Leo Abse. Ymhob etholiad soniai Goronwy, 'os caiff y Blaid fach ei ffordd bydd plant bach Cymru fel rhai Iwerddon, heb sgidiau ar eu traed, yn cardota ar ochor y ffyrdd'.

Dwy gân arall oedd ganddo yn etholiad 1974. Cwynai mai dim ond dyrnaid oedd wedi dod i'w gyfarfodydd cyhoeddus yn Nhrefor a Garndolbenmaen. Holai onid oeddynt yn sylweddoli fod ganddo ef hawl i eistedd yn Nhŷ'r Cyffredin o fewn pum sedd i'r prif weinidog?

Yn ardal Rhostryfan ei neges oedd: 'Echdoe, roeddwn yn cynrychioli'r frenhines yn Efrog Newydd. Ddoe dyma'r dyn du oedd yn cario fy magiau at yr awyren yn gofyn imi, "Where are you going, masa?" Minnau'n dweud wrtho, "I'm going home to Wales to speak to my people in Rhostryfan." Dyna roeddwn yn ei wneud yn yr Amerig, ceisio gofalu fod plant bach Rhostryfan yn cael byw mewn byd heddychlon.'

Ym Mhorthmadog y cafwyd y ffars fwyaf. Bob etholiad gofalai Goronwy ddod i Gyngor Tref Porthmadog lle bu mwyafrif y Cynghorwyr yn gefnogwyr i Lafur am flynyddoedd lawer. Yr un oedd ei gân bob etholiad, a dyma fi'n dangos i'r cyfaill wrth fy ochr doriadau o bapurau newydd flynyddoedd ynghynt i brofi hynny. Gofynnodd yntau a gâi eu defnyddio.

Cytunais a dyma fo'n eu darllen. 'Pam,' meddai'r aelod seneddol, 'na wna Maldwyn Lewis gadw ei doriadau papur iddo ef ei hun?'

Rhan nesaf ei anerchiad oedd, 'A ydych am i mi gael ffatri debyg i'r un gwneud teipiaduron sydd gennych, neu gael estyniad iddi?' Yna aeth i berorasiwn mawr, fel hen bregethwyr Cymry yn mynd i hwyl. 'Gan ddyn o Chicago y cefais i'r ffatri hon. Un o'r prif gwsmeriaid,' meddai 'yw pobol gwlad Persia. Maen nhw'n gafael yn y cyfrifiadur ac yn dweud: "Y mae hwn wedi ei wneud yn nhref fach Porthmadog yn ffatri dyn o Chicago, a wyddoch chi gyfeillion, y mae tair cenedl wedi eu huno mewn cyfeillgarwch".'

Ni allwn beidio â chwerthin wrth glywed y fath nonsens. Trodd Goronwy yn gas ataf a gofyn pam yr oeddwn yn chwerthin? Atebais, 'Made in England sydd ar y teipiaduron.' Atebodd, 'Does 'na ddim parch i neb i gael yma rŵan.'

Ni fedrwn fynd i'w gyfarfod nesaf gyda'r Cynghorwyr. Fel yr oeddwn yn disgwyl, honnodd fy mod yn rhy lwfr i'w gyfarfod ac adroddodd hynny y wasg leol. Rhoddodd hyn gyfle imi ei ateb. Roeddwn yn Gadeirydd Cymdeithas Tai Gwynedd ar y pryd. Prynem hen dai yn y pentrefi, eu moderneiddio a'u gosod i bobol ifanc lleol. Penderfynodd Pwyllgor Tai Gwynedd y buasem yn arbed arian wrth gyflogi adeiladwyr profiadol i wneud y gwaith yn hytrach na thalu i gontractwyr. Y noson dan sylw roeddem yn apwyntio staff.

Dyma roi gwybod i'r etholwyr fod Cynghorwyr Plaid Cymru, yn hytrach na gwrando eto ar ei ystrydebau ef, yn rhoi gwaith i grefftwyr lleol a darparu tai i rai na allent, oherwydd cyflogau isel yr ardal, fforddio morgais.

Am fisoedd bu Goronwy yn ateb fy llythyrau am bob math o bynciau yn y wasg. Aeth ei lythyrau ef a minnau'n fwy a mwy milain. Mae rhai ohonynt yn fy llaw yn awr. Cyfaddefaf fy mod innau'n rhy hallt hwyrach, weithiau, ynghanol y ffrae. Dyma ddiwedd un o'm llythyrau: 'Mr Roberts was elected 25 years ago to provide bread for the people of Arfon. He has for years provided mud instead.'

Holodd dro arall lle'r oeddwn wedi bod am y flwyddyn ddiwethaf a holais innau yntau ble y bu ef am y pum mlynedd ar hugain ddiwethaf. Roedd, wrth gwrs, yn gamgymeriad mawr iddo ymgymryd â'r fath lythyru cyn etholiad a gwrthododd hefyd ddod i brotest yr harbwr.

Ni ddywedodd Dafydd Wigley air yn ei erbyn yn bersonol trwy gydol yr ymgyrch. Ni wnaeth ddim ond canmol ei ymdrechion gan bwysleisio pa mor anodd oedd perswadio llywodraethau yn Llundain i warchod buddiannau Cymru. Yn ystod yr etholiad roeddwn wrthi efo corn siarad y tu allan i ystâd Ty'n Rhos yng Nghricieth. Fel yr oeddwn yn gorffen fy mhregeth daeth Goronwy allan o un o'r tai. Dyma finnau dros yr uchel-seinydd yn ymddiheuro am siarad ac yntau'n ymweld â'r tai. Derbyniodd fy ymddiheuriad yn ddigon boneddigaidd.

Un o'r gorsafoedd pleidleisio yn Chwefror 1974 oedd Ysgol Eifion Wyn, drws nesaf bron i orsaf yr heddlu. Daeth Goronwy i ymweld â'r rhai oedd yn marcio. Roedd llyfr newydd gael ei gyhoeddi yn profi fod Llafur wedi caniatáu i'r fasnach arfau rhyfel werthu eu cynnyrch dieflig i Nigeria. Roedd byddin y wlad honno wedi lladd cannoedd o wragedd a phlant Biaffra oherwydd fod y cronfeydd olew yn eu gwlad ac am eu bod yn galw am gael hunanlywodraeth. Nid oedd Goronwy wedi sylweddoli mai un o weithwyr Plaid Cymru oedd yn eistedd wrth y ddesg yn cofnodi enwau'r rhai oedd yn pleidleisio. Gwrthododd hwnnw ysgwyd llaw gyda Goronwy ac ychwanegu, 'Y mae yna ormod o waed plant bach Biaffra ar eich dwylo'. Cynhyrfodd y foneddiges oedd gydag ef gymaint nes y clywodd yr heddlu ei llais a brysio i'r ysgol i dawelu pethau.

Yn ystod yr holl flynyddoedd y bûm yn mynychu'r cyfrif ni welais ddim mor broffesiynol â'r tîm a ddaeth o Dde Cymru, dan arweiniad Hubert Morgan, i gadw llygad ar bethau dros Lafur. Mae'n arferiad, wrth gwrs, yn y lle cyntaf i agor pob blwch yn ei dro i wneud yn siŵr bod nifer y pleidleisiau ynddo yn cytuno ag adroddiad Swyddogion y gorsafoedd pleidleisio. Tra bydd hynny'n digwydd, mae pob plaid yn ceisio paratoi sampl i amcangyfrif eu pleidlais ymhob bwth. Dim ond ar ôl i bob blwch gael ei archwilio y cymysgir y pleidleisiau a pharatoi i'w cyfrif.

Galwodd arweinydd y tîm Llafur Goronwy ato a dangos sut yr oeddent hwy'n asesu'r sefyllfa. Ni wnaethant aros i'r cyfrif, ond ar ôl ysgwyd llaw, ymadael am Gaerdydd. Daeth Goronwy ataf a dweud, 'Rydych fel Plaid wedi ymladd ymgyrch effeithiol. Rwy'n cael ar ddeall fod Mr Wigley wedi ennill o tua 2000 o bleidleisiau'. Atebais ein bod ninnau'n cael yr argraff ei bod yn glòs rhwng y ddau. Cafodd Dafydd fwyafrif o 1700. Dyna i chi weithio rhyfeddol o grefftus gan dîm Goronwy o Dde Cymru.

Y bore canlynol cefais alwad ffôn o'r gyfnewidfa ffôn yn gofyn a hoffwn glywed geiriad y teligram a anfonodd Goronwy Roberts at Harold Wilson. Cymerais mai rhywun oedd yn tynnu fy nhoes. Dyma ymuno â'r hwyl a dweud yr hoffwn glywed y neges. Darllenodd, 'Congratulations on your magnificent victory. I am willing to serve in the other place.' Y 'lle' hwnnw oedd Tŷ'r Arglwyddi – hyn gan ŵr fu'n galw trwy gydol ei yrfa am ddileu'r sefydliad hwnnw. Ffoniais Robyn Léwis i ddweud yr hanes ac nid oedd yn fy nghoelio.

Flwyddyn neu ddwy yn ddiweddarach bu ffrae rhwng Harold Wilson a'i Ysgrifennydd Cabinet. Cyhoeddodd hwnnw lyfr ac ynddo dywed: 'Yr hyn a'm siomodd fi fwyaf oedd gweld brysneges gan un o gyn-aelodau Llafur Gogledd Cymru, fu'n galw yn y gorffennol am ddileu Tŷ'r Arglwyddi, yn gofyn am gael ei wneud yn Arglwydd'.

Aeth Gwilym Owen i gyf-weld y cyn-aelod yn ei gartref a bu'n ddigon dewr i ofyn iddo, 'Onid yw'n wir eich bod wedi suro gyda gwleidyddiaeth?'

Waeth imi orffen cyhoeddi'r ffeithiau ddim. Roedd dau neu

dri ohonom yn siarad gyda Dafydd yn neuadd gyhoeddus Tŷ'r Cyffredin pan ddaeth Goronwy heibio. Dywedodd, 'Mae'n ddrwg gennyf na allaf aros am sgwrs ond mae'r Frenhines wedi gofyn imi fynd drosti i Peking.' Atebodd un o'r SDP, 'Maen nhw'n gwneud "sweet and sour" reit dda yno, Gron.'

Bu'n aelod gweithgar am flynyddoedd lawer a chefnogodd ef, Megan Lloyd George a Cledwyn Hughes y Ddeiseb dros Senedd i Gymru. Yn anffodus, roedd yn hynod anodd perswadio'r Llywodraeth Lafur i ddatganoli tra oedd George Thomas a'i debyg yn gwenwyno'r sefyllfa. Nid yw pethau wedi newid dim yn hynny o beth.

Comic Cuts amdani

Yn 1973 dechreuwyd ar y dasg o uno siroedd Arfon, Meirion a Môn i greu un Cyngor mawr newydd, a rhaid oedd cynnal etholiadau. Un Cynghorydd oedd gan Borthmadog o dan y drefn newydd. Enwebwyd Emyr Roberts, aelod blaenllaw o'r Blaid Lafur, i sefyll yn Annibynnol a minnau yn enw Plaid Cymru. Newydd ymddeol oedd Emyr ar ôl bod yn brifathro Ysgol Gynradd Porthmadog am dros ugain mlynedd. Bu am gyfnod hir yn aelod amlwg o'r Cyngor Tref, yn gweithio'n galed dros les yr henoed ac yn flaenor yn Eglwys Salem. Roedd yn ymgeisydd cymeradwy, uchel ei barch. Nid oedd y ddau Henadur o Borthmadog ar Gyngor Sir Caernarfon, Sam Beer a Hugheston Roberts, wedi sefyll etholiad ers hydoedd a phenderfynasant beidio ein herio.

Gan fy mod yn ddyn dŵad, rhaid oedd cynnal ymgyrch liwgar a gwahanol. Yr arfer yn yr ardal oedd cyhoeddi llythyr hirwyntog heb lun. Dilynodd fy ngwrthwynebydd y patrwm hwn ond gan ychwanegu llun ohono'i hun ar y dudalen flaen.

Yn yr hen ddyddiau, os oeddech am ddefnyddio lluniau, rhaid oedd mynd i'r drafferth o wneud blociau. Ond, oherwydd fy mhrofiad yn Llundain, gwyddwn fod oes yr argraffu litho wedi cyrraedd. Gallech gyhoeddi faint fynnech o luniau, a'r cyfan yn cael eu hargraffu'n gyflym o blât ffilm. Yn ffodus, roedd gwasg newydd y 'Snowdon Press' wedi ei sefydlu yn y Port ac yn defnyddio'r dechnoleg newydd. Y prif sylfaenydd

156

oedd Pat Pottle – comiwnydd y bu raid iddo ymddangos yn yr Old Bailey yn ddiweddarach am drefnu i'r ysbiwyr Burgess a Maclean ddianc i Rwsia. Erbyn hyn mae Gwasg Eryri, dan berchnogaeth Gwyn Davies, yn enwog fel argraffwyr cywrain iawn mewn lliw o lyfrau a thaflenni i rai o brif gwmnïau Cymru.

Cynlluniais daflen gyda help Eleri Carrog, oedd newydd symud i fyw i Wynedd o Lundain. Roedd ganddi hi brofiad ym maes yr argraffwaith newydd. Cynlluniodd daflen bedair tudalen ddwyieithog, gydag 20 o luniau ynddi ac ychydig eiriau o dan bob un ohonynt. Yn naturiol, pwysleisid fy rhan mewn ariannu a chynllunio'r Ganolfan newydd a sicrhau adeiladau gwaith coed a chegin newydd i Ysgol Eifionydd. Rhoddwyd lle blaenllaw i'r ymgyrch i gadw'r harbwr rhag syrthio i ddwylo estroniaid.

Dosbarthwyd yn y lle cyntaf daflen draddodiadol, ac yna rhyw dair noson cyn y lecsiwn ymunodd canghennau Pwllheli a Port o'r Blaid i rannu'r daflen llawn lluniau i bob tŷ yn yr ardal. Aeth Emyr a chefnogwyr Llafur o gwmpas y dref gyda'r daflen i ddangos – yn eu geiriau hwy – 'y comic cuts oedd Maldwyn wedi'i dosbarthu'. Cyn pen dim roedd pawb wedi ei ddarllen. Gwnaethant yn siŵr fy mod yn cael mwyafrif sylweddol! Ond cyn sicrhau hynny bu raid, yn y cyfrif, dynnu sylw'r swyddog etholiadol fod un o bleidleisiau Emyr yn cael eu rhoi ar ben 99 o'm rhai i er mwyn cael bwndeli o 100 i'm gwrthwynebydd!

Bûm o'r farn erioed fod gormod o bwyslais ar enw plaid yr ymgeisydd llwyddiannus mewn etholiadau lleol, er fy mod yn teimlo'n gryf y dylai pob un fod yn ddigon gonest i ddatgan ei dueddiadau gwleidyddol. Yn yr ardaloedd gwledig a'r bröydd Cymraeg eu hiaith, agwedd yr etholwyr at yr unigolyn yn aml yw'r elfen bwysicaf. Cefais brawf o hynny yn yr etholiad hwn.

Ar fore'r etholiad, 'Pob lwc i chi heddiw 'machgen i,' meddai gwraig mewn gwth o oedran wrthyf. Diolchais iddi ac

RECORD
MALDWYN LEWIS

Amser

Y mae gan lawer AMSER i fynd i Gynghorau. Y cwestiwn pwysig yw Ar ôl cyrraedd yno, a oes ganddynt Y GALLU a'r YNNI i YMLADD tros y bobol y maent yn gynrychioli?

Dwr

Gweithiodd yn ddygn i gael gwell cyflenwad dwr i Morfa a Tremadog.

Ffyrdd

Sicrhaodd ar ôl cryn frwydro yr arian i wneud llwybr o Pwll i Dremadog, lledu Ffordd Penamser, gwella ffordd Morfa Bychan, goleuadau'r Stryd Fawr, etc. Bu'n perswadio, cwyno yn y Cyngor, ymweld a Swyddogion, ysgrifennu llythyrau i geisio cwblhau'r gwaith.

Gwaith

Wel, Wel: mae'r ffatri newydd fydd yn cyflogi maes o law, tua 300 o bobl , yn dyfod i'r ardal,. Nid ffrwyth dychymyg Maldwyn Lewis Lewis ydoedd wedi'r cyfan, fel yr awgrymodd A, S, arbennig.

Gwella Tai Cyngor

Dywedodd yn y Cyngor "Buoch yn drwsgl a didelmlad yn y modd y gwnaethoch gyflwyno'r cynlluniau. Mae pobl yn poeni am eu carpedi a'u papur wal. Gyda phobl yn eu cartrefi yr ydych yn delio nid gyda peiriannau mewn ffatri foel."

Canolfan Porthmadog

Cafwyd tîm ardderchog at eu gilydd. Gweithiodd yr holl bwyllgorau yn galed. Bu hwyl a sbri gyda'r Carnifal, addurno' r strydoedd, etc.

* * * *

Chwaraeuodd Maldwyn Lewis ei ran hefyd.

* * * *

Ysgrifennydd Pwyllgor Cynllunio'r Ganolfan o'r dechrau.

* * * *

Ef a gynigiodd bod Cyngor Porthmadog yn cyfrannu £50,000 at y Ganolfan.

* * * *

Aelod o'r ddirpwyaeth a aeth i Gaerdydd a chael £10,000.

* * * *

Danghosodd ei fod yn medru cydweithio'n hapus a nifer mawr o bobl gan wneud ei ran yn drylwyr a thawel.

Cartrefi i'r di-gartref

Cadeirydd Cymdeithas Tai Gwynedd. Mae'r gymdeithas yn prynu hen dai yn y pentrefi, eu moderneiddio a'u gosod i bobl leol.

Argraffwyd gan:

Snowdonia Press, Porthmadog

Cyhoeddwyd gan: E. Jones

Ty'r Ysgol, Morfa Bychan.

158

ychwanegu, 'Rydach chi wedi bod yn weithgar a ffyddlon i Lafur mewn dyddiau anodd iawn. Fuaswn i ddim yn disgwyl i chi fotio i mi, chwarae teg i chi.' Atebodd hithau, 'Wyddoch chi, rydach chi bob amser yn gwenu a dweud helô wrtha i pan fyddwn yn cyfarfod ar y stryd.'

Roedd y digwyddiad arall tu hwnt i bob rheswm. Gŵr o'r enw George oedd newydd gael ei gario i bleidleisio gan W.J. Hughes – un o ffyddloniaid y Blaid Lafur. Aeth W.J. i sgwrsio gyda rhywun arall a daeth George ataf i ddymuno'n dda i mi. Roeddwn yn ei adnabod yn ddigon da i ddweud, 'Paid a'u palu nhw, George, a thithau newydd gael dy gario yma gan W.J.'. Atebodd, 'Mi ddweda i wrthyt pam y cefnogais di heddiw. Yn 1938 cefais ddamwain ddrwg yn chwarel Llechwedd yn y Blaenau a dy dad oedd y cyntaf i ddod ataf i'm helpu'. Go brin fod gan rywun hawl i bleidlais fel yna.

Yn yr etholiad cyntaf hwn dim ond chwech o'n haelodau oedd yno yn enw Plaid Cymru sef Dafydd Orwig, Gwyn Oliver, Elwyn Roberts, Emrys Annwyl Williams, Wmffra Roberts a minnau. Annibynnol oedd y mwyafrif llethol ond gwyddem bod o leiaf bymtheg ohonynt yn pleidleisio i'r Blaid.

Edrychwn ymlaen yn eiddgar felly at ymuno â Chyngor newydd sbon. Cyfle i greu'r awdurdod Cymreicaf a welodd Cymru erioed gyda pholisïau chwyldroadol. I'r Gad!

Y Gymraeg i deyrnasu

Rwyf yn amau a gasglwyd ynghyd na chynt nac wedyn mewn un siambr gynifer o Gynghorwyr talentog ag oedd yn y Wynedd newydd: Alwyn Roberts, R.H. Owen Llanberis, I.B. Griffith, Dafydd Orwig, Elwyn Roberts, y tri Tom Jones, Alwyn Hughes Jones, Mihangel Williams, John Lazarus Williams, O.M. Roberts, W.R.P. George ac Alec Robertson, i enwi dim ond ychydig ohonynt.

Awgrymodd Tom Jones, Llanuwchllyn, ein bod yn dewis y Parch. Mihangel Williams fel y Cadeirydd cyntaf – gŵr nad oedd ganddo ymlyniad amlwg gydag unrhyw blaid wleidyddol, ac yn meddu ar bersonoliaeth hynaws a doeth. Llwyddodd i berswadio Cynghorwyr yr hen dair sir i ddechrau meddwl yn nhermau Gwynedd.

Cafodd yntau agoriad llygad yn ystod munudau cyntaf ei deyrnasiad. Croesawodd bawb ohonom yn Saesneg. Cododd Wmffra Roberts ar ei draed ar fater o drefn. Gofynnodd pam bod y cadeirydd yn siarad Saesneg? Cyhoeddodd nad oedd ef yn bwriadu dweud gair yn yr iaith fain yn y Cyngor. Neidiodd amryw ohonom ar ein traed i gytuno, a phwysleisio mai dim ond rhyw 6 allan o 66 o Gynghorwyr oedd yn uniaith Saesneg.

Cynigiwyd ein bod yn trefnu offer cyfieithu'n ddi-oed a bod y cofnodion yn cael eu cyhoeddi'n ddwyieithog. Cododd gynghorydd o Sais o Landudno ar ei draed i ofyn faint fuasai hyn yn ei gostio. Rhoddodd y Prif Weithredwr, Alun Jones, amcangyfrif yn y fan a'r lle. Atebodd yr ymholwr fod hynny'n wastraff o arian y trethdalwyr.

Safodd nifer o aelodau ar eu traed i ddweud wrtho mai er ei fwyn ef a'i debyg roeddem yn cynnig cyfieithwyr. Awgrymodd un ein bod yn cynnal popeth yn Gymraeg os nad oedd y brawd eisiau deall y cyfan roedd y 60 arall yn y Siambr yn ei ddweud. Ni fu'r chwe gŵr unieithog fawr o dro cyn newid eu cân.

Dyna, felly, gyhoeddi'n ddiflewyn-ar-dafod yn ystod y munudau cyntaf hynny fod oes newydd wedi gwawrio ac mai'r iaith Gymraeg fyddai'n teyrnasu.

Gosod sylfeini Gwynedd

Awgrymwyd fod pawb yn aelodau o'r Cyngor Sir ac o'r Pwyllgor Addysg Llawn. Rhaid oedd, o dan y ddeddf, gyfethol hefyd nifer o aelodau i'r Pwyllgor Addysg o'r undebau athrawon, yr eglwysi, mudiadau meithrin ac yn y blaen. Oherwydd hyn byddai cyfanswm yr aelodaeth dros 80.

Cynigiodd rhai o'r Cynghorwyr oedd yn ddarlithwyr yn y Colegau fod hyn yn llawer gormod ac y dylem fodloni ar Bwyllgor Addysg o tua 30 o aelodau. Cododd y gŵr gwreiddiol hwnnw, Tom Jones Cemaes, i gefnogi'r cynnig ar un amod. Dadleuodd bod y rhai oedd yn gwneud y cynnig yn cymryd yn ganiataol, wrth gwrs, y byddent hwy oll ymysg y 30. 'Felly,' meddai, 'rydw i am eu cefnogi gyda'r gwelliant nad oes neb sydd o blaid y cynnig yn cael ei ystyried ymysg yr etholedig rai.' Tynnwyd y cynnig yn ôl, a phwyllgor o 80 a sefydlwyd.

Yna, gofynnwyd i bob Cynghorydd ddewis pa bwyllgorau y dymunent fod yn aelodau ohonynt. Dewisodd bron bob un o'r 66 yr Is-bwyllgor Ysgolion. Rhaid felly oedd dewis panel i ddewis aelodau i wasanaethu arno. O safbwynt mabwysiadu polisi iaith chwyldroadol i'r ysgolion cynradd ac uwchradd, rhaid oedd i'r Is-bwyllgor hwn fod yn gefnogol i'r 'pethe'. O blith y rhain hefyd y byddem maes o law yn dewis cnewyllyn sefydlog paneli i ddewis athrawon a phrifathrawon i Wynedd. Byddai unrhyw bolisi'n ddi-werth os nad oedd gennym athrawon digon brwd i'w roi ar waith yn ein hysgolion.

Clywodd y pwyllgorau fi yn dyfynnu hyd syrffed ddywediad Ambrose Bebb, 'Tri pheth sydd raid ei gael i roi addysg benigamp i'n plant: athrawon da, athrawon da ac athrawon da'.

Roedd yn dyngedfennol felly pwy fuasai ar y panel o 12 i lenwi'r seddau ar yr Is-bwyllgor. Rhaid oedd gofalu bod y deuddeg yn iach eu hagwedd at yr iaith. Felly y bu, a chawsom Is-bwyllgor rhagorol oedd yn llawn talentau a phrofiad o fyd addysg. Gyda chriw mor alluog, roedd siawns dda y gallem berswadio'r Pwyllgor Addysg llawn i fabwysiadu pob penderfyniad a gymerid.

Etholodd pob Pwyllgor arall eu cadeiryddion: Tom Jones, Llanuwchllyn (Cyllid); Cyril Parry (Addysg); Alwyn Roberts (Gwasanaeth Cymdeithasol); Tom Jones, Penmachno (Priffyrdd); Tom Jones, Cemaes (Staffio); I.B. Griffith (Diwylliant), i enwi'r prif rai yn unig. Roedd pob un yn agored, yn ôl dymuniad eu pwyllgor, i gael ei ailethol bob blwyddyn.

Penderfynwyd mai dim ond am un flwyddyn y byddai Cadeirydd y Cyngor yn ei swydd, a Chadeirydd y Pwyllgor Addysg am uchafswm o ddwy flynedd. Ar ôl y blynyddoedd cyntaf dechreuodd amryw wrthod rhoi eu henw ymlaen am Gadeiryddiaeth y Cyngor Sir. Teimlent mai'r prif ddyletswyddau oedd cynrychioli'r Awdurdod mewn seremonïau allanol ac, er bod hynny'n anrhydedd, nid oedd fawr o rym yn y swydd.

Un flwyddyn, gwahoddwyd Tom Jones, Cemaes, i fod yn Gadeirydd y Cyngor. Wrth dderbyn dywedodd fod bron bawb yn sylweddoli mai'r anrhydedd mwyaf a'r mwyaf dylanwadol oedd cael bod yn Gadeirydd y Pwyllgor Addysg. 'Go brin y caf i'r fraint honno,' meddai, 'ac felly mi rydw i'n derbyn yr un rydych mor garedig â'i chynnig imi.'

Awgrymais i Dafydd Orwig mai ef oedd y person delfrydol i fod yn Gadeirydd ar yr Is-bwyllgor Ysgolion. Nid oedd yn fodlon imi ei gynnig. Teimlai ef a Wmffra Roberts y dylwn i gymryd y cyfrifoldeb. Rhoi chwarae teg i bawb, meddent, oedd eu blaenoriaeth hwy fel Cadeiryddion. Awgryment fod Tom Jones a minnau'n mynd gam ymhellach na hynny. 'Rydach chi eich dau'n cadeirio i roi arweiniad hefyd, ac arwain y defaid i'r gorlan.' Nid oedd, meddai'r ddau, unrhyw obaith inni wireddu ein breuddwydion heb lwyddo i gyfeirio'r pwyllgor i'r cyfeiriad iawn. Cytunem, wrth gwrs, mai peth digon brau yw democratiaeth ar y gorau a rhaid ei feithrin a'i gynnal.

Daethom i gyfaddawd a phenderfynu gadael y mater yn hollol agored i aelodau'r Pwyllgor. Un o frawddegau mawr Dafydd bob amser oedd, 'Rhaid cynllunio buddugoliaeth delfrydau'. Cefais fy ethol gyda mwyafrif dros gyfaill i mi oedd yn gyn-brifathro. Rwy'n bur sicr fod Dafydd a Wmffra wedi bod yn sgwrsio ymlaen llaw gyda llawer un. Bum mlynedd yn ddiweddarach, pan gefais fy newis yn Gadeirydd y Pwyllgor Addysg llawn, llwyddais i berswadio Dafydd i gymryd fy lle, ac ni fu neb mor drwyadl, effeithiol a charedig ag ef mewn cyfweliadau a phob agwedd o'r dyletswyddau.

Cwynodd un aelod o Feirionnydd, oedd yn mynnu siarad Saesneg bob amser, na chafodd hi ei dewis yn Gadeirydd nac Is-gadeirydd unrhyw Bwyllgor nac Is-bwyllgor. Hysbysodd hi ni ei bod yn brofiadol iawn ac wedi bod yn Gynghorydd amlwg iawn yn yr hen Sir Feirionnydd. Ceisiai pawb osgoi eistedd wrth ei hochr oherwydd ei bod yn sisial ar bob cyfle, 'Propose me'.

Esboniodd y Cadeirydd na allai ef ymyrryd, mai mater i bob pwyllgor oedd hyn, a thynnodd ei sylw at y ffaith ei bod wedi ei dewis i'n cynrychioli ar nifer o gyrff allanol. Sisialodd rhywun y tu ôl i mi, 'Cyrff cymharol ddibwys yw'r rheini, wrth gwrs'.

Ymwelodd Pennaeth Gwasanaeth Sifil Cymru â ni un tro a gwahodd pump o'r Cadeiryddion i drafodaeth. Uwchben sgwrs anffurfiol dros ginio ganol dydd crybwyllodd John Tudor, Cadeirydd Gwynedd ar y pryd, ffaith ddiddorol. Dywedodd wrth yr ymwelydd mai Cyngor anwleidyddol oedd Gwynedd, gyda dim ond dyrnaid o'r aelodau yno yn enw unrhyw blaid a'r gweddill yn Annibynnol.

Atebodd y gwas sifil gyda gwên lydan, gan mai sgwrs rhwng ffrindiau oedd hon. 'Diddorol iawn,' meddai, 'mi rydw i'n digwydd gwybod pa blaid mae Tom Jones Llanuwchllyn a Phenmachno, William George, O.M. Roberts a Maldwyn Lewis yn ei chefnogi. Rhyfedd, onidê, bod Cyngor anwleidyddol yn dewis Cadeiryddion o'r un blaid.'

Dyma, felly, osod y sylfeini.

Polisi Iaith Ysgolion Gwynedd

I raddau pell, ffrwyth llafur Eluned Ellis Jones a Cyril Hughes oedd geiriad y polisi. Bu Eluned yn ymdrechu'n ddiflino am flynyddoedd i Gymreigio ysgolion Sir Gaernarfon er gwaethaf agwedd lugoer llawer o Henaduriaid y Sir. Roedd clywed enwau'r Cynghorwyr a etholwyd i'r Wynedd newydd yn galondid mawr iddi.

Cnewyllyn y ddogfen fanwl a gyhoeddwyd oedd hyn:
- Anelu at ddatblygu pob plentyn ymhob ysgol yn y Sir i fod yn drwyadl ddwyieithog.
- Dylai'r Gymraeg fod yn amlwg yn holl weinyddiad a gweithgareddau pob ysgol.
- Yn yr ardaloedd traddodiadol Gymraeg, y prif gyfrwng dysgu yn yr ysgolion cynradd fydd y Gymraeg a dylid dysgu'r iaith ar fyrder i bob plentyn di-Gymraeg.
- Yn yr ardaloedd llai Cymraeg, dylid dysgu'r Gymraeg i bob plentyn gan ddechrau yn y dosbarthiadau meithrin.
- Dylai holl ddisgyblion yr ysgolion uwchradd astudio'r Gymraeg hyd ddiwedd eu pumed flwyddyn a sefyll arholiadau allanol yn y pwnc.
- Fel parhad o'r gwaith yn y sector cynradd dylid sicrhau dilyniant o ddysgu trwy gyfrwng y Gymraeg mewn nifer o bynciau.

166

Yn achlysurol, roedd y dyrnaid ohonom oedd ar y Cyngor yn enw Plaid Cymru yn cwrdd ar nos Sul yng nghartref Dafydd a Beryl Orwig ym Methesda. Gwahoddem atom bleidwyr eraill oedd yn aelodau Annibynnol am amryw resymau – rhai fel J.B. Hughes o Fôn ac O.M. Roberts. Fel y gallech ddisgwyl, cawsom sawl trafodaeth ar sut y dylai Cadeirydd yr Is-bwyllgor Ysgolion gynnig y polisi tyngedfennol yn y Pwyllgor Addysg o 80 o aelodau cymysg eu barn.

Esboniais mai fy mwriad, os oeddynt hwy'n cytuno, oedd dweud hyn: 'bod y swyddogion wrth saernïo'r polisi wedi ceisio ymgorffori'r pethau gorau ym mholisïau'r tair hen sir'. Roeddent yn hyderus oherwydd hynny y buasai'r Pwyllgor yn ei gefnogi'n unfrydol.

Roedd y cyfaill didwyll John Lazarus yn anghydweld ac yn teimlo y dylwn bwysleisio mai hwn oedd y polisi mwyaf uchelgeisiol a chwyldroadol yn hanes Cymru. Dywedodd Dafydd Orwig ei fod ef yn sicr pe bawn yn dweud hynny y byddai yna lawer o herio o sawl cyfeiriad, a thrafodaeth hirfaith.

Crefodd ar bawb i gytuno fy mod yn gwerthu'r ddogfen fel pe bai hi'n gyfaddawd rhwng syniadau'r hen awdurdodau, a dim llawer mwy. Felly y bu, a derbyniwyd hi bron yn unfrydol gan y Pwyllgor Addysg ar wahân i Wil Pierce o Fôn yn ymatal, ac nid oedd hynny'n annisgwyl.

Ond un peth yw creu dogfennau – y gamp yw eu gweithredu. Rhywsut neu'i gilydd rhaid oedd gofalu fod pob athro ac athrawes a phob Prifathro a Phrifathrawes yn frwd dros y polisi. Ymhen blwyddyn neu ddwy roedd pob athro/athrawes gynradd yn ysgolion y sir yn medru'r Gymraeg. Er hynny, sylweddolasom fod ymysg rhai o'r hen do o athrawon rai nad oeddynt lawn mor awyddus â'r gweddill i weithredu'r polisi iaith.

Ffoniodd rhiant o Ynys Môn i ddweud bod ei phlentyn bach wedi gwneud cerdyn pen-blwydd iddi yn yr ysgol yn yr iaith

Gymraeg. Gorchmynnodd y Prifathro iddo wneud un yn Saesneg yn ei le. Cefais sgwrs gyda'r Cyfarwyddwr a theimlai ef y dylem fod yn ofalus sut oeddem yn delio gyda'r gŵyn. Penderfynais ffonio'r Prifathro fy hunan i ofyn iddo a oedd y stori'n wir ai peidio. Ymatebodd trwy ofyn a oeddwn yn ymyrryd yn y ffordd yr oedd yn rhedeg ei ysgol. Sicrheais ef, mor fwyn â phosibl, fy mod, oherwydd ei fod yn ein golwg ni yn herio polisïau ei gyflogwr.

Awgrymais mai da o beth fyddai pe bai ef a'i gynrychiolydd undeb yn cwrdd â'r Cyfarwyddwr a minnau am sgwrs anffurfiol. Pwysleisiais mai'r unig lwybr arall y gallwn ei ddilyn oedd gofyn i'n swyddogion wneud ymchwiliad ac adrodd yn ôl i'r Is-bwyllgor Ysgolion. Rhaid fyddai i'r Cynghorwyr wedyn benderfynu a ddylid dechrau ar y drefn ddisgyblu ffurfiol. Rhyw awr yn ddiweddarach ffoniodd un o swyddogion ei undeb yn dweud fod ei aelod am anfon gair imi yn ymddiheuro, a'n sicrhau y byddai'n parchu polisi'r awdurdod o hynny ymlaen.

Fel y gobeithiwn, ffoniodd y Pennaeth rai o brifathrawon eraill Môn i adrodd yr hanes a chwyno amdanaf. Bendigedig! – roedd y neges wedi cael ei chyhoeddi drwy'r ynys nad darn o bapur yn unig oedd polisi iaith ysgolion Gwynedd.

Ychydig yn ddiweddarach daeth un o swyddogion Parc Cenedlaethol Eryri ataf yn gofyn a fyddai'r Pwyllgor Addysg yn debygol o roi caniatâd iddo symud ei blant o ysgol Gymreig Beddgelert 'to the English school in Borth-y-gest'.

Esboniais iddo mai ysgolion dwyieithog oedd pob un o ysgolion yr awdurdod ac nad oedd y fath beth ag ysgol Saesneg bellach. Aeth pethau'n boeth rhyngom ac awgrymais y dylai ef fynd yn ôl i'w wlad ei hun os nad oedd yn dymuno magu ei blant yn ddwyieithog.

Gwyddwn, wrth gwrs, fod Borth-y-gest hefyd wedi dioddef ton enfawr o blant di-Gymraeg, ac er bod yr athrawon yn gwneud eu gorau roedd yr ymfudiad yn creu problem enfawr iddynt. Roedd y Prifathro, y diweddar Ieuan Davies, yn gyd-aelod gyda mi yng Nghlwb Llenyddol y Garreg Wen ac yn englynwr o safon genedlaethol. Teimlai rhai rhieni nad oedd, am ryw reswm, mor frwdfrydig ag y byddid yn ei ddymuno dros gadw'r ysgol yn Gymreig, er bod ei staff yn gadarn eu safbwynt.

Adroddais hanes yr ymfudwr o Feddgelert mewn trafodaeth ar addysg yng Nghynhadledd Plaid Cymru yr Hydref hwnnw. Derbyniais lythyr gan Ieuan yn haeru fy mod wedi galw ei ysgol ef yn Ysgol Saesneg. Esboniais wrtho na wneuthum y fath beth a chyfleu'r ffeithiau iddo. Roeddwn wedi tanlinellu anawsterau athrawon yn wyneb gelyniaeth rhai Saeson trahaus at ein hiaith.

Derbyniodd yr esboniad a bu'n ddigon grasol a democrataidd i gynnwys ei lythyr ef a'm llythyr innau yng nghofnodion yr ysgol. Ar ôl iddo ymddeol dilynwyd ef gan Brifathrawon Cymreig, deallus ac ymroddgar. Hyd heddiw, dan ofal Mrs Mair Millar a'i staff, mae hon yn ysgol drwyadl Gymreig a hapus ac wedi derbyn cymeradwyaeth eithriadol ganmoladwy gan yr arolygwyr am safon yr addysg sydd ynddi.

Yn Ysgol Eifion Wyn yn y Port, dyrnaid bychan o rieni oedd yn creu tensiwn. Un o'r Prifathrawon olaf a ddewiswyd gan Gyngor Sir Gaernarfon oedd Meirion Parry. Fel y gŵyr ef, roedd gennyf amheuaeth pan apwyntiwyd ef ond buan iawn y diflannodd unrhyw ofnau. Ni fu neb yn gadarnach yn ei safiad dros ein hiaith. Er i'r ysgol orfod wynebu ymfudiad enfawr o blant di-Gymraeg, ni ildiodd Meirion a'i staff fodfedd.

Yn wir, roedd y plant dŵad mor hapus yn yr ysgol nes eu bod yn dysgu Cymraeg heb unrhyw anhawster. Dau neu dri o rieni oedd yn gwrthwynebu'r dwyieithrwydd ac un o'r rhai mwyaf amlwg oedd Cymro Cymraeg o Lanberis.

Roedd y Cyfarwyddwr Addysg, Tecwyn Ellis, a'i staff yn cynnal cyfarfodydd niferus mewn ardaloedd fel Llandudno a Chaergybi i esbonio'r polisi iaith. Penderfynodd Meirion alw ynghyd rieni di-Gymraeg ardal Porthmadog er mwyn inni gyflwyno'r polisi iddynt. Cytunasom mai'r bwriad oedd perswadio a sôn am ddwy ffenestr yn lle un i edrych ar y byd, a cherdded yn ysgafndroed rhag sefyll ar gyrn unrhyw un.

Am ryw awr aeth pethau'n gyfforddus ddigon nes i'r rhiant o Lanberis sefyll ar ei draed i ddadlau mai gwastraff amser oedd dysgu Cymraeg i'w blant. Safodd un o'i gyfeillion ar ei draed i gytuno. Methodd Meirion â pharhau gyda'r bonedd-igeiddrwydd. Neidiodd ar ei draed a dweud fod pob plentyn yn hapus iawn yn yr ysgol ac yn dysgu'r iaith trwy'r dulliau diddorol newydd heb unrhyw drafferth. Yna ychwanegodd, 'Yr unig amser y mae yna anhawster yn codi yw pan mae rhieni'n gwenwyno meddyliau eu plant. Mi rydych chi eich pedwar yn gwneud hynny ac unrhyw amser rydych chi'n dymuno gadael Cymru mi ddof i helpu i gario eich bagiau at y trên.'

Atgoffid ni gan Gymdeithas yr Iaith yn bur reolaidd nad oedd pob ysgol yn gweinyddu'r polisi, a da o beth oedd hynny. Rhaid oedd rhoi mwy o help i'r ysgolion. Roedd gennym dair o athrawon iaith teithiol eisoes. Galwent mewn nifer o ysgolion i hyfforddi'r athrawon, lle roedd angen, mewn dulliau dysgu ail iaith, a chymryd grwpiau o newydd-ddyfodiaid. Er ei bod hi'n fain ar Wynedd yn gyllidol yn y cyfnod hwnnw, cytunodd y Pwyllgor Ysgolion i ofyn am gyllid o tua £25,000 arall i gyflogi rhagor o athrawon bro.

Rhoddwyd y cynnig gerbron y Pwyllgor Addysg llawn. Cododd y Cynghorydd Alwyn Roberts ar ei draed i gynnig £100,000. Bob tro y safai ef ar ei draed roedd pob llygad arno a phob clust yn gwrando. Rhesymai'n glir a grymus bob amser. Yna cododd Richard Roberts – un arall o aelodau dinas Bangor – i'w gefnogi ac atgoffa'r Pwyllgor o'r holl fendithion a dderbyniai ef fel tad i dri o blant o'r trethi a dalai. Er y gwrthwynebiad o du adran y trysorydd, cariwyd y dydd a brysiwyd ymlaen i wneud yr apwyntiadau niferus.

Dangosodd ystadegau Cyfrifiad 1991 gynnydd yn nifer y

plant ysgol a siaradai Gymraeg yn ysgolion Gwynedd, o 69% i 79%. Roedd yr athrawon yn ennill y frwydr.

Treuliodd y teulu a minnau wyliau lawer mewn gwahanol ardaloedd o'r Swisdir. Cymerais y cyfle i ymholi ynghylch polisïau gwlad oedd â phedair iaith. Os oedd plentyn yn symud o ysgol Ffrangeg ei hiaith yn Montreux, dyweder, i Ganton Almaeneg fel Lusern, rhaid oedd iddo fynychu Canolfan Iaith. Pan oedd yn rhugl mewn Almaeneg câi fynychu'r ysgol yn ei ardal newydd. Defnyddiwn y ffaith hon bob tro roedd unrhyw awgrym o feirniadaeth o'n polisi iaith yn cael ei godi yn y siambr i brofi pa mor resymol oedd ein canllawiau ni.

Ond cynyddodd yr ymfudiad o blant di-Gymraeg, hyd yn oed yn ardaloedd gwledig Gwynedd. Gorfu i ninnau sefydlu canolfannau iaith tebyg i'r rhai yn y Swisdir a buont yn dra llwyddiannus. Rai blynyddoedd yn ddiweddarach bu raid i'r Cyngor, dan arweiniad Gwilym Humphreys, addasu'r polisi hefyd a'i gryfhau. Ond fel y bu ef ei hun yn barod iawn i gydnabod, roedd sylfeini cadarn wedi eu gosod yn 1974.

Dewis Athrawon

O'r holl ddyletswyddau roeddem fel Cynghorwyr yn eu hwynebu, y gwaith o ddewis athrawon oedd y cyfrifoldeb mwyaf difrifol a blinderus, ond rhaid cyfaddef ei fod yn ogystal y mwyaf diddorol. Cyfwelwyd cannoedd o bobl ifanc o'r colegau dros y blynyddoedd, a dwsinau o Brifathrawon.

Dewiswyd panel amrywiol: Cadeirydd ac Is-gadeirydd y Pwyllgor Addysg, Cadeirydd ac Is-gadeirydd yr Is-bwyllgor Ysgolion a thri aelod o'r Is-bwyllgor yn eu tro. Yn y ddwy flynedd gyntaf y panel oedd Dr Cyril Parry, O.M. Roberts, Trefor Williams, I.B. Griffith, y Parch. Mihangel Williams, Emyr Davies a minnau. Gyda ni roedd y Dirprwy Gyfarwyddwr Addysg, John Rowlands, a Ms Malan Roberts o'r adran staffio.

Mynnwn nad oeddem yn gwneud dim yn y sesiwn gyntaf un ond penderfynu ar ddulliau cyf-weld a gosod canllawiau pendant i benderfynu sut i asesu pob ymgeisydd. Roedd un aelod o'r Is-bwyllgor yn awyddus i gyfyngu'r swyddi i'r rhai oedd wedi cael eu haddysg yn yr hen dair sir yn unig. Gwrthodwyd y syniad plwyfol hwn, oherwydd ein dyletswydd oedd ceisio dewis yr athrawon gorau i'n hysgolion. Roeddem yn ymwybodol hefyd fod plant gweinidogion a staff banciau, er enghraifft, yn symud o ardal i ardal oherwydd natur gwaith eu rhieni.

Ar ôl hir drafod cytunwyd i edrych ar yrfa academaidd pob ymgeisydd yn yr ysgol uwchradd a'r Coleg Hyfforddi. Hefyd, gofyn i'r Colegau roi inni eu marc academaidd, asesiad o'u haddasrwydd i'r proffesiwn, a'u marc neu eu sylwadau ar eu cyfnod ymarfer dysgu.

Cawsom 348 o geisiadau yn ystod y flwyddyn gyntaf a dewis rhestr fer i'w cyf-weld – rhoi tua 10 munud i bob ymgeisydd a cheisio gweld 25 bob dydd. Cytunwyd i bob aelod o'r panel roi marc allan o gant am y cyfweliad a pheidio â'i ddangos i'w gyd-gynghorwyr, ac ar ddiwedd cyfweliadau'r dydd roi manylion eu marciau i'r swyddogion. Gofynnwyd iddynt dynnu ein sylw'r diwrnod canlynol os oedd unrhyw un ohonom wedi rhoi marc i unrhyw un oedd 10 marc yn uwch neu'n is na'r lleill. Os oedd gwahaniaeth felly, roedd hawl gennym i drafod ailaddasu'r marc arbennig hwnnw. Rhoddai'r adran staffio dabl inni ar ddiwedd yr holl gyfweliadau i grynhoi'r manylion hyn.

Cytunasom hefyd nad oedd yr hen drefn o gyf-weld, o roi'r un cwestiynau ar bapur i bob ymgeisydd, yn foddhaol. Dros amser byddai pawb yn gwybod y rheini a ninnau i bob pwrpas yn dewis y perfformiwr gorau. Gofynnwyd i mi fel Cadeirydd rydd holi ac roedd hawl gan unrhyw un o'r panel i holi cwestiwn ychwanegol pe dymunent. Ni allem feddwl am drefn decach. Gellid cymell y rhai swil a holi'n galetach y rhai oedd yn or-hyderus.

Ar ôl y diwrnod neu ddau gyntaf dywedais wrthynt fy mod yn teimlo'r cyfrifoldeb o holi yn straen ac yn flinderus. Roeddwn yn ymwybodol fod y sgwrsio i raddau pell iawn yn penderfynu a oedd y myfyriwr yn cael swydd neu beidio. Cynigiais fod pawb yn holi am awr yn eu tro drannoeth a chytunwyd ar hynny.

Roedd Mihangel yn bendant o'r farn drennydd nad oedd y drefn hon yn effeithiol. Teimlai nad oedd pob un ohonynt yn llwyddo i wneud pob ymgeisydd yn gartrefol nac yn llwyddo ychwaith i amrywio'u cwestiynau a bod yn hollol deg. Aed yn ôl at y drefn wreiddiol, gyda mi'n gyfrifol am yr holi a hwythau'n addo y deuent i mewn yn amlach oddi mewn i'r deg munud. Rhaid i mi gyfaddef fy mod mor lluddedig ar ddiwedd y dydd fel na allwn, am awr a mwy, hyd yn oed fwyta tamaid o fwyd. Cofiaf un diwrnod fy mod mor flinedig fel na allwn benderfynu sut oedd yr agoriad yn mynd i mewn i danio fy nghar. Dewisodd y panel 120 o athrawon. Oherwydd bod bron pob un ohonynt yn ferched bu raid dewis hanner dwsin o ddynion hefyd yn ychwanegol.

Yn ystod y pum mlynedd nesaf, aeth swyddi rhyw 60 o benaethiaid ysgolion yn wag; mabwysiadwyd yr un drefn o gyf-weld y rheiny a gwahodd cynrychiolydd o Lywodraethwyr yr ysgol i gyf-weld gyda ni. O wrando ar rai ohonynt rwyf yn argyhoeddedig mai camgymeriad arswydus oedd rhoi hawl yn y blynyddoedd diwethaf i Lywodraethwyr ddewis athrawon. Mae'r safon yn amrywio cymaint o un ysgol i'r llall ac ystyriaethau plwyfol yn aml yn dylanwadu.

Ceisiodd y cyfryngau drefnu rhaglen i brofi ein bod yn dewis aelodau o Blaid Cymru yn Brifathrawon. Holwyd Dr Cyril Parry, oedd yn Gadeirydd y Pwyllgor Addysg am y ddwy flynedd gyntaf, am ei farn, am y credent ei fod yn gefnogol i'r Blaid Lafur. Tystiodd ef ei fod ef a minnau'n ymdrechu i ddewis y gorau bob amser ac mai anaml iawn roeddem yn anghydweld. Pa un bynnag, bu'r cyfryngau yn edliw am flynyddoedd mai athrawon, darlithwyr a phregethwyr oedd aelodau'r Blaid. Os felly, ni allem osgoi dewis Pleidwyr weithiau. Ni lwyddasant i gael unrhyw dystiolaeth i brofi'r haeriad.

Derbyniodd Cyngor Gwynedd lythyrau di-ri yn diolch inni am ein dull o gyf-weld. Dyma un enghraifft yn unig o'r rhai a gedwais:

Annwyl Mr Lewis,

Bûm yn bwriadu ysgrifennu atoch ers rhai wythnosau i ddatgan fy niolch i chi ac eraill am y ffordd neilltuol o garedig y bu i chi ddelio â ni mewn cyfweliad beth amser yn ôl. Rwy'n datgan teimlad pob un oedd yn bresennol y diwrnod hwnnw pan ddywedaf fod pawb yn canmol ac yn teimlo'n dra diolchgar i chi a'r Pwyllgor am ein gwneud yn gartrefol ac am y dull gonest a ffordd oedd mor dderbyniol gennym oll.

Roedd llawer ohonom wedi cael nifer o gyfweliadau am swydd Prifathro yn y gorffennol a'n teimlad ni oll oedd na chafwyd 'run cyfweliad tebyg i'r un pan oeddech chi yn y gadair.

Mewn cyfnod pan mae cymaint o weld bai, mae'n bleser gennyf ddiolch i chi am eich dull parchus a'ch ffordd ddeheuig a chartrefol o ymdrin â ni mewn cyfweliad. Chefais i mo'r swydd, ond mwynheais y cyfweliad yn fawr!

Yr eiddoch yn bur,
Un o Brifathrawon Gwynedd

Nid oes y fath beth â threfn berffaith, a chawsom nifer o enghreifftiau lle gwnaed camgymeriadau wrth ddewis Prifathrawon. Weithiau, plwyfoldeb Cynghorwyr yr hen siroedd oedd yn gyfrifol. Dadleuai Llywodraethwr dros benodi gŵr arbennig oherwydd y credai ei fod yn Fethodist ac y byddent wedi hoffi cael diacon ychwanegol i'r capel lleol!

Mewn un enghraifft roedd un ymgeisydd ben ac ysgwyddau uwchben y gweddill oherwydd ei chymwysterau, ei dawn eithriadol fel athrawes a'i brwdfrydedd. Canfasiodd un o aelodau'r panel yn ei herbyn oherwydd iddi ochri gyda'i wraig yn ei achos ysgariad. Ni chyrhaeddodd hyd yn oed y rhestr fer a chafodd plant yr ysgol honno golled enfawr.

Gobeithiaf mai nifer cymharol fychan gafodd gam dros y blynyddoedd. Er fy mod yn flin a siomedig iawn ar y pryd ni allaf, er hynny, feddwl am unrhyw ddull gwell o benodi. Meidrol ydym oll.

Cyrhaeddwyd sefyllfa lle roedd gennym y polisi iaith addysg mwyaf uchelgeisiol a welodd Cymru, a nifer sylweddol o Brifathrawon ac athrawon yn gefnogol iddo.

Yn ystod fy nghyfnod ym myd addysg, sylweddolais pa mor ddibynnol yw'r prif swyddogion ar yr aelodau llai amlwg o'u staff. Meddyliwch, er enghraifft, am yr adran staffio cynradd yn gorfod trefnu cannoedd o gyfweliadau, paratoi manylion pob ymgeisydd, eu croesawu, cofnodi penderfyniadau, cadw rhestr o athrawon llanw, eu gosod mewn ysgolion a.y.b. Mae'r cyfan yn gofyn am weithgarwch cydwybodol, trylwyr, graenus ac egwyddorol.

Mae'r un peth yn wir o ran datblygu addysg, gyda'r dyletswyddau o baratoi at wella adeiladau, codi rhai newydd a'u dodrefnu, paratoi dogfennau ar waith mor sensitif â chau neu glystyru ysgolion bychain a chyflwyno'r dewisiadau i Gynghorwyr mewn pwyllgorau.

Rhaid oedd cael rhywun i ofalu am weinyddiad yr adran a chynnal y cysylltiad holl bwysig gyda'r Cynghorwyr. Bu Gwynedd yn ffodus iawn o gael personoliaethau rhadlon, cymwynasgar a threfnus yn yr holl agweddau hyn.

Hwyl Mewn Cyfweliadau

Rhyfeddwn ar yr amrywiaeth a geid o ran agwedd ymgeiswyr mewn cyfweliadau a'u hymateb i'r sgyrsiau.

Daeth gŵr ifanc am gyfweliad am swydd Prifathro. Gwisgai hen siwmper ddigon blêr a'i phenelin bron yn dwll. Ar derfyn y drafodaeth gofynnodd Tom Jones, Llanuwchllyn, iddo yn garedig onid oedd ganddo siwt neu got weddol dwt i ddod i ymddangos gerbron panel apwyntiadau. Atebodd yntau, 'Roeddwn yn meddwl mai apwyntio Pennaeth ysgol yr oeddech, nid teiliwr.'

Mynnai un o'r Cynghorwyr gadw at bolisi Gwynedd o ofyn un cwestiwn yn Saesneg, gan fy mod i'n anghofio gwneud hynny weithiau. Gofynnodd i'r gŵr ifanc ateb ei gwestiwn yn yr iaith honno. Llefarodd yntau rhyw ddwy frawddeg yn unig ac yna dweud yn Gymraeg, 'Dyna chi – mi rydw i wedi dangos i chi fy mod yn medru siarad Saesneg. Hwyrach nad ydy o mor grand â'ch iaith chi, ond mae o *yn* Saesneg.'

Roedd rhyw ferch ifanc wedi dilyn cwrs Gwyddor Tŷ ac eto roedd hi'n dymuno dysgu mewn ysgol gynradd. Dyma ofyn iddi onid oedd hynny'n wastraff ar hyfforddiant. Atebodd ei bod wedi cael pleser o ddysgu plant dan un ar ddeg oed yn ystod ei hymarfer dysgu o'r Coleg a'i bod yn awyddus i fod yn athrawes mewn ysgol gynradd yn hytrach nag uwchradd. Yna ychwanegodd, 'Cofiwch, mae'n bwysig fod plant yn dysgu'n gynnar sut i weini bwyd syml fel selsig a thatws wedi ei mwydro yn ddeniadol. Mae ambell i deulu yn rhoi'r selsig yn syth o'r badell ffrio ar blât ar y bwrdd.'

Roedd un o aelodau'r panel yn anghytuno, a dyma fo'n gofyn, 'Beth sy'n bod ar roi sosej yn syth o'r badell ar y bwrdd?' Gofynnodd hithau, 'Yn syth ar blât oer?' Atebodd yntau, 'Wnes i ddim dweud plât oer.' Meddai'r ymgeisydd, chwarae teg iddi, 'Wnaethoch chi ddim dweud plât poeth chwaith.'

Hoffai'r un cyfaill ofyn yn Saesneg pa bapur dydd Sul a ddarllenai'r un ger ein bron. Os dywedent *News of the World* neu'r *Mirror* y cyfan a ddywedai ef oedd, 'Oh I see'. Edrychodd un ferch ieuanc arno am eiliad a dywedodd *Observer*. Holodd ef pa golofnydd yn y papur hwnnw yr hoffai ei ddarllen. Ar ôl oedi eiliad atebodd, 'John Sinclair' neu rywbeth tebyg. Mewn tôn ffroenuchel gofynnodd y cynghorydd pa fath o golofnau yr ysgrifennai hwnnw a chafodd yr ateb, 'Adolygiadau o lyfrau ar wleidyddion enwog fel Asquith'. A dyna ddiwedd ar y sgwrs.

Wedi iddi hi a'r swyddog ymadael gofynnodd ef imi a oeddwn yn darllen yr *Observer*. Meddwn innau, 'Mae'n ddrwg gen i gyfaddef i ti fy mod weithiau'. Holodd a oeddwn yn ymwybodol o golofnau John Sinclair. Atebais nad oedd yna'r fath berson yn ysgrifennu i'r papur hwnnw. 'Ond,' meddai'n syn, 'mae honna newydd ei enwi a rhoi manylion amdano.'

'Do,' meddwn, 'fe wnaiff y ferch ifanc yna athrawes dda. Mae hi'n chwim ei meddwl ac yn llawn dychymyg. Fe wnaeth dy ddarllen di mewn eiliadau a'th herio. Roeddwn yn gweld dy fod wedi torri ei marc cyfweliad o 70 i 40. Mi rydw innau wedi codi f'un i o 65 i 95.'

Roedd y diweddar Joseff Lewis, cyn-brifathro Ysgol Borth-y-gest, yn gymeriad annwyl a hoffus iawn ond yn siarad yn blaen bob amser. Roedd aelod arall o'r panel yn siarad yn bwysig a rhodresgar ac roedd hynny wedi codi gwrychyn Joe fel minnau.

Ymysg ei gymwysterau eraill roedd gan Joe radd mewn Bioleg. Mewn ateb i gwestiwn roedd wedi dechrau disgrifio inni arbrawf gwyddonol roedd wedi ei wneud gyda phlant cynradd. Nid oedd y cyfaill dan sylw yn dangos dim diddordeb. Trodd yr ymgeisydd ato a dweud, 'Mi rydw i'n cael yr argraff eich bod chi'n cael trafferth i ddeall. A hoffech imi fynd yn ôl i'r dechrau eto er eich mwyn chi?'

Wedi diwrnod hir o gyf-weld myfyrwyr ifanc o'r colegau caech hwb i'r galon yn annisgwyl weithiau. Roedd merch ifanc ofnus iawn ger ein bron. Dyma geisio ei helpu drwy ofyn onid gwastraff ar amser oedd gofyn i blant dosbarthiadau babanod chwarae weithiau gyda dŵr a thywod?

Atebodd yn swil fod pwrpas addysgol i'r gweithgarwch. Meddwn, 'Fe welwch fod y Parch. Mihangel Williams yn gwisgo coler gron. Mae'n hoff iawn, rwy'n deall, o chwarae efo tywod gyda'i blant ar lan y môr. Bedyddiwr ydw i ac wrth fy modd mewn dŵr. Nawr, dychmygwch ei fod ef a minnau'n blant bach yn gwisgo ffedog yn eich dosbarth. Esboniwch i'r panel beth yw gwerth addysgol yr hwyl fawr rydan ni'n gael efo'r tywod a'r dŵr.'

Gwenodd ac i ffwrdd â hi yn llawn arabedd. Yna, ar ôl rhai munudau arhosodd yn sydyn a dweud, 'O mae'n ddrwg gen i, mi rydw i wedi anghofio fy mod i mewn cyfweliad'.

Cymeriadau Cyngor Gwynedd

Gallwn sôn am tua deg o Gynghorwyr a swyddogion oedd yn arbennig oherwydd eu doniau, eu gwreiddioldeb neu eu hiwmor. Rhaid bodloni ar sôn am ryw ddau neu dri dethol yn unig.

Tom Jones, Llanuwchllyn

Ef oedd Cadeirydd cyntaf y Pwyllgor Cyllid. Wedi'r cyfan, 'diwedd y gân yw'r geiniog'. Roedd angen dawn arbennig iawn i feistroli cymhlethdodau trefn ariannol llywodraeth leol. Er gwaethaf toriadau creulon y llywodraeth Lafur yn y 70au a'r cwtogi cïaidd dan Mrs Thatcher yn yr 80au, llwyddwyd i gynnal safonau gwasanaethau Gwynedd.

Fy niddordeb arbennig i am yr wyth mlynedd cyntaf oedd addysg. Yr adran honno ymhob Cyngor sy'n llyncu dros hanner y gyllideb. Oherwydd cydweithrediad Tom ymestynnwyd y cwricwlwm, prynwyd yr offer technegol diweddaraf, cryfhawyd yr adrannau cerdd ac addysg arbennig, a dechreuwyd ar y gwaith enfawr o wella'r hen adeiladau a chodi ysgolion newydd. Dechreuwyd hefyd weithredu'r polisi iaith addysg mwyaf chwyldroadol ac uchelgeisiol a welodd Cymru erioed. Heb frwdfrydedd a chefnogaeth Tom ni ellid bod wedi gwireddu'r un o'n breuddwydion.

I bawb, uchafbwynt y flwyddyn oedd araith y dreth. Roedd

pob cynghorydd yn bresennol a seddau'r cyhoedd yn llawn. Câi'r Cadeirydd Cyllid amser i gynnig lefel y dreth ac esbonio sut y cyrhaeddwyd at y swm hwnnw. Fel y soniodd y Cynghorydd John Tudor wrthyf un tro, go brin fod mwy na hanner dwsin o'r aelodau'n deall y cymhlethdodau'n llwyr. Ond llwyddai'r dewin i wneud y cyfan yn ddiddorol a digon dealladwy i'r rhelyw.

Ac ar ddiwedd pob cyflwyniad adroddai stori i gloi'r cyfan yn dwt. Roedd y rheiny mor addas i neges y gyllideb nes bod dyn yn amau weithiau a oedd y ffeithiau'n llythrennol gywir ynteu'n ffrwyth dychymyg byw'r gŵr o Odre'r Aran. Nid oedd hynny damaid o bwys. Mae chwedloniaeth yn rhan bwysig o enaid a chynhaliaeth cenedl. Roedd sylwedd ei straeon yn wirionedd.

Y pethau cofiadwy oedd y llais cryf, cerddorol, ac yn arbennig y dywediadau a'r idiomau gwerinol o Benllyn. Canai sŵn y llais, grym y dywediadau a hiwmor y storïau yn ein clustiau am fisoedd a byddant yn parhau yn destun sgwrs tra bydd Cynghorwyr y cyfnod yn fyw. Ar ôl iddo eistedd roedd angen rhywun dewr iawn i geisio gwrthwynebu, ac anaml iawn roedd unrhyw un yn mentro

Ambell i flwyddyn cryn gamp oedd osgoi toriadau. 'Rhaid,' meddai T.J., 'aredig y dalar eleni,' gan esbonio i'r Cynghorwyr trefol fod yn rhaid aredig i fôn y weirglodd.

Un flwyddyn cawsom hanes hen ffermwr o gylch y Bala a oedd yn amaethwr gwael ond yn llawn syniadau aruchel. Yn ôl Tom aeth cymydog heibio i fferm yr hen frawd a sylwi ar gyflwr truenus y moch a'u hasennau esgyrnog. Yr hen amaethwr yn ei afiaith yn sôn am ei gynllun i sychu Llyn Tegid ac ennill erwau o borfa las. Awgrymodd y cymydog, 'Buasai'n well i chi eleni anghofio Llyn y Bala a bodloni ar roi bwyd i'r moch.' Tom Jones yn gorffen trwy ddweud, 'Ffrindiau, mi rydw i'n cynnig mai dyna ydi'r unig beth y gallwn ei fforddio ei wneud eleni yw hynny – dim ond cynnal ein gwasanaethau.'

Teimlai weithiau fy mod i'n rhy eithafol fel cenedlaetholwr. Nid yr un rhai bob amser oedd ein blaenoriaethau, er iddo fod yn aelod blaenllaw iawn o Blaid Cymru gydol ei oes. Ond roedd y trafod cyn bob pwyllgor yn garedig a chyfeillgar. Yntau'n ddigon haelfrydig i gyfaddawdu a'i air terfynol bob amser oedd, 'rhwng y waliau hyn yn unig rwyt ti a fi yn anghydweld ac yn setlo'n gwahaniaethau ac nid allan yn y siambr yna'.

Bu farw mewn damwain car ar y ffordd adref o gyfarfodydd yr Eisteddfod Genedlaethol yng Nghaerdydd. Teithiodd yr Arglwydd Heycock, er ei fod dros ei bedwar ugain, yr holl ffordd i'w angladd. Dywedodd wrthyf yn Saesneg ar ôl y gwasanaeth, 'Pan fyddaf yn meddwl am Gymro go iawn, am Tom y bydda i yn meddwl. Gŵr yn siarad Cymraeg llafar cyfoethog, cwmpeini hwyliog, cyfaill teyrngar, dadleuwr peryglus, cerddor rhagorol, dyn oedd yn gweld ymhell ac yn medru swyno pawb. Roedd yn gwneud i mi fod yn falch fy mod yn Gymro.'

Ceisiais gofio bob amser ei gyngor i mi pan oeddwn wedi mynd i ddadlau'n rhy galed yn y siambr. 'Rhaid i ti, wrth gwrs, ddifa dadl ambell un – ond cofia ei foddi bob tro mewn dŵr cynnes.' Dro arall dywedodd wrthyf fy mod wrth gyflwyno cynigion yr Is-bwyllgor Ysgolion yn gwybod y gellid eu perswadio i'w derbyn. 'Ond mae'n werth weithiau,' meddai, 'wneud rhyw gamgymeriad bach bwriadol er mwyn i ambell hen sant cyffredin gael dy gywiro.'

Go brin fod pobol a phlant Gwynedd wedi amgyffred ei ddylanwad a'i gyfraniadau digyffelyb ar Gyngor Gwynedd. Mewn bron ddeg mlynedd ar hugain fel Cynghorydd, a mynychu cyfarfodydd ledled Cymru, ni chlywais erioed siaradwr huotlach nag ef.

Capten Alec Robertson

Cymeriad unigryw o Gaergybi oedd hwn. Cwynai weithiau, gyda gwên, ein bod ni Gymry, gydag ychydig o eithriadau, yn rhy ofnus. Ninnau'n ei ateb ei fod gystal Cymro â ninnau. Hoffai areithio yn Saesneg gan amlaf a defnyddio geiriau cyfoethog oedd yn ein hatgoffa ambell dro o golofn arbennig yn y *Reader's Digest.*

Dilynodd fi fel Cadeirydd Addysg y Sir. Oherwydd ei fod wedi arfer ymwneud ag amrywiaeth o gymeriadau fel Capten llong, roedd yn well na llawer o gyn-brifathrawon am asesu ymgeiswyr am swyddi athrawon. Nid oedd arno damed o ofn herio prif swyddogion mewn dadl yn y Siambr, er ei fod o natur hynod gyfeillgar.

Un noson cynhaliwyd cyfarfod cyhoeddus ym mhentref Croesor i drafod cau'r ysgol. Esboniodd Alec ar ddechrau'r cyfarfod sut i ddefnyddio'r offer cyfieithu. Cododd Sais ar ei draed a gofyn a oedd yr offer yn angenrheidiol gan fod y Cymry i gyd yn ddwyieithog. Atebodd Alec yn Saesneg a dweud, 'Onid ydym ni Gymry yn glyfar? Er mwyn y rhai sydd ddim yn alluog y mae'r offer cyfieithu.'

Roedd stori ar led amdano – a gwir neu beidio, mae hi'n gredadwy. Ar ddiwrnod stormus wrth lanio yn Nulyn, trawodd ei long yn erbyn y lanfa. Gwaeddodd Harbwrfeistr y porthladd arno i fod yn fwy gofalus a gwaeddodd Alec arno yntau, 'Go to hell'. Pan ddychwelodd i Gaergybi awgrymwyd iddo y dylai ymddiheuro i'r Gwyddel yr ystod ei daith nesaf. Wedi glanio yno cerddodd y capten i lawr at yr harbwrfeistr a dweud, 'Y tro diwethaf yr oeddwn yma dywedais wrthych am fynd i uffern. Nid oes raid i chi fynd.' Chwarddodd y Gwyddel ac ysgwyd ei law.

Cawsom enghraifft dda arall o wreiddioldeb a natur grefyddol pobl Gwynedd mewn cyfarfod cyhoeddus yn Llandudno. Alec yn cloi'r drafodaeth ac yn mynd i berorasiwn,

'Felly, mae'r plant wedi gwneud eu gwaith, yr athrawon wedi gweithio, yr . . .' ac am eiliad oedodd i chwilio am eiriau. Yn eistedd y drws nesaf i mi roedd Albert Owen o Lannerchymedd. 'Diawch,' meddai, 'mae'r hen wraig o Serapta wedi cyrraedd gwaelod y celwrn ac nid oes yna ddim yn weddill.' Yr eiliad honno cafodd Alec hyd i'r geiriau a ffwrdd â fo mor huawdl ag arfer. 'Daria,' meddai Albert, 'roedd yna damaid bach o does ar ôl wedi'r cyfan i'r hen wreigan.'

I mi, y Capten oedd un o'r rhai mwyaf hoffus a gwreiddiol o'r holl Gynghorwyr.

Y Cyfieithwyr

Cymraeg a siaredid gan fwyafrif llethol y Cynghorwyr ac roedd pob cofnod yn ddwyieithog. Golygai hyn, wrth gwrs, waith trwm tu ôl i'r llenni a meistroli'r gamp arbennig o gyfieithu ar y pryd. Cyflogwyd tîm talentog iawn dan arweiniad y Parch. Hedley Gibbard ar y cychwyn, a John Roberts yn ddiweddarach. Rhyfeddwn at eu sgiliau a'u cyflymder meddwl ac ni allwn beidio â gwenu weithiau wrth wrando trwy'r offer oedd gerbron pob aelod yn y Siambr.

Gorfodwyd ni i roi arian i ddathlu pen blwydd priodas y frenhines. Awgrymodd y Trysorydd i'r Is-bwyllgor Ysgolion ein bod yn gwario £15,000. Oherwydd bod y frenhines mor awyddus i'w mab ddysgu Cymraeg, penderfynodd y Pwyllgor wario'r arian ar lyfrau Cymraeg i'r ysgolion.

Cyflwynwyd yr argymhelliad i'r Pwyllgor Addysg llawn. Sylwais fod y Cynghorydd William Pierce yn rhyw wingo yn ei sedd ac eto ni ddywedodd air o wrthwynebiad. Gwelais gyfle i ymuno yn hwyl y digwyddiad a dyma droi ato a dweud, 'Mae'n bryd i'r hen gyfaill William Pierce ddweud yn onest a ydyw dros ddathlu pen blwydd priodas ein hannwyl frenhines ni ai peidio.' Mr Gibbard oedd yn cyfieithu ac yn lle dweud, 'our dear Queen' ymunodd yntau yn y ffars ac meddai 'our beloved Queen'.

Y Trysorydd, John Williams

Fel cadeirydd Cyllid, yn ei gwmni ef y treuliwn oriau bwy'i gilydd bob wythnos. O'r swyddogion, ef oedd y mwyaf deheuig ac effeithiol, yn dadlau a chyflwyno achos yn y Pwyllgorau a'r Cyngor. Perchid ef fel un o Drysoryddion mwyaf galluog a gwybodus Cymru. Yn ogystal roedd yn gwmni ffraeth a charedig. Rheolai ei adran yn dynn, ond bu'n frwdfrydig iawn wrth roi cyfle i'w staff gael hyfforddiant. Ar ôl iddynt orffen eu cyrsiau roedd cyrff cyhoeddus Cymru, fel y Byrddau Iechyd, yn ceisio eu temtio ymaith.

Nid yr un oedd blaenoriaethau John a minnau bob amser. Fel pob swyddog hoffai, wrth gwrs, gael ei ffordd ei hun, ond yr oedd hefyd yn ddemocrat. Pan oeddem yn cyfnewid barn yn ei ystafell dywedodd lawer gwaith, 'Sôn am beth sydd bwysicaf i bobl Gwynedd wyt ti rŵan. Y trethdalwyr trwy eu Cynghorwyr sydd â'r hawl i benderfynu hynny, nid Swyddogion'.

Roedd John yn gwmnïwr difyr ar ymweliadau â chynadleddau a thrafodaethau yng Nghymru ac Ewrop. Cofiaf ef yn dweud stori ddigri am un o'r Cynghorau yn Lloegr lle bu'n Is-drysorydd. Cynlluniwyd Siambr newydd a galwyd Arweinydd y Cyngor i gwrdd â'r Swyddogion. Esboniwyd iddo y byddai tri botwm yn yr adeilad newydd o flaen pob Cynghorydd. Gallent bwyso un ohonynt i ddweud 'ie, nage neu ymatal'. Buasai hynny'n osgoi'r holl drafferth o bleidleisio ar bapur ac yna eu cyfrif. Gwelid y canlyniad ar y sgrin o fewn eiliadau. Ei ymateb ef oedd, 'Gwastraff arian. Nid yw ein criw ni yn gwybod sut i bleidleisio hyd nes y codaf i fy llaw. Anghofiwch y syniad.'

Owain Owain

Llwyddodd Gwynedd i ddenu nifer mawr o Swyddogion galluog dros y blynyddoedd: Trysoryddion fel Eiddior Evans a John Williams; Prif Weithredwyr fel Alun Jones, Ioan Bowen Rees a Geraint Jones; Peirianwyr, Penaethiaid Personél, Cyfarwyddwyr Gwasanaethau Cymdeithasol ac Addysg o'r radd flaenaf – heb sôn am y myrdd o swyddogion penigamp oddi tanynt.

Wedi i'r Br Tecwyn Ellis gael ei benodi'n Gyfarwyddwr Addysg dewiswyd John Rowlands yn ddirprwy iddo. Profodd ei hun yn swyddog ardderchog. Roedd yn ŵr cwrtais, meddylgar ac yn weinyddwr eithriadol drefnus a thrylwyr. Rhoddodd arweiniad a chefnogaeth werthfawr iawn i'r panelau staffio am rai blynyddoedd cyn penderfynu derbyn y sialens o fod yn Brifathro Ysgol Uwchradd Caergybi. Roedd yn swyddog yr oedd yn bleser cydweithio gydag ef.

Ar ôl i ddau neu dri ohonom sgwrsio penderfynasom holi a oedd gan ŵr fu ar un adeg yn ddarlithydd yn y Coleg Normal ym Mangor ddiddordeb yn y swydd. Ar y pryd roedd yn Gyfarwyddwr Prosiect Addysg Ddwyieithog Uwchradd Coleg y Brifysgol Aberystwyth. Ei enw oedd Owain Owain.

Buasai angen cyfrol drwchus iawn i sôn amdano fel llenor amryddawn, darlledwr ac, yn arbennig, ymgyrchydd arloesol dros yr iaith. Arloesol yw'r gair i ddisgrifio Owain. Sylweddolodd rym y pethau bychain a'u rhoi ar waith. Mynnodd fod y Coleg Normal yn ysgrifennu'r sieciau cyflog yn

Gymraeg. Pwysleisiai bwysigrwydd ateb y ffôn yn yr iaith, a siaradai Gymraeg ym mhob siop er ei fod yn gwybod nad oedd yr un o'r staff yn medru'r iaith.

Ychydig o atgofion personol yn unig yw'r rhain, nad ydynt yn debyg o gael eu cyhoeddi gan eraill ac, yn arbennig, am ei ymwneud â Chyngor Gwynedd.

Pan oedd Owain Owain yn byw ym Mangor yn y 60au cyhoeddodd, ar ei gost ei hun, daflenni i berswadio rhieni pa mor fanteisiol oedd i'w plant fod yn ddwyieithog. Cyn bod sôn am Gymdeithas yr Iaith galwodd y gyfres o bamffledi yn *Tafod y Ddraig* ac roedd Eira ac yntau'n eu rhannu i gartrefi'r ardal.

Ar ôl yr oedfa fore Sul yng Nghapel Penuel cynigiem gopi i'r Cymry brwd ac esbonio nad oedd pris penodedig amdano. Byddai aelodau fel Syr Ben Bowen Thomas a Merfyn Bassett ac eraill yn cyfrannu'n hael at y costau cynhyrchu.

Soniodd Owain un tro y dylem ofyn am ffurflen Gymraeg, er gwybod nad oedd un i'w chael. Gwrthododd Cyngor Dinas Bangor argraffu'r papur dreth yn ddwyieithog ac aethom ati, dan arweiniad Owain, i herio'u cyfrifon er nad oedd gennym unrhyw le i amau eu cywirdeb.

Gwnaeth tri ohonom hefyd gais i'r Clerc Elwyn Jones am hanner dwsin yr un o bapurau enwebu etholiadol yn yr iaith a rhoi'r argraff bod Plaid Cymru am herio sedd pob un o'r hen Gynghorwyr. Daeth amryw ohonynt hwy atom yn ymbil arnom i ymatal.

Cytunodd y cyfreithiwr John Meredith i sefyll fel ymgeisydd yn erbyn un o Gynghorwyr amlycaf y Cyngor. Gyda'i ddawn a'i ffordd gyfeillgar o ymgyrchu, bu John o fewn trwch blewyn i ennill.

Penderfynodd Cynghorwyr y ddinas ac Elwyn y byddai'n fuddiol a doeth iddynt baratoi cyhoeddiadau'r Cyngor yn y ddwy iaith am y tro cyntaf erioed. Flynyddoedd ar ôl inni symud i Borthmadog gofynnodd Elwyn Jones imi a oedd yn wir fod Owain a minnau'n bwriadu symud yn ôl i fyw ym Mangor.

Pan atebais nad oedd hynny yn yr arfaeth atebodd, 'O, diolch i'r drefn'.

Gan nad oedd rhyw lawer o siopau Bangor yn arddangos cyfarchion y Nadolig yn y Gymraeg, argraffodd Owain bosteri lliwgar uniaith, 'Nadolig Llawen i'n holl gwsmeriaid'. Aeth o gwmpas i'w gwerthu am ryw ddau swllt i siopau'r ddinas. Os oedd siopwr yn gwrthod talu am un rhoddai ei law yn ei boced, tynnu arian allan a dweud, 'Gan ei bod yn dymor y Nadolig mi wna i brynu un drosoch'. Bron yn ddieithriad talent amdano a dyma gyllid i gyhoeddi rhagor ohonynt.

Cyn bod sôn am Fwrdd yr Iaith cynhyrchodd sticeri'n dweud 'Siaredir Cymraeg yma'. Os oedd perchennog siop yn cadarnhau fod un o'i staff yn medru'r iaith byddai Owain yn glynu'r neges ar ddrws y siop. Os mai uniaith Saesneg oeddynt atgoffai'r perchennog fod mwyafrif ei ddarpar gwsmeriaid yn Gymry Cymraeg a'u bod yn debygol o gefnogi'r siopau oedd â'r sticer ar y drws. 'Cofiwch fy ffonio pan fydd gennych rywun yn ddwyieithog yma a chewch un o'r sticeri yma gennyf am ddim,' fyddai ei air olaf.

Penderfynwyd, ar ôl ymddiswyddiad John Rowlands, y dylwn fynd i Aberystwyth i bwyso ar Owain i ymgeisio am swydd Dirprwy Gyfarwyddwr Addysg Gwynedd. Cytunodd yntau rai dyddiau'n ddiweddarach i roi ei enw gerbron. Gwnaeth argraff dda ar y Cyngor Sir llawn yn y cyfweliad, ac er mawr lawenydd i lawer ohonom fe'i penodwyd. Gwyddem fod gennym berson oedd yn llawn brwdfrydedd dros ein polisïau, y tu hwnt o foneddigaidd, gweithgar, ymroddgar, egnïol, penderfynol a hirben ac yn llawn syniadau gwreiddiol.

Ar ei ddiwrnod cyntaf aeth i barcio'i gar ym maes parcio'r Swyddogion a gwelodd le gwag a farciwyd gyda'r llythrennau 'CA'. Brysiodd y gofalwr ato i ddweud mai lle i'r County Architect oedd hwn. 'Nage'n tad,' meddai Owain, 'lle'r Cyfarwyddwr Addysg yw hwn ac mae Mr Ellis oddi cartref heddiw.'

Rai dyddiau'n ddiweddarach aeth i brynu petrol i'w gar yn y dref. Pwyntiodd y perchennog at y llythyren 'D' am ddysgwr ar ei gar a dweud, 'Welsh Nat ydach chi, ia?' Atebodd Owain, 'Wyddoch chi, mi roeddwn i ofn pe bawn wedi rhoi'r llythyren "L" y buasai rhai'n meddwl mai "English Nat" ydw i.'

Nid oedd neb gwell nag ef am ddarllen cymeriadau ymgeiswyr am swyddi nac am ofyn cwestiynau treiddgar a dadlennol. Daeth pedwar ohonom at ein gilydd yn ddi-oed i baratoi llyfryn ar ffurf lluniau cartŵn yn clodfori addysg ddwyieithog. Rhoddwyd pecyn i bob ysgol i'w rannu i rieni newydd-ddyfodiaid a'u dosbarthu am ddim hefyd i werthwyr tai yng Ngwynedd.

Ni chafodd talentau amrywiol Owain a'i ymgysegriad i frwydr dros orseddu'r Gymraeg ymhob cylch o fywyd eu gwerthfawrogi gan rai o'i gyd-swyddogion, a cholled enfawr i Wynedd a Chymru oedd ei farwolaeth gynamserol.

Trysoraf yn arbennig un cof amdano yn yr Is-bwyllgor Ysgolion. Roedd cynnig ger bron i enwi Ysgol Uwchradd Llangefni yn Ysgol Goronwy Owen. Cododd Elwyn Roberts o Fodedern (cyn-ysgrifennydd a thrysorydd Plaid Cymru) ar ei draed i wrthwynebu. 'Nid yw,' meddai, 'yn gwneud synnwyr i enwi ysgol ar ôl gŵr oedd yn feddw mor aml.'

Neidiodd ei gyfaill Dryhurst Roberts o Langefni ar ei draed wedi'i gythruddo. 'Mr Cadeirydd, dw i'n synnu at Elwyn yn bod mor amharchus o'r athrylith Goronwy Owen. Ydi'r pwyllgor yn cofio molawd y bardd i Fôn Mam Cymru? Gaf i ei hadrodd i chi, Mr Cadeirydd?'

'Wel, olreit ta – detholiad ohoni, Mr Roberts,' meddwn innau gan ei fod yn gyfarfod heb ddim dadleuol iawn ar y rhaglen a hithau'n brynhawn o haf.

Dyma fo'n tynnu ei got, ac yn llais cyfoethog ei deulu yn ei hadrodd o'r frest:

O gawn o nef y peth a grefwn,
Dyma o archiad im a archwn
Synhwyrfryd doeth, a chorff anfoethus
Cael o iawn iechyd, calon iachus.

Dychwel i'r wlad lle bu fy nhadau
Bwrw enwog oes heb ry nac eisiau
Ym Môn araul, a man orau – yw hon
Llawen ei dynion, a llawn doniau.

Pab a gâr Rufain, gywrain gaerau,
Llundain i Sais (lle nid oes eisiau);
Caraf rosydd, bronnydd, bryniau – rywiog
Ym Môn doreithiog a'i mân draethau.

Rhoed Duw im adwedd glanwedd yno
A dihaint henaint na'm dihoeno,
A phlant celfyddgar a garo – eu hiaith
A hardd weniaith a'u haddurno.

Ar ôl adrodd mor hwyliog dyma Dryhurst yn dweud, 'Dyna
hi i chi. Erbyn meddwl, hwyrach fod Elwyn yn iawn ac y dylem
alw'r Ysgol yn "Ysgol Uwchradd Llangefni".'

Yn eistedd wrth fy ochr roedd Owain, yn mynychu'i
gyfarfod cyntaf. Bu am gyfnod yn athro gwyddoniaeth yn Ysgol
Uwchradd Tywyn. Cawsai ei erlid yno gan rai o brif
swyddogion y Sir am ei fod yn bleidiwr gweithgar. Rhwng
chwerthin a chrio sisialodd wrthyf, 'Mae hyn fel bod yn y
nefoedd. Dim ond yng Ngwynedd y gallai hyn ddigwydd.'

Wmffra

Talodd Dafydd Wigley yn ei lyfr *O Ddifri* deyrnged hael a haeddiannol i Wmffra Roberts, pensaer y buddugoliaethau hanesyddol cynnar, a gŵr a fu'n gyfaill mawr iddo ef ac Elinor mewn dyddiau dwys a rhai llawn hwyl a heulwen. Nid oes unrhyw bwrpas i mi geisio ailadrodd geiriau Dafydd. Teimlaf, er hynny, y byddai o ddiddordeb i mi gofnodi ychydig o atgofion personol am bersonoliaeth hynod Wmffra.

Cwrddais ag Wmffra gyntaf ar ôl dychwelyd adref o Seland Newydd ym Medi 1966 a sylweddoli'n syth fod ein natur a'n diddordebau'n hynod o debyg. O hynny ymlaen canodd y ffôn yn aml a llais yn gofyn, 'Oes gen ti awydd mynd i'r fan-a'r-fan nos Sadwrn nesaf?' boed yn gynhadledd neu barti neu daith i wlad dramor neu rywle.

Cododd argyfwng yn hanes Plaid Cymru a galwyd am ddau o bob etholaeth i drafodaeth yng Nghaerdydd. Meddai Wmffra wrth Bwyllgor Etholaeth Arfon, 'Mae hwn yn gyfarfod eithriadol bwysig a dylech anfon y ddau orau sydd gennym yno. Dw i'n cynnig Mal a finnau.' Yn sŵn chwerthin penderfynwyd hynny.

Fel yr oeddem yn teithio yn ei gar drwy Faentwrog sylwais fod llyfr emynau'r Bedyddwyr yn dal ar sedd ôl y cerbyd ers y Sul. 'Wyt ti,' meddwn, 'wedi cael archwiliad meddygol yn ddiweddar? Dw i rŵan am edrych pa mor iach rwyt ti'n ysbrydol. Mi wna i ddarllen llinellau cyntaf pob emyn i ti a phennill cyfan os oes raid. Dweda di wrtha i beth yw dy farn am bob un.'

Erbyn Llanelwedd roeddem wedi cyrraedd diwedd y llyfr emynau. Cyhoeddais fod ei ddiwinyddiaeth yn amheus iawn a bod ei gredöau'n nes i eiddo'r Undodiaid na rhai'r Bedyddwyr. 'Rwyt ti,' meddwn, 'wedi gwrthod pob emyn sy'n sôn am Dduw yn maddau ein pechodau oherwydd aberth Crist. Yn wir, dy bedwar hoff emyn yw: Duw'n darpar o hyd, Rhagluniaeth fawr y nef, Cofia'n gwlad, Benllywydd tirion, a Dros Gymru'n gwlad Lewis Valentine.'

'Ia,' meddai yntau, 'yr adnod gyntaf y gwnes i ei dysgu oedd "Duw cariad yw". Os mai Tad ydi o, go brin ei fod yn mynnu bod yn rhaid i'w fab gael ei groeshoelio cyn y gwnâi ef faddau ein beiau ni. Pa un bynnag, un felna ydi o, dwi'n siŵr – andros o rym sy'n tynnu i lawr yr hen ymerodraethau a chodi cenhedloedd i ryddid fan draw.'

Ychydig wythnosau cyn ei farw gweddïodd mewn cwrdd gweddi bychan ger Nant Peris, 'Diolch i ti am dangnefedd lle fel hwn i greadur fel fi.'

Ond rhaid oedd newid cywair weithiau. Tua 2 o'r gloch yn y bore ymlwybrai ei gyfaill mynwesol, O.P. Huws, yntau a minnau i'n gwesty ar ôl ciniawa a chymdeithasu yn ystod cynhadledd y Blaid ym Mhorthcawl.

Cerddem ar hyd glan y môr a rhyfeddu pa mor wyllt oedd y tonnau. Haerodd Wmffra y gellid eu tawelu os oedd gan rywun ddigon o ffydd. Aeth i sefyll ar ddarn o graig uwch y weilgi ac yna dechrau canu allan o diwn, 'Arafa don'. Ninnau'n cael ein sobri am ennyd oherwydd bod y môr wedi tawelu. Yna yn sydyn daeth andros o don a gwlychu Wmffra druan at ei ddillad isaf. Wedi cyrraedd y gwesty newidiodd i'w byjamas, cael hyd i'r gofalwr a'i berswadio i roi'r dillad gwlyb i sychu dros nos ger y boilar.

Tua deg o'r gloch fore trannoeth, pan oedd pawb yn ymadael, aeth i nôl ei ddillad. Nid oeddent wedi sychu digon i'w gwisgo. Yn ffarwelio â'r cynrychiolwyr wrth ddrws y gwesty roedd Gwynfor. Ysgydwodd Wmffra ei law yn ddifrifol iawn gan ddangos ei ddillad tamp a cherdded at y car yn ei byjamas. Roedd y tri ohonom wrth ein bodd o weld y syndod ar wyneb y Llywydd!

Ffoniodd Wmffra un prynhawn yn dweud ei fod wedi cael cynnig tocyn am ddim i fynd i Efrog Newydd am ychydig ddyddiau. Rai misoedd ynghynt roeddwn wedi ymweld â siambr y Cenhedloedd Unedig yno. Soniais wrth y ferch oedd yn tywys ein grŵp o gwmpas y buasai un ohonom ni, Gymry, yn cael eistedd yno rhyw ddydd, drws nesaf i Uruguay. Nid oeddwn wedi sôn gair am hynny wrth Wmffra.

Aeth Wmffra i ymweld â'r un fan hefyd a chael yr un ferch i'w dywys. Dywedodd yntau yr un geiriau'n union â minnau ac ychwanegu mai ef hwyrach fuasai'n eistedd yno. Atebodd hithau, 'Rydych chi'n rhy hwyr. Roedd yna ddyn arall yma rai wythnosau'n ôl a dwi'n meddwl fy mod wedi rhoi'r enw Maldwyn Lewis mewn sialc o dan y sedd o ran hwyl.'

Roeddem ar y ffordd adref ar y fferi o Ddulyn ar ôl bod yn gwylio gêm rygbi. Cefais sedd a syrthio i gysgu ymhen ychydig funudau. Heb yn wybod i mi ddaeth gwraig fawr groenddu i gysgu yn y sedd nesaf. Yn fy nhrwmgwsg aeth fy mhen i orffwyso ar ei bronnau helaeth. Cafodd Wmffra hyd i gamera a thynnu fy llun. Rhyw wythnos yn ddiweddarach ymddangosodd y llun wedi'i chwyddo'n fawr ar hysbysfwrdd yn y Cyngor Sir. Oddi tano roedd y geiriau, 'Cadeirydd yr Is-bwyllgor Ysgolion a'i gymar?'

Ym Mai 1975 cynhaliwyd cyfarfod mawr ym Mhorthmadog gyda Dafydd Wigley a Margaret Bain, Aelod Seneddol dros yr SNP, yn annerch. Daethant hwy a Wmffra atom ni i Lidiart am bryd o fwyd cyn y cyfarfod. Gan amlaf, rhyw bigo bwyta a wnâi Wmffra ond yn od iawn gwnaeth gyfiawnder â'r arlwy y noson honno. Er hynny, cwynai fod ei ffêr wedi chwyddo ac nid oedd mewn cystal hwyliau ag arfer.

Y mis nesaf, yn hwyr yn y prynhawn, canodd y ffôn yn fy swyddfa a chlywais ei lais yn sisial ei fod wedi cael trawiad ar y galon a bod Ann wedi ffonio am ambiwlans. 'Tyrd draw os medri,' meddai mewn llais gwan. Erbyn i mi gyrraedd Pen-y-groes roedd yr ambiwlans wedi gadael am yr ysbyty ar frys.

Rai misoedd ynghynt gofynnodd Wmffra imi geisio gwerthu ei fusnes Trefnu Gwyliau. Roedd wedi gwneud ambell ymholiad eisoes ond heb fawr o lwyddiant. Pwysleisiodd y buasai'n fy nigolledu am gostau teithio, gwestyai, a hysbysebu ac imi gymryd 10% o'r swm y llwyddid i'w chodi.

Ar ôl hysbysebu helaeth derbyniais amryw o ymholiadau. Teithiais i Lundain, Caerdydd, Sir Benfro, Caeredin a thrwy Ogledd Cymru i drafod gyda darpar brynwyr. Roedd y cwmni yn ennill digon i roi bywoliaeth ddigon cyfforddus i Wmffra a'i deulu. Gallasai fod yn llawer mwy llewyrchus, ond byw i wleidyddiaeth yr oedd ef fel minnau.

Nid oeddem erioed wedi cyfnewid anrhegion ar y Nadolig. Ychydig ddyddiau cyn gŵyl 1975 rhoddodd botel o whisgi imi mewn tamed o bapur newydd. Gyda hi cyflwynodd amlen a dweud y dylwn ei hagor cyn gynted ag y byddai ef farw.

Yn yr Ionawr canlynol gadawodd yr hen gyfaill ni a bu raid darllen ei ddymuniadau. Cyfeiriwyd y llythyr at Silyn Parry a minnau fel ei ysgutorion. Ynddo roedd geiriad i'r rhybudd yn y *Daily Post*, pwy oedd i roi blodau, a'r rhoddion i'w rhoi i uned y galon Ysbyty Bangor. Dymunai i'r Parchedigion John Owen a Meurig Thomas drefnu'r gwasanaeth yng nghapel Nant Peris a'r amlosgfa; Talfryn, Dennis, Dafydd, O.P., Silyn a minnau i ddewis pwy oedd i gario'i arch; a Silyn, O.P. a minnau i chwalu ei lwch am 1 o'r gloch ar y Gloddfa Gloi unrhyw ddiwrnod o'r wythnos heblaw am ddydd Sul.

Roedd wedi gofyn imi drefnu i yswirio ei fywyd am £100,000 pan aeth i Batagonia, gyda'r polisi er budd y Blaid. Ychwanegodd yn y llythyr olaf: 'Gobeithio, fel yr yswiriant can mil, na fydd angen hwn – ond pwy a ŵyr, nid y fi yw'r peilot.

Os bydd modd defnyddio'r achlysur i sbarduno'r achos gwnewch ar bob cyfrif. Mae'r achos yn bwysicach na'r un ohonom.'

Roeddwn i ddewis tri emyn i'w canu yn y gwasanaeth, ond 'rhaid oedd cynnwys emyn Valentine yn rhywle'. Gwyddai'n iawn y buaswn yn cofio ein sgwrs yn y car a dewisais 'Duw'n darpar o hyd at raid dynolryw, Yw'n cysur i gyd a'n cymorth i fyw,' 'Cofia'n gwlad, Benllywydd tirion' ac emyn Valentine, wrth gwrs, ar y dôn wladgarol Finlandia.

Holais Nerys pam na wnaeth ddewis emyn i'r gwasanaeth yn yr Amlosgfa. Dywedodd hithau ei fod wedi mynnu gadael hynny i mi. 'Wel,' meddwn innau, 'Rhagluniaeth fawr y nef amdani.' Ac meddai hithau, 'Ddwy noson cyn iddo farw mynnodd fod Mam a fi ac yntau'n canu'r tri emyn yma. Ar ôl inni eu canu dywedodd gyda gwên, "Gwyliwch chi, fe wnaiff Mal ddewis 'Rhagluniaeth fawr y nef' gan ei fod o hefyd yn hoffi honno".'

Bûm yn pendroni wrth baratoi taflen ei gynhebrwng ac, yn arbennig, ddyfyniad addas o dan ei enw. Dyma ffonio Gerallt Lloyd Owen a gofyn iddo ef am awgrymiadau. O fewn ychydig funudau galwodd ac awgrymu geiriau allan o un o ddramâu Saunders Lewis, 'Taenaist aden fy mreuddwyd drosot ti, fy ngwlad'. Ni gellid gwell. Dyma'r geiriau a roesom hefyd ar y garreg goffa a godwyd yn ddiweddarach ar fur Swyddfa'r Blaid yng Nghaernarfon.

Daeth cynulleidfa enfawr i'w angladd, ac wedi i Tom Jones Llanuwchllyn roi teyrnged gynnes, cafodd Dafydd Wigley drafferth fawr i ddweud gair gan ymladd yn galed i gadw'r dagrau draw.

Cafodd O.P., Silyn a minnau'r un drafferth wrth daenu ei lwch. Gyda'r nos aethom i ymuno â chriw mawr o'i ffrindiau yn nhafarn y Goat, Llanwnda. Sylwodd O.P. fod y gwynt wedi chwythu peth o lwch yr hen gyfaill i 'turn ups' ei drowsus. Meddai'n dawel wrthyf, 'Typical, gwyddai'n iawn y buasem yn dod yma heno ac mae o hyd yn oed wedi trefnu i beth o'i lwch fod hefo ni.'

Rai misoedd yn ddiweddarach llwyddais i werthu'r busnes a llwyddo i gael swm da i'w fuddsoddi er budd Ann a'r plant. Y ffaith foel ddiymwâd yw na chymerais ddimai am fy llafur, na'r costau sylweddol na'r ffi a gynigiodd imi.

Aeth deng mlynedd ar hugain heibio ers ei ymadawiad ond yn aml crybwyllir, mewn sgwrs, am ei gymeriad hoffus, talentog ac amlochrog. Hoffai ddyfynnu geiriau Martin Luther King, 'Y mae gennyf freuddwyd' a bu yntau fyw i hynny. Dywedodd wrthyf lawer gwaith fod yn gas ganddo siarad yn gyhoeddus er na fuasech yn credu hynny wrth wrando arno. Credai mai'r straen o godi'r faner fel ymgeisydd y Blaid yn Arfon yn 1966 a effeithiodd ar ei galon.

Siawns y gwnawn ni, oedd yn ei adnabod, godi'n socs yn etholiadau'r Cynulliad y flwyddyn nesaf (2007) a sicrhau 'nad ofer fu ei freuddwydion'.

Wigli Wigli a *Herald Ni*

Disgrifiodd Dafydd Wigley, yn ei ddwy gyfrol gyntaf, y ddwy ymgyrch liwgar yn 1974. Soniodd am y cannoedd o sticeri ceir a'r bathodynnau papur 'dayglo', y capiau cardfwrdd a'r 39 o gyfarfodydd cyhoeddus hynod effeithiol a gynhaliwyd. Casglodd at ei gilydd Bwyllgor Ymgyrch gydag aelodau brwdfrydig a phrofiadol. Daeth llu allan i ganfasio ym mhob cornel o'r etholaeth. Sefydlwyd swyddfeydd yng Nghaernarfon, Nantlle a Phwllheli. Ym Mhorthmadog roedd swyddfa a dwy siop wag arall yn llawn o bosteri Dafydd, a'r pleidiau eraill heb unrhyw le i arddangos. Dyna'r fantais o gael cangen o 300 o aelodau.

I mi, y gân wnaeth gynhesu'r ymgyrch, a chreu'r brwdfrydedd a'r hyder. I ennill etholiad rhaid cael rhywfaint o emosiwn. Bu'r Blaid Lafur yn ffodus o ddyddiau Keir Hardie gan mlynedd yn ôl i gael monopoli ar y gair 'llafur'. Nid ydynt yn blaid y gweithiwr bellach, ond ar yr enw y maent yn dibynnu ac nid ar bolisïau nac egwyddorion. Clywais eu cefnogwyr yn canfasio ar riniog y tai lawer gwaith. Y cyfan y maent yn ei ddweud yw: 'Mi rydach chi wedi fotio Llafur o'r blaen. 'Run fath eto, ia?'

Ysgrifennodd Dafydd Iwan, yn Chwefror 1974, eiriau i'r dôn fywiog 'Milgi Milgi' a recordiwyd hi gan grŵp oedd yn cynnwys Myrddin ac Arwel o Hogia'r Wyddfa, O.P. Huws, a Dafydd Iwan ei hun gyda Huw Jones yn trefnu'r sain. Ymhen wythnos roedd y cyhoedd yn gwenu wrth ei chlywed a'r plant yn ei chanu a dawnsio i'r miwsig ar fuarth yr ysgolion. Mae'n werth cyhoeddi'r geiriau am y tro cyntaf:

> Mae dyddiau Llafur nawr ar ben
> a'u hysbryd wedi torri,
> a phobol Sir Gaernarfon oll
> yn fotio i Blaid Cymru.
>
> Cytgan: Dafydd Wigley, Dafydd Wigley,
> rhowch fôt i Dafydd Wigley,
> Dafydd Wigley, Dafydd Wigley,
> pleidleisiwch i Blaid Cymru.
>
> Yn nhre Caernarfon a Phenllŷn,
> Eifionydd ac Eryri,
> mae'r holl etholwyr fel un gŵr
> yn fotio i Blaid Cymru.
>
> Yn Nyffryn Nantlle a Llanbêr,
> Yn Nefyn a Llanllyfni,
> mae pawb yn gweld y ffordd yn glir
> a fotio i Blaid Cymru.

Ar ddechrau etholiad Hydref 1974 penderfynwyd cael ymgyrch fwy traddodiadol, ond ar ôl rhyw ddeng niwrnod sylweddolwyd fod pethau'n bur ddi-ffrwt. Gofynnwyd i Dafydd Iwan a'i ffrindiau ysgrifennu cân arall a'i recordio. Yr alaw 'Viva Hispania' oedd ar ben y siartiau ar y pryd a dyma'r geiriau a roddwyd arni:

> Clywch yr alwad – Gymry dowch i'r gad
> A fotiwch i Wigley;
> Os wyt yn bleidiol dros dy wlad,
> Ymlaen Dafydd Wigley.

Dyma'r gŵr i gario'r gwaith ymlaen,
Ein Dafydd, dal ati,
Gan roi ein cefnogaeth un ac oll
I Dafydd Wigley'r dyn.

Os bydd pawb yn oedi eto, paid ag edliw
na chefaist gyfle i ddangos nawr dy liw;
Byddwch wrol, cydwybodol a gwladgarol
A phawb yn unol – yn danbaid dros eu gwlad,
Yn filoedd, pobol gwlad a thre
I Dafydd Wigley'n dweud 'hwrê'.

Cytunodd Wmffra imi ei chwarae ar hyd Stryd Fawr Porthmadog i gael gweld pa ymateb a geid. Daeth staff a pherchenogion siopau'r Stryd Fawr allan gan symud i sŵn yr alaw a gwenu. Aildaniwyd y fflam a chynyddodd mwyafrif Dafydd o 1,728 i 2,894.

Derbyniasom nifer o lythyrau yn tystio mai'r papur *Herald NI* a'u perswadiodd hwy. Ysgrifennwyd ef er mwyn i'n cefnogwyr ei ddosbarthu ym mhob tref a phentref yn yr etholaeth, ar y dydd Sadwrn cyn y diwrnod pleidleisio. Roedd yn hwyl a thonic iddynt fynd o gwmpas yn gwmni llon mewn bysiau a cheir ac ar droed yn sŵn y jingls.

Cynlluniwyd papur 8 tudalen yn llawn lluniau. Ar y blaen, roedd llun Dafydd a thref Caernarfon yn gefndir. Ar dudalennau eraill roedd lluniau o'r teulu ac Elinor gyda'i thelyn, Edwyn Pritchard o Gymdeithas Tai Gwynedd yn 'Adeiladu'r Cymru newydd', gyda disgrifiad o waith y Gymdeithas a sefydlwyd gan Bleidwyr. Ar y dudalen ddwbl ganol roedd 9 llun o Dafydd yn sgwrsio gydag etholwyr hwnt ac yma. Cafwyd cartwnau a graff yn dangos y bleidlais Lafur yn syrthio a'r Blaid yn codi heibio iddynt. Ar y dudalen ôl roedd llun o gêm bêl-droed rhwng Manchester United a Lerpwl a thabl y gynghrair oddi tano yn dangos gwerth cynnyrch y gwledydd – y GNP. Ar frig y tabl roedd cenhedloedd bach rhydd Ewrop – Sweden, Y Swisdir, Denmarc, Luxemburg a Norwy. Yn agos i'r gwaelod roedd 'Y Deyrnas Unedig'.

Yna'r slogan: 'GADEWCH INNI FOD YN GYMRY CYFOETHOG YN LLE PRYDEINWYR TLAWD.

You can be First Division as Wales not Fourth Division like the 'United'! Kingdom.'

Pan oeddwn yn gynrychiolydd yn 1979 buom yn fwy mentrus fyth. Gan fod y *Sun* a'r *Mirror* gyda thudalen 3 o ferched hanner noeth, dyma eu hefelychu. Dangoswyd llun o Jim Callaghan a Mrs Thatcher dan y pennawd 'DYMA NHW FEL Y MAENT'. Y syniad oedd cyferbynnu eu haddewidion yn erbyn yr hyn a gyflawnwyd ganddynt pan oeddent mewn grym.

Ffoniwyd Robat Gruffudd yng ngwasg y Lolfa, Tal-y-bont, a chynlluniodd Elwyn Ioan gartŵn inni sydd i'w weld ar dudalen 63.

Yn ffodus i mi, yn etholiadau 1979 ac 1983 roedd aelodaeth y Pwyllgor Ymgyrch yn debyg i gyfnod Wmffra: Gareth Williams, Talfryn Jones, Haydn Hughes, Owain Bebb, Phyllis Ellis, Trefor Jones, O.P. Huws, Geraint Elis, Idris Owen, Elfed Gruffydd, Wil Roberts, Bryan Rees Jones ac Elwyn Jones Griffith, D.W. a minnau. Rhannwyd y cyfrifoldebau dros y swyddfeydd etholiad, canfasio, bythau pleidleisio, cyrn siarad a.y.b. rhyngddynt. Yn ychwanegol, cafwyd help amhrisiadwy Dylan Iorwerth ac Owain Owain gydag ysgrifennu'r llenyddiaeth.

Daeth y siaradwyr huawdl a thra effeithiol, Meirion Lloyd Davies ac Alwyn Roberts, i siarad eto yn y cyfarfodydd cyhoeddus, a'r actor Meredith Edwards gyda'i ddull gwreiddiol a diddan ei hun.

Y thema eto wrth gwrs oedd gweithgarwch anhygoel Dafydd dros ei etholaeth a thros Gymru. Siomedig iawn fu pleidlais y Blaid yn gyffredinol yn 1979, yn dilyn siom yr ymgyrch ddatganoli, ond cododd mwyafrif etholaeth Arfon o 2,894 i 8,724.

Yn etholiad 1983 aeth tua wyth llond car ohonom i helpu Ieuan ym Môn ar y Sadyrnau. Gofynnodd trefnyddion yr Ynys inni beidio ag ymgyrchu'n swnllyd fel yn Arfon gan nad oedd pobl Môn yn debygol o hoffi miwsig a chyrn siarad. Bûm yn gweithio ar yr Ynys am bum mlynedd, roedd gŵr fy chwaer Glenys yn un o hogiau Llannerchymedd ac yr oedd o'n amheus iawn o'r syniad yma o wybod am eu hiwmor hwy.

Cofiaf bedwar ohonom yn cyrraedd y Llan a chwarae 'Wigley Wigley' ar y corn. Yna dweud fod pob Plaid yn cydnabod mai Dafydd oedd un o'r aelodau Seneddol mwyaf gweithgar a welodd Cymru erioed. Yna cyhoeddi y gallai Môn gael aelod tebyg wrth ethol Ieuan. Daeth pobl allan o'u tai i wrando. Yna pennill o 'Viva Hispania' a chawsom groeso cynnes a nifer dda yn gofyn am bosteri a sticeri car Ieuan.

Yn 1983 daeth Ieuan o fewn 1,684 i ennill y sedd; bu'n fuddugoliaethus yn 1987 gyda 4,298 o fwyafrif dros y Tori, a Llafur ymhell ar ôl. Gobeithio fod criw Arfon wedi bod o gymorth i ymgyrchwyr dygn Môn.

Er imi gydweithio'n agos gydag Wmffra yn 1974, teimlwn i'r byw y cyfrifoldeb o geisio'i olynu. Yn ystod dyddiau cyntaf ymgyrch 1979 roedd Dafydd Wigley yn nerfus oherwydd bod y swyddfa mor dawel. Hoffai Wmffra weiddi a chyffroi weithiau, ond cymell yn dawel gyda gwên a chreu cyfeillgarwch rhwng y gweithwyr ymroddedig oedd fy steil i. Yn lecsiwn 1983 bu Dafydd i ffwrdd yn aml yn ymgyrchu mewn etholiadau eraill ac yn cyfrannu'n ddylanwadol iawn i raglenni teledu a radio di-ri. Roedd cael mwyafrif mor sylweddol â 10,989 yn Arfon yn arwydd o barch ac edmygedd y cyhoedd tuag ato.

Trysoraf y llythyr a anfonodd ataf ym Mai 1979:

Annwyl Mal,

Gair ar bapur i ddiolch o galon i ti am dy waith aruthrol, a llwyddiannus, dros yr ymgyrch etholiadol. Roedd y canlyniad tu hwnt i unrhyw ddisgwyl. Ac o ystyried y llanw a redai yn ein herbyn yn gyffredinol yng Nghymru mae'r canlyniad yn fwy trawiadol byth.

Nid oes gennyf amheuaeth fod y fuddugoliaeth i'w phriodoli i raddau helaeth iawn i'r drefn ardderchog, a'r ysbryd da, a lwyddaist i'w chreu. Gwnest fwy na llenwi'r bwlch oedd ar ôl Wmffra.

Mae'r Blaid yn Arfon, a'r mudiad yn gyffredinol, yn ddyledus i ti – a neb mwy na minnau. Rhaid adeiladu ar sail cadernid Arfon i ailfywiogi'r Blaid a chreu gobaith eto ymhlith pobl Cymru.

Diolch o galon i ti am bopeth,
Yn ddiffuant, Dafydd.

Cytunodd y cymeriad hoffus hwnnw, Gareth Williams o Feddgelert, weithredu fel cynrychiolydd yn fy lle yn Etholiadau 1987 ac 1992.

Trech gwlad nag Arglwydd

Yn 1809 llwyddodd William Alexander Madocks i gael deddf trwy'r Senedd yn rhoi caniatâd i adeiladu morglawdd i groesi'r Traeth Mawr peryglus a chysylltu Meirionnydd gyda Sir Gaernarfon.

Roedd beirdd y cyfnod yn amheus iawn a allai'r 'cewri a'u cywrain fwriadau' gadw allan rhyferthwy'r môr. Meddai Dewi Wyn:

> Mwy perygl na champwri – a gorchest
> Fydd gwarchau y weilgi;
> Nid gwal eill atal y lli
> Y môr dwfn mae rhaid ofni.

Tyrrodd gweithwyr o bob rhan o Gymru yma, gan gynnwys Twm o'r Nant, ac yn 1810 cwblhawyd y gwaith ar y morglawdd. Canodd Ioan Madog:

> Lle bu rhawg ferwawg foroedd – mae llewyrch,
> Mae llawnion borfaoedd;
> Yn gof o'r gwron ar goedd
> Wnaeth fywoliaeth i filoedd.

Cafodd Madocks hawl hefyd i godi tollborth. Erbyn 1970, perchenogion Ystâd Tremadog oedd ewythr y Dywysoges

Diana, sef yr Arglwydd Fermoy, a'i chwiorydd Mary Gheogheon a Frances Shand Kydd, sef mam Diana.

Yn 1976 digwyddodd un o'r brwydrau mwyaf cyffrous yn hanes Porthmadog. Ceisiodd yr Ystâd gael yr hawl i reoli'r harbwr. Mynnodd tua wyth ohonom alw cyfarfod arbennig o'r Cyngor Tref a chafwyd caniatâd i gynnal Cyfarfod Cyhoeddus i drafod yr her.

Gorymdeithiodd cannoedd o bobl drwy'r dref ac yna i gyfarfod cyhoeddus yn Neuadd y British Legion. Gwahoddwyd yr Aelod Seneddol, Goronwy Roberts, i annerch. Anfonodd neges yn gwrthod gan ddatgan nad oedd yn fodlon rhannu llwyfan gyda mi gan fy mod yn ei eiriau ef yn 'elyn sosialaeth'. Gelyn Sosialaeth? A ninnau'n gwrthwynebu i estroniaid Torïaidd feddiannu ein harbwr? Heb amheuaeth, camgymeriad enfawr oedd hwn ar ran Goronwy, a chollodd bob hygrededd ymysg llawer o'i gefnogwyr yn yr ardal.

Yn y cyfarfod haerais mai 'gwaed a chwys chwarelwyr Stiniog a dewrder morwyr Eifionydd fu'n cario'r llechi i bedwar ban byd a gyfoethogodd berchennog yr harbwr. Eu plant hwy bia fo, nid estroniaid.'

Fel y gellid disgwyl, penderfynwyd yn unfrydol i roi gorchymyn i Gyngor Tref Porthmadog i wrthwynebu'r Archeb Seneddol. Cyflogasant un o hogiau Borth-y-gest, y cyfreithiwr Bryan Rees Jones o gwmni Breese Jones and Casson, i weithredu ar ran y Cyngor. Gwrandawyd ar yr achos yn Llundain gan Bwyllgor Arbennig yn cynnwys dau Arglwydd Torïaidd mewn gwth o oedran, a thri o aelodau Seneddol Llafur gydag un ohonynt hwy yn cadeirio.

Bu digwyddiad digon digri un prynhawn. Roedd un o'r Arglwyddi yn hepian. Deffrodd yn sydyn a gofyn, 'Where is this Portmadoc?' Atebodd y bargyfreithiwr, 'In Caernarvonshire, my Lord.' 'Oh,' meddai, 'Carmarthenshire, I went there as a boy.'

Ochrodd yr aelodau Llafur gyda'r Torïaid ac enillodd yr

Ystâd y dydd ond ar gost enfawr. Yn ddiweddarach gwerthodd yr Arglwydd Fermoy a'i chwiorydd yr harbwr i Gyngor Dwyfor. Y mae yn awr yn borthladd prysur ac ym meddiant Cyngor Gwynedd.

Prynu a gwerthu'r Cob

Yna cafwyd y syniad o herio hawl yr ystâd i godi tollau ar geir a lorïau. Dadleuem fod gan Madocks hawl dan ddeddf 1809 i gasglu tollau ar goets fawr, gìg, *landau*, ceffyl a throl, ond nid oes sôn am gerbydau ein hoes ni. Penderfynodd yr Ystâd werthu'r Cob a'u heiddo yn yr ardal.

Awgrymodd Mrs Valerie Wyn Williams (cyn-reolwr Theatr Harlech) i'w ffrind Mary Gheoghean y buasai'n syniad da i Fermoy gwrdd â mi am sgwrs. Cytunodd yntau ar yr amod nad oedd neb arall yn bresennol ond ni ein dau. Rhoddodd Dafydd Wigley fenthyg ei swyddfa yn Nhŷ'r Cyffredin i ni i gynnal cyfarfod. Gan fod Fermoy yn hoff o whisgi cawsom botel gan Dafydd i'w rhannu.

Aeth y trafodaethau ymlaen hyd oriau mân y bore. Er ei dras roedd Fermoy yn ŵr digon clên. Roedd, meddai, fel minnau yn aelod o Gyngor Sir ond ni chafodd unrhyw gadeiryddiaeth. Cyfaddefodd i frwydr yr harbwr gostio tua £80,000 i'r Ystâd.

Cafodd ar ddeall y byddai'n rhaid ymladd yn Nhŷ'r Arglwyddi maes o law i brofi eu hawl i godi'r tollau ar bob cerbyd oedd yn croesi'r Cob. Gallai hynny gostio cannoedd o filoedd o bunnau. Dyna pam eu bod yn fodlon gwerthu'r eiddo am £500,000. Ar ddiwedd y sgwrs dywedodd y buasent yn fodlon derbyn £250,000 pe bai pobol leol yn ei brynu.

Gofynnodd Dafydd Wigley i'r Llywodraeth Lafur ei

bwrcasu ond gwrthodasant oherwydd bod y sefyllfa gyfreithiol yn gymhleth a'r pris yn rhy uchel. Cefais sgwrs bellach gyda Fermoy a sôn wrtho y byddai'n rhaid i un neu ddau ohonom, er bod gennym deuluoedd ifanc, godi ail forgais ar ein cartrefi i godi arian i'w brynu. Gostyngodd y pris i £120,000.

Gelwais i weld fy nghyfaill Bryan Rees Jones a chytunodd ef ar unwaith i ymuno gyda mi yn y pryniant. Cawsom sgwrs fer gyda dau o gynghorwyr Plaid Cymru yn lleol, sef Emlyn Jones a Dafydd Wyn Jones. Ar y dechrau roeddent yn meddwl fod Bryan a minnau yn tynnu eu coes. Ar ôl inni eu hargyhoeddi ein bod o ddifrif cytunodd y ddau, gan y gallai fod o fudd i bobl y fro ac yn sgŵp gwleidyddol inni fel Plaid.

Cytunodd Fermoy i Bryan a minnau gael sgyrsiau pellach gydag ef a'i chwaer Mary Gheoghean. Soniwyd ein bod yn bwriadu, ar ôl prynu'r Cob, greu elusen fel bod pob elw yn cael ei rannu rhwng mudiadau a chymdeithasau lleol. Roeddent yn hoffi'r syniad. Cytunasant yn y diwedd i werthu'r Cob, y Cob Crwn bychan a'r hawl i godi tollau, i ni ein dau am £45,000, i'w dalu dros bum mlynedd heb unrhyw log yn daladwy am y tair blynedd gyntaf.

Ar ôl arwyddo'r trosglwyddiad gofynnodd eu cyfreithwyr inni yn chwareus beth fuasem yn ei wneud pe baent hwy yn ein herio nad oedd gennym hawl i godi tollau dim ond ar y cerbydau a enwir yn Neddf 1809. A oeddem yn meddwl y gallem ennill yr achos trwy bledio, fel hwythau, y ffaith fod yr Ystâd wedi casglu tollau ar gerbydau modern er pan yr adeiladwyd y ceir mecanyddol cyntaf ddechrau'r ugeinfed ganrif? Gan ein bod wedi cwblhau'r pryniant tynnwyd eu sylw fod yna ddadl gryfach na honno ymysg y papurau y gallem ei defnyddio.

Cyn ffarwelio, crybwyllasant fod grŵp lleol wedi cynnig mwy na ni ond nad oedd ganddynt hwy gymaint o ddylanwad gwleidyddol a bod yr Ystâd hefyd yn hoffi'r syniad o greu elusen.

Gyda'n tafod yn ein boch enwyd yr elusen yn Rebecca ar ôl y dewrion gynt ar eu ceffylau oedd yn gwisgo ffrogiau merched, ac a losgodd y tollbyrth oedd yn gymaint o faich i dlodion eu dydd.

Rhanasom daflen i bob tŷ yn esbonio'r cynlluniau ynglŷn â gweinyddu'r Cob. Derbyniodd Joe Lewis a Tudor Griffiths wahoddiad i weithredu fel Ymddiriedolwyr Rebecca gyda Bryan a minnau. Ar eu marwolaeth hwy flynyddoedd yn ddiweddarach cymerodd Susan, gwraig y llenor William Owen, a'm mab i, Dewi Lewis, eu lle. Ymddiswyddais innau i weinyddu'r elusen.

Ar ôl clirio'r ddyled cynhaliwyd cyfarfod cyhoeddus yn 1983 i ofyn i'r cyhoedd a oeddynt yn awyddus i ddileu'r tollborth ai peidio. Penderfynwyd trwy fwyafrif sylweddol i barhau a rhannu'r elw blynyddol rhwng cymdeithasau'r ardal.

Er 1978 rhannodd Rebecca gyfanswm o £229,000 i Ganolfannau Cymdeithasol, papur bro'r *Wylan*, clybiau chwaraeon, ysgolion, grwpiau meithrin a llu o glybiau a chymdeithasau o bob math yn ardal Cynghorau Tref Penrhyndeudraeth a Phorthmadog.

Yn 2001 cynhaliwyd cyfarfod gyda swyddogion y Cynulliad, Sustrans a Chyngor Gwynedd i drafod adeiladu llwybr beicio yn gyfochrog â'r Cob fel rhan o rwydwaith Cymru. Cafodd Ymddiriedolaeth Rebecca wahoddiad i gyd-drafod fel perchenogion y morglawdd. Ar ôl iddynt amlinellu'r cynllun gofynnais a oedd yn bosibl lledu'r Cob yr un pryd. Atebodd cynrychiolwyr y Cynulliad nad oedd bwriad yn y dyfodol agos i wneud hynny.

Holais hwy faint oedd y gost flynyddol o drwsio'r wal fach ar ochr y tir i'r Cob. Ni freuddwydiais beth fuasai eu hymateb. 'Ni fuasai'n ddiogel i adeiladu llwybr i gerddwyr a beicwyr o dan fur sy'n cael ei daro gan gerbydau'n aml.' Aethant hwy a swyddogion Gwynedd i drafod y gost o godi wal gryfach. Awgrymodd peirianwyr Gwynedd y buasai'n werth prisio'r gost o ledu'r morglawdd yr un pryd a chytunodd gwŷr y Cynulliad yn frwdfrydig iddynt wneud hynny.

Yn 2002 lledwyd y Cob bedair troedfedd ac adeiladu llwybr beic yn gyfochrog ag ef; bellach mae'n rhan o'r llwybr beicio cenedlaethol. Talwyd am y gwaith gan y Cynulliad, Bwrdd Datblygu Cymru, Asiantaeth yr Amgylchedd, Sustrans a Chyngor Gwynedd. Y contractwyr oedd Mulcair a swyddogion Cyngor Gwynedd, cynllunwyr y prosiect, yn goruchwylio. Gwnaeth fyd o wahaniaeth i'r drafnidiaeth. Erbyn hyn gall lorïau enfawr ein cyfnod ni fynd heibio'i gilydd yn ddidramgwydd ac mae pobl leol yn gwneud defnydd helaeth o'r llwybr i gerdded a beicio.

Ar Fawrth 1af 2003, ar ôl trafodaethau maith, gwerthwyd y morglawdd a'r Cob Crwn a swyddfa'r dollborth i Gynulliad Cenedlaethol Cymru am £220,000. Er mwyn hwyluso trafnidiaeth penderfynasant ddileu'r doll am 3 o'r gloch y dydd hwnnw.

Mae'r bobl leol, felly, yn ysbryd Merched Rebecca, wedi llwyddo i wireddu ein breuddwyd wreiddiol o ddiddymu'r Dollborth a pharhau, trwy fuddsoddi ein cronfeydd, i gyfrannu at weithgarwch cymdeithasol y fro am flynyddoedd i ddod.

Adar brith a ddaeth i'n Bro

Ym mhrofiad llawer ohonom mae ymhél â gwleidyddiaeth yn llawn problemau, poen meddwl, straen a thensiwn. Mae syniadau rhywun weithiau yn amhoblogaidd ac y mae yna etholwyr digrebwyll a rhagfarnllyd. Mae'r wasg yn aml yn gwyrdroi eich geiriau. Rhaid dadlau yn erbyn eich cyfeillion ambell dro. Mae ceisio sylweddoli eich breuddwydion yn waith blinderus.

Ond wir i chi, mae'r gwleidyddion nid yn unig yn adar brith ond yn griw hudolus, hyd yn oed pan maent yn eich gwneud yn wyllt gacwn. Dyma ychydig o'r rhai diddorol a ymwelodd â Gwynedd:

Nicholas Edwards

Tori rhonc yn siarad fel pe bai ganddo dysen boeth yn ei geg oedd hwn, ond bu, er mawr syndod i lawer, yn gymwynaswr mawr i'r Gymraeg. Ymwelodd â Gwynedd yn rhinwedd ei swydd fel Ysgrifennydd Cymru. Yn ôl eu harfer siaradodd pob Cynghorydd a gymerai ran yn Gymraeg. Gyda'r Parch. Hedley Gibbard a'i dîm wrth eu gwaith, cafodd Nicholas Edwards glywed cyfieithiadau cywir a rhugl.

Ar derfyn y cyfarfod, ar ôl i'r Cadeirydd dalu'r diolchiadau, cododd ar ei draed a dweud yn Saesneg, 'Mae safon y cyfieithu a dderbyniais heddiw yn well nag a glywais yn unman arall yn

Ewrop a hoffwn ddiolch yn frwd i'r cyfieithwyr.' Yna ychwanegodd, 'Nid wyf erioed wedi bod â chymaint o gywilydd ohonof fy hun â heddiw am na fedraf siarad Cymraeg. Roedd fy nhaid yn Gymro Cymraeg ac ef oedd Archesgob cyntaf yr Eglwys yng Nghymru ar ôl datgysylltiad.'

Flynyddoedd ar ôl hynny roeddwn yn cael sgwrs dros ginio gyda rhai o'i weision sifil. Awgrymais iddynt fod y Gweinidog yn ein seboni'r diwrnod hwnnw. 'Dim o'r fath beth,' oedd eu hymateb. 'Nid oedd yn mwynhau iechyd da am gyfnod maith. Ond ar wahân i hynny nid oedd yn ei natur i wenieithu.' Yn eu barn hwy mae'n rhaid bod y cyfarfod wedi effeithio'n drwm arno a'i ddwyster wedi dod i'r wyneb.

Ni fu'r tro nesaf y cwrddais ag ef mor bleserus. Fel ym mhob blwyddyn o deyrnasiad Mrs Thatcher cafwyd toriadau ciaidd yn yr arian a dderbyniai Cynghorau Cymru. Aeth pethau cynddrwg nes y galwodd y Cynghorau ar Nicholas Edwards i dderbyn dirprwyaeth i drafod yr anawsterau. Cytunodd i dderbyn Cadeiryddion Cyllid yr wyth Cyngor Sir ac aethom i ymweld â'i Swyddfa yn Llundain.

Cadwodd ef ni'n disgwyl am ugain munud, ac am 2.20 galwyd ni i'w ŵydd ef, Michael Roberts ei ddirprwy a phenaethiaid gwasanaeth sifil Cymru. Dywedodd na allai aros am fwy na hanner awr oherwydd ei fod yn dymuno mynd i wrando ar y Prif Weinidog yn y Tŷ. Codais ar fy nhraed a dweud bod yn ddrwg gennyf orfod dweud fy mod o'r farn ei fod yn anghwrtais iawn, fy mod i wedi gadael cartref am 6 y bore ac na fuaswn adref tan tua 11. Ychwanegais nad oedd pwynt inni fel Cadeiryddion Cyllid aros os nad oeddem am gael trafodaeth ystyrlon. Gan fod fy llaw i ar fy mag gwelais fod Gynghorwyr y De yn anesmwytho ac yn ymddangos fel pe baent am gerdded allan. Ymgynghorodd Nicholas â'i was sifil ac yna cytunodd i aros. Cawsom drafodaeth resymol a gwerthfawr am tua dwy awr.

Mewn ystafell fwyta gyda'r nos dywedodd Michael Roberts yr hanes wrth un o aelodau'r Blaid. Gofynnwyd iddo pam yr arhosodd Nicholas. 'Do mi arhosodd,' meddai Michael, 'ar ôl i bennaeth y gweision sifil sgrifennu ar damed o bapur yn dweud "Minister please stay". Mae'n amlwg fod yna gryn wirionedd yn y gyfres chwareus *Yes Minister*!

Yn Llanrwst ar y 15fed o Ebrill 1980, yng nghwmni Wyn Roberts, cyhoeddodd Nicholas Edwards fwriad ei Blaid i roi cefnogaeth frwd i'r iaith Gymraeg a chadwasant at eu gair. Dyma ei eiriau, 'I find it impossible to believe that this language, which is recognised as a priceless heritage not just of Britain but indeed of Europe, could be allowed to die.'

Er gwaethaf y cwtogiadau llym ar wasanaethau cyhoeddus, llwyddodd i ddynodi yn 1981–82 tua £2 filiwn at addysg Gymraeg ac i gefnogi'r iaith. Yn ychwanegol caniataodd i'r Cynghorau Sir unigol benderfynu pa iaith i'w gosod yn flaenaf ar eu harwyddion ffyrdd.

Talodd deyrnged gynnes i Wyn Roberts am ei gyfraniad i achos yr iaith. O wrando ar raglenni ardderchog ITV ar wleidyddion amlwg y llynedd (2005) cafodd rhywun yr argraff ei fod ef a John Elfed Jones, yn eu tro, wedi cael dylanwad ar Nicholas Edwards. Ond ymddengys fod y gwreiddyn Cymreig yn ddwfn yn ei natur eisoes.

Yn anffodus, os na sicrhawn fwy o rym i'r Cynulliad, gallwn gael eto berson mor haerllug a Phrydeinig â John Redwood i'n cynrychioli yn y cabinet ac yntau heb ronyn o gydymdeimlad â'n cenedligrwydd na'n hiaith.

Leo Abse

Cymeriad tra gwahanol i Nicholas Edwards oedd hwn. Fel y dengys y gyfrol *Rhag Pob Brad*, llyfr ardderchog Rhys Evans am Gwynfor, gallai Abse fod yn ffiaidd a chas. Cofiaf i Gwynfor, er ei hir amynedd, ddangos mewn un cyfarfod bod yna derfyn i beth all cig a gwaed ei ddioddef. Am flynyddoedd bu Abse yn prynu gwasgod sidan, liwgar i fynd i Dŷ'r Cyffredin ar ddiwrnod y Gyllideb. Mewn araith un diwrnod cyfeiriodd yn sbeitlyd at Gwynfor 'and his friends in the Free Wales Army'. Atebodd Gwynfor ef trwy ddweud, 'Mr Abse should be at home with them as one of his chief delights seems to be dressing up in gaudy uniforms'.

Am y tro cyntaf mewn hanes, yn ôl pob sôn, cyfarfu Pwyllgor Dethol y tu allan i furiau Tŷ'r Cyffredin. Daeth Dirprwyaeth o'r Aelodau Seneddol i Gyngor Gwynedd i drafod y syniad o gael Sianel Deledu i Gymru. Yn eu mysg roedd Syr Anthony Meyer, gyda Leo Abse yn cadeirio.

Dewisodd y Cyngor W.R.P. George, I.B. Griffith a minnau i drafod gyda'r aelodau seneddol gyda'r cyngor llawn yn gwrando. Cafwyd trafodaeth fuddiol, ond bu raid i'r Bonwr Anthony Meyer ofyn i'r cadeirydd fynnu bod rhai o Aelodau Seneddol y Blaid Lafur yn ymdrechu i gyfnewid syniadau mewn ffyrdd doethach a mwy boneddigaidd.

Canmolodd Leo ar ddiwedd y trafodaethau safon y gwasanaeth cyfieithu. Dyletswydd I.B. a minnau oedd eistedd gydag ef dros ginio. Meddai ar ddechrau'r pryd (yn Saesneg, wrth gwrs), 'mae llawer ohonom yn ystyried mai eithafwyr ieithyddol yw Cynghorwyr Gwynedd. Yr hyn a'm synnodd heddiw yw bod rhai ohonoch yn bobl bur ddeallus.'

Wel, gŵr gwadd neu beidio, roedd yn haeddu ateb. Dyma roi winc ar I.B. a chyfeirio'r aelod dros Bontypŵl at ei ganmoliaeth o safon y cyfieithu. Esboniais iddo fod trosi o'r Gymraeg i'r Saesneg yn y fan a'r lle yn orchwyl anodd ac mai un rheswm am hynny oedd y gwahaniaeth rhwng cystrawen y ddwy iaith.

Chwiliais fy nghof i geisio cofio'r mymryn di-raen o Hebraeg a ddysgais flynyddoedd maith yn ôl mewn panic munud olaf i grafu drwy'r arholiadau. Ychwanegais, 'Fel rydych chi rwy'n siŵr yn gwybod, mae'n haws trosi o'r

213

Hebraeg i Gymraeg oherwydd trefn y geiriau. Pan mae eich ysgrythurau chi'n dweud "mitzmor lytodda hariayn l'yahwe col-haaraetz", mae'n cyfieithu'n hwylus i "Cenwch yn llafar i'r Arglwydd yr holl ddaear".'

Cochodd wyneb Leo Abse a dwedodd yn sarrug, 'Nid wyf yn deall Cymraeg na'ch Hebraeg'. Ciciodd I.B. fi yn ysgafn o dan y bwrdd a cheisio cuddio'i wên.

Neil Kinnock

Nid oes gan Gynghorwyr Gwynedd fawr o barch na meddwl o Neil Kinnock. Mewn dadl yn y Senedd haerodd fod un o blant bach di-Gymraeg un o ysgolion Ynys Môn yn gwlychu'i throwsus oherwydd na allai ofyn yn Gymraeg a gâi fynd i'r toiled.

Roedd yn haeriad mor ffiaidd ac enllibus fel yr aeth adran gyfreithiol Cyngor Gwynedd ati i gynnal ymchwiliad manwl, annibynnol a chyf-weld staff yr ysgol a rhieni'r ferch fach. Roedd y dystiolaeth yn profi nad oedd rhithyn o sail i'w haeriadau.

Tystiodd rhieni'r plant di-Gymraeg eraill pa mor fodlon yr oeddynt ar safon yr addysg a dderbyniai'r plantos a'u bod yn rhyfeddu mor hapus oeddent yn y gwersi ail iaith, ac yn yr ysgol yn gyffredinol.

Yn y drafodaeth yn y Pwyllgor Addysg llawn gosodais her i Kinnock i ailadrodd ei eiriau y tu allan i furiau breiniol Tŷ'r Cyffredin. Gwnaeth Cangen Caernarfon o Blaid Cymru yr un cais. Ni dderbyniwyd unrhyw ymateb oddi wrtho. Gwyddai, mae'n debyg, pe gwnâi hynny y gallai Prifathro a staff yr ysgol ei erlyn am eu henllibio. Fel y soniodd Cledwyn Hughes droeon, mor anodd yw hi i ni, Gymry Cymraeg, ddeall gelyniaeth Kinnock, George Thomas a chynifer o Aelodau Seneddol Llafur at iaith eu gwlad a'u cenedl.

Ar ôl dychwelyd o fywyd bras Brussels a derbyn

Arglwyddiaeth, nid yw'n syndod mai un o ddatganiadau cyntaf Kinnock oedd ei fod yn bwriadu gwrthwynebu rhoi unrhyw rym ychwanegol i Gynulliad Cymru.

Michael Roberts

Fel llawer o Gymry Cymraeg, mae gennyf ragfarn gynhenid yn erbyn y Blaid Dorïaidd o gofio ei hagwedd drahaus atom ar hyd y canrifoedd. Dyna pam y caf hi'n anodd deall pam y gwelir yn ei rhengoedd, weithiau, gymeriadau mor hynaws â Michael Roberts ac Wyn Roberts.

Bu'r gŵr hwn yn Brifathro yng Nghaerdydd ac yn Aelod Seneddol dros Ogledd Caerdydd o 1970–83. Bu'n cynorthwyo Wyn Roberts yn y Swyddfa Gymreig ac yn gyfrifol am Addysg. Ymwelodd â Gwynedd a mynnu cael ymweld ag Ysgol y Berwyn, y Bala, pan oeddwn yn Gadeirydd Addysg y Sir.

Pan ofynnais iddo pam y dewisodd yr ysgol hon, roedd ei ateb yn onest a diddorol. 'Nid wyf yn cytuno,' meddai, 'y dylid dysgu pynciau trwy gyfrwng y Gymraeg mewn Ysgolion Uwchradd. Mae'n fy mhoeni fod yr ysgol hon yn dysgu cynifer o bynciau trwy gyfrwng yr iaith, ac eto mae ei llwyddiant academaidd ymysg y gorau yng Nghymru.'

Dros ginio canol dydd tynnodd fy nghoes drwy ddweud fod gan benaethiaid yr adrannau Ffiseg a Chemeg asgwrn i'w grafu gyda mi. 'Ymddengys eu bod yn gorfod rhannu clorian rhyngddynt ac mae hyn yn anghyfleus iawn.'

Atebais yn yr un ysbryd chwareus, 'Ar eich bòs, Mrs Thatcher, y mae'r bai am hynny. Wyddoch chi'r gysgodfa dan-ddaearol y mae wedi ei hadeiladu i achub pobol bwysig fel chi rhag rhyfel niwclear? Wel, yn lle cael dyrnau aur ar y drysau, pe bai hi'n cael rhai pres gallem gael clorian bob un i'r hogiau.'

Gwenodd a dweud, 'Diolch i'r drefn nad ydych yn byw yn fy etholaeth i.' Ni synnais glywed i'r ysgol gael clorian newydd.

Pan fu farw Michael Roberts yn ddisymwth anfonais air o gydymdeimlad a gwerthfawrogiad i'w deulu, er mai Tori oedd o!

Hogiau Ynys Môn

Rwyf newydd sylweddoli fod y tri y bûm yn ymwneud â hwy fwyaf ym myd Radio a Theledu yn feibion Ynys Môn – Hywel Gwynfryn, Vaughan Hughes a Gwilym Owen.

Hywel

Am rai blynyddoedd bu'r ffôn yn canu gyda'r nos neu ben bore a Hywel eisiau sgwrs 'cyn codi cŵn Caer' y dydd canlynol. Yn aml byddent ar bynciau yswiriant o bob math, gwahanol fathau o forgais, a'r ffordd rataf o fenthyca i brynu car. Yn achlysurol, byddai Hywel yn holi am Seland Newydd neu deithiau tramor neu system ariannol Ewrop; Hywel, os oedd amser, yn cytuno ar gwestiynau ymlaen llaw ond weithiau i ffwrdd â ni, gydag ef yng Nghaerdydd, a minnau ar ben fy hun yn yr ystafell fechan yn stiwdio Bangor am 7 y bore.

Roedd ambell i drafodaeth yn codi gwrychyn gwrandawyr. Un wythnos roeddem wedi bod yn trafod morgeisi. Ar y pryd roedd y Llywodraeth yn rhoi lwfans Treth Incwm hael oddi ar y llog yr oeddech yn ei dalu ar forgais. Hywel yn cymryd arno ei fod ar drefnu benthyciad ar dŷ newydd. Minnau'n crybwyll, os oedd am brynu car yn y dyfodol agos, y byddai yn talu iddo gymryd mwy o forgais nad oedd ei angen ac ariannu'r pryniant yn y ffordd honno.

Rhyw fis wedi hynny soniodd, o ran hwyl, fod arno angen

car newydd. Awgrymais mai cael sgwrs gyda'i reolwr banc oedd orau iddo bellach os nad oedd wedi derbyn fy nghyngor ynghynt. Atebodd, â'i dafod yn ei foch, 'Well gen i siarad efo chi nag efo hwnnw.' 'Twt,' meddwn innau, 'dydy hwnnw bellach yn ddim byd ond siopwr mewn siwt.' Derbyniais hanner dwsin o lythyrau gan fancwyr yn cwyno am fy sylw.

Canodd y ffôn tua saith un bore a Hywel yn fy hysbysu ei bod yn ddydd pen-blwydd Ernie. 'Wel pen-blwydd hapus iddo fo, pwy bynnag ydy hwnnw,' meddwn innau. 'Am Ernie y bondiau premiwm rydw i'n sôn,' meddai Hywel. 'Mi wna i eich ffonio toc wedi wyth gael rhyw bum munud o sgwrs amdano'r adeg honno.'

Y cyfan y gallwn feddwl amdano oedd cymharu'r gwahaniaeth rhwng rhoi arian i Ernie neu gamblo ar geffylau, milgwn, *roulette* neu byllau pêl-droed. Wrth ddechrau'r sgwrs soniais fod hysbyseb y Swyddfa Bost am Ernie yn gamarweiniol. Taerent 'na ellwch chi golli ar fondiau premiwm'. Wedi'r cyfan, er y gallech gael eich cyfalaf yn ôl pryd y mynnech, roeddech mewn gwirionedd yn gamblo'r llog y gallech ei ennill mewn Cymdeithas Adeiladu.

Ganol y bore canodd y ffôn yn fy swyddfa a phennaeth y Swyddfa Bost yn cwyno oherwydd iddo glywed fy mod wedi bod yn ymosod ar eu hymgyrch hysbysebu. Erbyn imi esbonio'r hyn a ddywedais roedd yn hapusach ei fyd.

Synnais lawer gwaith at ffraethineb Hywel a'i ddawn i gadw sgwrs i fynd pan nad oedd wedi cael amser i baratoi. Er ei fod yn codi'n fore roedd yn rhyfeddol o effro a bywiog.

Dyfeisiwyd cynllun i geisio ei berswadio i chwarae'r alaw 'Milgi Milgi' ar fore ail etholiad Dafydd Wigley. Erbyn hyn roedd pawb yn Arfon yn cysylltu'r alaw gyda'n cân etholiadol 'Wigley Wigley'.

Anfonasom dri llythyr ffug ato i'r BBC; roedd y cyntaf yn enw bachgen bach oedd yn dymuno clywed unrhyw gân am gi. Yna gair gan hen ŵr yn yr ysbyty eisiau unrhyw gân gan Barti

Menlli (roeddent hwy wedi recordio'r gân) a'r trydydd llythyr gan wraig yn dweud ei bod yn ben-blwydd ei gŵr ac mai ei brif ddiddordeb oedd rasys milgwn ac yn holi a oedd yna gân Gymraeg wedi ei recordio oedd yn sôn am y rheiny.

Am saith o'r gloch ar fore'r 10fed Hydref, 1974, dyma roi'r radio ymlaen i weld a lwyddwyd i'w dwyllo neu beidio. Mae'n rhaid bod Hywel, gyda'i feddwl chwim arferol, wedi gweld drwyddi. Cyfeiriodd at y tri chais ac yna dweud na allent chwarae'r gân a ddymunent ond ychwanegodd, 'Dwi'n siŵr y byddai'n dderbyniol gan y tri ohonoch pe bawn yn chwarae "Safwn yn y Bwlch" y bore 'ma'. Marciau llawn i Hywel!

Vaughan Hughes
a Gwilym Owen

Am flynyddoedd lawer, rhaglenni trafod fel *Yr Wythnos* a *Byd yn ei le* dan gadeiryddiaeth Gwilym Owen a Vaughan Hughes oedd yn cadw llawer un gartref ar nos Wener yn lle mynd allan am lasiad. Lawer gwaith y bûm yn mwynhau eu holi craff a chrafog, a phan oedd y Tori Elwyn Jones a'r hen gyfaill Owen Edwards yn aelodau o'r panel gyda mi, roedd y gwreichion yn siŵr o dasgu.

Roedd arddull y ddau holwr yn wahanol, ond yn llawn mor dreiddgar a miniog gan sicrhau rhaglenni bywiog. Cofiaf noson bur danbaid pan oedd John Morris, Geraint Morgan, Paul Flynn a minnau'n trafod Sul y Cofio. Roeddwn wedi gwrthod, pan yn Gadeirydd Cyngor Tref Porthmadog, ymuno yn yr orymdaith ddydd y Cadoediad. Dadleuwn fod gwell ffyrdd o gofio'r hogiau a gollodd eu bywyd na gorymdeithio yn sŵn tonau Prydeinig, Ymerodrol. Cefais gefnogaeth gan un o'm ffrindiau oedd wedi colli dau frawd yn y rhyfel.

Gwrthodais, hefyd, ganiatáu i'r Lluoedd Arfog fynychu nosweithiau gyrfaoedd i geisio denu disgyblion ysgolion Gwynedd i'w rhengoedd. Roedd papurau newydd Lloegr yn fy ngalw wrth bob enw. Derbyniais lythyrau bygythiol a galwadau ffôn di-ri gan gyn-filwyr dewr oedd yn rhy lwfr i'm cyfarfod am sgwrs na rhoi eu henwau. Roedd Paul Flynn yn ddewr odiaeth, yn gwisgo pabi gwyn er cof am yr holl bobl ddiniwed ym mhob gwlad a laddwyd yn ystod y gyflafan.

Arweiniodd Vaughan y drafodaeth i faes gwerthu arfau rhyfel a'r ffaith fod rhai o Aelodau Seneddol Llafur Cymru wedi bod yn weinidogion yn y Swyddfa Fasnach oedd yn rhoi trwyddedau i'r farchnad honno. Minnau yng nghanol gwres y trafod yn cyhuddo'r aelodau hynny o ragrithio pan oeddent yn sôn am eu cydwybod Gristnogol. Roedd John Morris a Geraint yn flin iawn ac yn haeru fy mod yn eithafol o anghwrtais.

Rhedodd un saga am fisoedd lawer – 'Amddifadiad Cymdeithasol'. Derbyniodd Cyfarwyddwr Addysg Gwynedd lythyr ym mis Awst 1974 gan Bwyllgor Burnham. Oherwydd bod rhai ysgolion ym Mhrydain mewn ardaloedd tlodaidd yn cael trafferth i ddenu athrawon, penderfynodd Burnham gynnig arian ychwanegol iddynt am ddysgu mewn rhai ysgolion oedd yn dioddef 'amddifadiad cymdeithasol'.

Ychydig iawn o swyddogion na Chynghorwyr oedd ar gael i Mr Ellis ymgynghori â hwy ganol Awst. Ar yr olwg gyntaf ymddangosai'r cynnig fel cyfle i gael cyflog ychwanegol i staff rhai o'n hysgolion, a dyma gytuno i gymryd rhan yn y cynllun. Ar gais Burnham anfonwyd, maes o law, restr o tua 26 o ysgolion i'w hystyried.

Pan edrychwyd yn fanylach ar y meinciau prawf ar sut i ddewis ysgolion, sylweddolwyd nad oedd y rheini'n berthnasol i Wynedd. Un o'r prif ffactorau oedd categori gwaith rhieni'r plant. Ar ben y rhestr roedd grwpiau proffesiynol fel meddygon, penseiri ac ati. Yn nes at waelod y rhestr ceid gweithwyr glanhau ffyrdd a chasglu sbwriel. Mewn ysgol yn un o bentrefi cefn gwlad Gwynedd, gweithio yn y coedwigoedd ac fel postmyn a wnâi nifer o'r tadau. Yn ôl safonau Llundain, roedd eu plant dan anfantais fawr. Roedd un o'r postmyn 'difreintiedig', chwedl hwy, yn flaenor parchus yn ei gapel, yn fardd lleol talentog ac yn arweinydd côr meibion!

Cafwyd trafodaeth frwd yn yr Is-bwyllgor ysgolion a phenderfynu gofyn i Bwyllgor Burnham dderbyn dirprwyaeth i drafod ein dymuniad i dynnu ein rhestr yn ôl. Gwrthodwyd y cais a mynnent na allem newid ein meddyliau. Cyfeiriwyd cynnig i'r Pwyllgor Addysg llawn yn datgan 'nad oes un o ysgolion Gwynedd y tu fewn i'r cynllun'. Er bod 27 o blaid roedd 36 yn erbyn.

Roedd yr undebau athrawon mewn sefyllfa anodd. Roeddem yn eithriadol ffodus yn y Sir yn ysgrifenyddion lleol pob undeb; roedd pob un ohonynt yn gefnogol i'n polisi iaith ac yn dra rhesymol eu hagwedd at bopeth – Emyr Pritchard, UCAC, Handel Morgan, NUT, ac Elwyn Jones Griffith a Hywel Thomas, NAS. Ni allent gefnogi'r cynnig hwn, hyd yn oed pe dymunent, rhag colli aelodau i un o'r lleill.

Cynhaliodd Gwilym raglenni niferus gyda'r tri undeb, yn trafod pob cam yn y saga a minnau, yn ôl traddodiad cynghorau, yn amddiffyn ein swyddogion addysg.

Ar ôl hir ymgecru galwyd cyfarfod o ACAS i geisio cyrraedd cyfaddawd. Cytunodd Gwynedd a'r undebau y buasem yn enwi rhyw 6 ysgol yn unig, er nad oedd disgyblion yr un o'r rheini yn dioddef unrhyw gam, na gwaith yr athrawon flewyn anoddach nag mewn unrhyw ysgol arall. Cytunodd Burnham hefyd na fyddai staff yn cadw'r £475 ychwanegol pe baent yn newid ysgol ac na châi pwy bynnag oedd yn cymryd eu lle ei dderbyn.

Cynhaliodd Gwilym y drafodaeth olaf. Trwy gydol y rhaglen roedd, wrth gwrs, yn pwyso arnaf i fod yn ddigon gonest a chyfaddef fod ein Cyfarwyddwr wedi gwneud andros o gamgymeriad.

Gyda thri munud i fynd, a Gwilym yn dal i bwyso, dyma ddweud yn hamddenol iawn. 'Roedd hen nain i mi yn wraig ddoeth iawn ac yn hoff o ddweud hyn: "Tydi o'n biti na allwn wneud penderfyniadau pwysicaf ein bywyd ar y dechrau, gyda'r profiad sydd gennym ar ddiwedd oes. Er enghraifft – pa bynciau i'w cymryd yn yr ysgol, pa yrfa i'w dilyn, pwy fuasem yn ei briodi a lle i fyw".'

Ychwanegais, 'O edrych yn ôl gyda'r holl wybodaeth ychwanegol a gawsant yn ddiweddarach, hwyrach y buasai swyddogion Gwynedd wedi dod i benderfyniad gwahanol. Gall unrhyw un fod yn ddoeth fisoedd ar ôl i rywbeth ddigwydd'.

Geiriau cyntaf Gwilym ar ôl mynd oddi ar yr awyr oedd, 'Ddwedodd dy nain erioed ffasiwn beth'. Atebais innau, 'Hwyrach wir, ond nid yw hynny'n gwadu doethineb y dywediad'. Pob un ohonom yn gorffen yn gyfeillion a Gwilym yn fodlon ei fyd o gael rhaglenni bywiog unwaith eto a chynulleidfaoedd niferus.

Yr Hwyl Gymreig

I mi dyma un o'r ffenomenâu mwyaf rhyfeddol ym mywyd Cymru. Drws nesaf i dŷ fy chwaer yn Rhuthun trigai cynathrawes gerdd. Roedd hi'n ddigon hen i gofio nifer o'r hen bregethwyr yn mynd i hwyl. Cofnododd y nodau cerddorol pan oeddynt yn yr uchelfannau a chanfod eu bod yr un rhai ag mewn ambell i alaw werin Gymreig anhysbys a hynafol.

Un o gas bethau Williams Hughes oedd yr hwyl Gymreig, er ei fod yn actiwr dawnus wrth gyflwyno'i neges yn ei lais ysgafn. Nid oedd yn syndod i un o'i feibion fod yn llwyddiannus iawn yn y proffesiwn hwnnw.

Mae yna hen stori amdano yn cwrdd, ar blatfform gorsaf trên, y pregethwr hwyliog hwnnw, Jubilee Young, a feddai ar lais soniarus, a'r ddau ar eu ffordd i gyrddau pregethu. Yn ôl y sôn aeth yn ddadl boeth rhyngddynt a dyma'r Prifathro'n dweud 'Twt, ni fuasech chi yn unlle heb eich llais', ac atebodd Jiwbili, 'Twt, ni fuasech chithau yn unlle heb eich gwên a'ch dannedd gosod'.

Ond yng ngwasanaeth ordeinio un o'r myfyrwyr yn Sir Benfro bu digwyddiad od iawn. Roedd gan y Prifathro bregeth arbennig ar y testun 'Ac Isaac a eisteddodd wrth ffynnon Laharoi', gyda thair golygfa. Un ohonynt oedd Isaac yn disgwyl am gael gweld, am y tro cyntaf, y wraig yr oedd yr henaduriaid wedi ei ddewis iddo. Yntau, yn ôl y pregethwr, ddim hyd yn oed wedi cael snap Kodak ohoni.

Ychwanegodd y pregethwr yn chwareus y buasai wedi bod yn well i lawer o weinidogion yr enwad pe baent wedi gadael i'w Prifathro ddewis gwraig iddynt.

Gorffennai trwy ddweud fod gan bawb angen lle fel Ffynnon Laharoi i fyfyrio, ac i'r Cristion, Bryn Calfaria oedd y fan honno. Yna, er mawr syndod i bawb, aeth i hwyl Gymreig wrth lefaru a bron ganu'r emyn 'I Galfaria trof fy wyneb'. Roedd awyrgylch yr oedfa'n drydanol. Lletywn y noson honno ar fferm. Dywedodd gŵr y tŷ iddo glywed y bregeth hanner dwsin o weithiau, a'r tro cyntaf tua deg mlynedd ar hugain ynghynt. Credai ei bod yn werth ei dweud a'i chlywed ond na chlywodd o ddim o'i gymharu â'r noson honno.

I'r ysgol yn Rhuthun daeth efaciwîs o ysgol fonedd yng Nghaergrawnt. Soniais wrth un o'r merched oedd yn fy nosbarth un diwrnod am huodledd a hwyl rhai o bregethwyr Cymru. Daeth Jubilee Young i'r ardal i gynnal cymanfa bregethu. Mynnodd hithau ddod i wrando arno er imi esbonio y buasai, hwyrach, yn pregethu am awr ac na chlywai ond ambell i air Saesneg.

Y noson honno roedd y cennad a'i lais cyfoethog ar ei orau. Toc, dyma fo'n dechrau ei morio hi go iawn. Edrychais ar y ferch uniaith Saesneg wrth fy ochr. Roedd dagrau'n llifo i lawr ei gruddiau.

Tua chwe blynedd yn ddiweddarach roedd fy ffrind Ifor a minnau'n sgwrsio yn Siop Foyles yn Llundain. Dyma glywed llais merch y tu ôl inni yn dweud, 'I still cry when I hear Welsh voices'. Fy nghyd-ddisgybl gynt a'i gŵr oedd yn ein cyfarch.

Ond sut y mae esbonio digwyddiad arall wrth drafod y ffenomen hon.

Is-reolwr swyddfa'r Alliance yn Wrecsam oedd Emrys Williams. Gweinidog gyda'r Methodistiaid oedd ei dad a bu farw pan oedd ei blant yn ifanc iawn. Ni fynychai ei fab unrhyw le o addoliad ac, ar wahân i'r geiriau terfynol yn ei ginio ffarwél, ni chlywsom air o'i enau yn ein hiaith.

Gorffennodd ei araith y noson honno trwy sôn am gael hamdden i fynd i gerdded mynyddoedd Eryri a throedio i'r dyffryn gyda'r nos i glywed gwŷr yn canu emynau Cymraeg mewn tafarn. Yna, er mawr syndod i bawb ohonom, aeth i hwyl fel yr hen saint, ac i lafarganu'n gerddorol, a hynny yn 'iaith y nefoedd'. Yna, arhosodd a dweud yn ffwndrus gan ysgwyd ei ben 'mae'n ddrwg gennyf am hynna'.

Ustusiaid ar brawf

Er iddynt addo yn eu Maniffesto Etholiadol y byddent yn sefydlu sianel a fyddai'n darlledu rhaglenni Cymraeg ar oriau brig, torrodd y Llywodraeth eu gair ar ôl dod i rym. Ynghanol y protestiadau cyhoeddodd Gwynfor ei fwriad i ymprydio hyd farwolaeth os na chadwai'r hen Wyddeles ei haddewid.

Am unwaith dangosodd miloedd o etholwyr Cymru fod ganddynt asgwrn cefn. Cyhoeddwyd enwau'r rhai a anfonodd y ffi am drwydded deledu i gronfa yng Nghaerdydd a hysbysu'r Swyddfa Bost nad oeddynt am dalu'r drwydded. Ymddangosodd nifer sylweddol o flaen y Llysoedd. Ar wahân i ambell fainc Gymreig iawn dyfarnwyd hwy'n euog a'u dirwyo.

Un o'r rhai cyntaf i gael ei erlyn ym Mhorthmadog oedd Tom Pugh, gŵr boneddigaidd a thawel. Gwyddai pawb ei fod yn heddychwr ac yn gefnogwr brwd i Blaid Cymru mewn dyddiau pan oedd y ddeubeth yn amhoblogaidd.

Clerc yr Ynadon oedd Emrys Jones o gwmni Breese Jones and Casson yn y dref. Roedd yn adnabod y diffynnydd ers blynyddoedd ond cafodd yr Ynadon Tom yn euog a rhoi dirwy o £50 iddo am ddefnyddio teledu heb drwydded.

Ar ôl clywed y ddedfryd dyma Tom yn sefyll ac yn cyhoeddi: 'Rhaid imi fod yn hollol onest gyda chi fel Ynadon, nad wyf yn bwriadu talu'r ddirwy. Os mai'r gost am hynny yw carchar, waeth i chi fy ngharcharu rŵan ddim.' Neidiodd Emrys

Jones ar ei draed ac meddai, 'Mr Tom Pugh, mae'r achos ar ben; a wnewch chi eistedd i lawr ac ymatal rhag dweud gair ymhellach.'

Tom yn mynnu ateb, 'Ond nid yw'n iawn imi dwyllo'r Fainc, Mr Jones, a rhoi'r argraff fy mod ym mynd i dalu.' Emrys yn crefu arno, 'Mr Pugh, eisteddwch i lawr os gwelwch yn dda.'

Tom eto: 'Dwi ddim yn mynd i dalu'r ddirwy annheg yma.' Y clerc: 'Tom, plis wnei di fod yn dawel a mynd adra.' Rydw i'n amau na fwriadai Emrys Jones, fel Clerc y Llys, anfon bil am y £50 at Tom o gwbl.

Daeth fy nhro innau. Gwyddwn mai mainc Doriaidd a phur Brydeinig ei hagwedd oedd un y Port. Apeliais arnynt fel hyn: 'Mae'r mwyafrif pobol yr ardal yma, fel minnau, yn cydnabod eich bod bron yn ddieithriad yn deg a chyfiawn yn eich penderfyniadau. Nid yw eich gwaith fyth yn hawdd, ond y bore yma, dyma chi yn cael eich gosod mewn sefyllfa hollol annheg.

'Fel rhan o'u haddewidion etholiadol addawodd y Llywodraeth bresennol y byddent yn sefydlu, ped etholid hwy, Sianel Deledu Cymraeg. Mae'n debygol fod hwn yn un rheswm pam y pleidleisiodd rhai etholwyr iddynt. Ond yna, dyma William Whitelaw yn cyhoeddi nad oeddynt am gadw'u haddewid. Golyga hyn bod y rhai sydd yn creu'r deddfau a'r rheolau rydych chi'n eu gweinyddu yn torri eu gair. Y maent yn gweithredu nid yn unig yn anghyfiawn ond, ym marn miloedd o bobl Cymru o bob plaid wleidyddol, yn ymddwyn yn anghyfreithlon.

'Telais am drwydded deledu mewn da bryd bob blwyddyn. Anfonais y swm dyledus yn brydlon eleni i gronfa arbennig yng Nghaerdydd a sefydlwyd dan y ddealltwriaeth, os cawn Sianel, y trosglwyddir y swm arferol i'r Swyddfa Bost. Awgrymaf felly y dylech fy rhyddhau i heddiw. Nid wyf fi wedi torri Deddf Gwlad. Y llywodraeth sydd wedi torri'r ddeddf, nid y fi. Rwy'n gofyn yn foneddigaidd i chi felly fod mor ddewr a chyfiawn â rhai Ynadon eraill a'm cael yn ddieuog.'

Ar ôl pum munud daethant yn ôl a'm rhyddhau yn ddiamod. Neidiodd cyfreithiwr y Swyddfa Bost ar ei draed a holi beth am eu costau hwy. Atebodd y Cadeirydd, 'Na, nid ydym yn eich digolledu chi am eich costau chwaith.'

Yr achos nesaf oedd un o athrawon Ysgol Eifionydd. Soniodd wrthyf wedyn iddo fod yn poeni drwy'r nos am beth i'w ddweud. Gwelodd ei gyfle ac meddai, 'Er mwyn arbed amser i chi, a fuasech yn derbyn fod fy achos i a'm hapêl yr union yr un fath ag un Mr Lewis?' Cytunodd yr Ynadon a'i rhyddhau yntau.

Hwyl a hiwmor etholiadau a fu

Onid oedd yr etholiadau cyffredinol diwethaf yn anniddorol? Bob nos ar y Newyddion 'Cenedlaethol', cynrychiolwyr y tair plaid a reolir o Lundain oedd yn cael yr holl sylw. Yna, S4C a rhaglenni Saesneg Cymru yn ailadrodd y cyfan, gyda phwt am ymgeiswyr Plaid Cymru ar eu cwt yn enw ffug-ddemocratiaeth. Chafwyd fawr ddim hiwmor na sôn am droeon trwstan i ysgafnhau pethau. Roedd yn werth troi allan i gyfarfodydd ac i guro drysau erstalwm i fwynhau ffraethineb yr ymgeiswyr a'r heclwyr.

*   *   *

Bob Owen Croesor yn gofyn i'r ymgeisydd Llafur yn Stiniog yn etholiad 1945 pam roedd o wedi gadael y Blaid Genedlaethol? Yntau'n dweud, 'Fûm i erioed yn aelod o'r Blaid honno.' Bob Owen yn codi llun i fyny ac yn dweud, 'Y diawl celwyddog, dyma dy lun di yn Ysgol Haf 1937.'

*   *   *

Aneurin Bevan mewn cyfarfod arall yn y Blaenau yn dweud stori amdano ef ei hun yn olrhain ei achau. Haerodd fod ei hen-hen-daid ar ochr ei fam yn Faer Torïaidd dinas Bath. Yna canfu fod ei hen-hen-daid ar ochr ei dad wedi cael ei grogi am ddwyn dafad. Yna, yn sŵn chwerthin a churo dwylo, yn ychwanegu, 'O'r ddau mae'n well gen i yr un a gafodd ei grogi am ddwyn dafad'.

Cynhaliwyd cyfarfod cyhoeddus yng Nghaernarfon yn ystod un o ymgyrchoedd Dafydd Wigley, a'r actor Meredith Edwards yn annerch. Bu'n adrodd ac actio hanesyn am ffermwr yn Iwerddon yn taenu stori ar led fod rhai o arfau'r IRA wedi eu cuddio ar ei fferm. Daeth y Fyddin Brydeinig i archwilio pob adeilad ac aredig pob cae. Ar ôl rhai dyddiau, galwodd un o'r swyddogion ar y ffermwr i ddweud na chawsant hyd i 'run gwn na ffrwydron. Yntau'n gweiddi ar ei wraig, 'Mari, fe gawn ni blannu'r tatws rŵan'.

*   *   *

Mae pobol Porthmadog yn parhau i sôn am lecsiyna'r blynyddoedd a fu. Roedd y Cynghorwyr trefol yn gorfod dweud gair neu ddau ar risiau Neuadd y Dref ac yn cael eu holi a'u herio.

Bu'r gŵr talentog hwnnw, Goronwy Wyn Williams y Ffowndri, yn ymgeisydd seneddol dros y Torïaid yn Arfon a phlant y Rhyddfrydwyr yn canu y tu allan i'w gyfarfodydd, gerdd Eifion Wyn 'Cwsg Goronwy Wyn'.

Pan enillodd grŵp o bobol iau fwyafrif ar y Cyngor Tref enillodd Goronwy'r wobr gyntaf y flwyddyn ganlynol am ddychangerdd yn yr Eisteddfod Genedlaethol yn gwatwar yr etholiad. Gwyddwn ei fod yn mynd am beint i dafarn yr Heliwr yn y dref ar ei ffordd adref ambell noson. Dyma alw draw i'w longyfarch ac awgrymu fod arno fo lasiad i mi am drefnu'r lecsiwn a darparu pwnc ar gyfer ei gerdd fuddugol. Yntau'n gwenu yn braf ac yn dweud, 'Oes mae'n debyg – be gymrwch chi?'

*   *   *

Bu Trefor Morgan yn siarad mewn cyfarfod ac yn haeru ym Mhen-y-groes fod gweithwyr Lloegr yn ennill, ar gyfartaledd, ddwywaith mwy na gweithwyr Cymru.

Heclwr yn y cefn yn gweiddi, 'Na, 'di hynna ddim yn wir.'

Trefor yn gweiddi, 'Yndi tad.'

Yr heclwr yn dweud 'na' am yn ail â siaradwr yn dweud 'ydyn'.

Yna, yn sydyn, dyma Trefor yn dweud, 'Mi rydach chi'n iawn. Dydyn nhw ddim yn ennill ddwywaith mwy na gweithwyr Cymru – dim ond cael eu talu mwy maen nhw.'

*　　*　　*

Roeddem yn canfasio gydag ymgeisydd y Blaid yn ystâd fawr Maesgeirchen ym Mangor. Dyma ddyn yn ateb y drws yn llewys ei grys a'i fresys, golwg digon blêr arno a phapur newydd wedi'i blygu yn ei law. Roedd yn amlwg nad oedd ganddo amynedd i siarad efo'r ymgeisydd.

Gwelodd hwnnw ei gyfle a dweud, 'Dwi'n gweld eich bod awydd rhoi bet ar White Sails yn y ras am 2.30 heddiw.' 'Pam ddim?' meddai'r etholwr. Yr ymgeisydd yn dweud, 'Golden Gallion sydd yn mynd i ennill y ras yna.'

'Diolch,' meddai'r dyn, 'pa blaid ydach chi? Mi wna i fotio i chi os neith Golden Gallion ennill y pnawn 'ma.'

*　　*　　*

Mae canfasio, erbyn hyn, yn hwyl ar y cyfan. Mae'r rhan fwyaf o'r cyhoedd yn foneddigaidd a gweddol groesawgar ond y mae yna eithriadau. Daethom ar draws un ohonynt yng Nghricieth yn ystod un etholiad.

Roedd y tŷ yn ddeniadol iawn, a'r wraig a atebodd y drws yn drwsiadus ac yn siarad Saesneg crand. Cyfarchodd fy ffrind a minnau, 'O, chi sydd yna. Yn sicr nid wyf yn bwriadu

230

pleidleisio i Genedlaetholwr Cymreig. Pa un bynnag, mae'n bryd claddu'r iaith Gymraeg wirion yma. Mae hi'n llawn o eiriau Saesneg.'

Dyna ni'n ymdawelu am eiliad, ac ymdrechu i ddilyn rheol euraid canfasio, sef dal i wenu a pharhau i fod yn gyfeillgar. Dyma ofyn yn foesgar, 'At ba eiriau rydych chi'n cyfeirio?' Atebodd, 'Atom'. Meddwn innau, 'Mae'n ddrwg gennym mai gair Groegaidd yw hwnna.' Meddai hithau, 'Ôl reit ta – nuclear.' Mentrais ddweud, 'o'r Lladin mae'r gair yna.'

'Beth am bropaganda ta?' holodd yn flin. Atebais mai Lladin neu Eidaleg oedd ei wreiddyn.

Roedd yn amlwg yn dechrau colli'i thymer a dyma benderfynu ceisio ymadael ar delerau gwell. 'Diolch am y sgwrs,' meddem, 'mae gennych dŷ hardd yma.' Meddai'n gas, 'Nid tŷ ydy o ond *bungalow.*' Syrthiais i demtasiwn a dweud, 'O Sbaeneg neu o iaith Bengal y daw'r gair byngalo.'

'*Devils,*' meddai a rhoi clep ar y drws. Ar ôl mynd adref canfûm fod y gair Saesneg yna, fel diafol yn y Gymraeg, yn dod o'r Hebraeg drwy'r iaith Roegaidd. A chyda llaw, deallaf mai gair Almaeneg yw'r gair drws.

*   *   *

Yn Ebrill 1945 dyrchafwyd (os dyna'r gair) Lloyd George i Dŷ'r Arglwyddi a chynhaliwyd is-etholiad. Safodd Seabourne Davies, oedd yn athro yn y Gyfraith ym Mhrifysgol Lerpwl, yn enw'r Rhyddfrydwyr gyda chefnogaeth y Torïaid a'r Blaid Lafur.

Ei wrthwynebydd yn enw Plaid Cymru oedd yr athrylith mawr hwnnw, yr Athro J.E. Daniel. Yn ystod yr ymgyrch aeth Seabourne yn bersonol iawn a chymharu mwstás Daniel i un Hitler. Daeth tyrfa i gyfarfod olaf J.E.D. i gael clywed ei ymateb.

'Rwy'n deall fod fy ngwrthwynebydd yn dweud pethau personol iawn amdanaf,' meddai. 'Rwy'n siŵr y gwnewch faddau i minnau fod yn bersonol am ychydig funudau. Mi rydw i wedi bod yn edrych ar ei gymwysterau. Dwi'n gweld fod gennyf i un nad yw ganddo ef.'

Graddiodd Daniel yn Rhydychen gydag anrhydedd Dosbarth Cyntaf mewn tri phwnc gwahanol – camp a gyflawnwyd gan nifer dethol iawn yn hanes y Brifysgol. Nid oedd gan Seabourne Davies ddim o'i gymharu ag ef. Disgwyliai pawb i'r Athro edliw hynny ond nid dyna a gawsom.

'Bu Mr Davies fel minnau yn Ysgol Friars,' meddai, 'ond hyd y gwyddom ni fu erioed yn aelod o dîm pêl-droed yr ysgol. Fe fûm i yn gapten y tîm. Un peth a ddysgais os oeddech hyd yn oed ofn colli – chwarae'r bêl nid y dyn.'

*   *   *

Cyhoeddodd y *Cambrian News* stori am ŵr o'r Dwyrain Pell a oedd yn cael carwriaeth gyda chymydog, a'i alw yn 'Mr X'. Yn ystod etholiad galwodd Bryan a minnau arno i geisio'i berswadio ef a'i deulu i bleidleisio i Dafydd Wigley.

Nid oeddem yn siŵr a oedd wedi deall yn iawn oherwydd, hwyrach, ein hacen ni wrth siarad Saesneg. Dyma orffen wrth ddweud yn syml mai'r cyfan oedd angen iddo wneud oedd ysgrifennu 'X' ar gyfer enw Dafydd. Cynhyrfodd yn lân a dweud 'NO, NO, I'm not Mr X'.

Yr Ynys Werdd

Yn 2001 cyhoeddodd Gwasg Carreg Gwalch gyfrol hwyliog o'r enw *Profiadau Gwyddelig*, dan olygyddiaeth William Owen, o argraffiadau ac atgofion nifer o lenorion am Iwerddon. Oherwydd hudoliaeth yr Ynys Werdd a'i phobol unigryw hyderaf fod cyfrol arall lawn mor hudolus yn cael ei pharatoi.

Prin hanner dwsin o weithiau y cefais i'r pleser o ymweld â'r wlad, ond bûm yn trysori ac ail-fyw ambell un ohonynt ar lawer noson ddigalon i lonni fy myd. Cofio lliwiau'r llynnoedd yn ardal Clifden, glesni'r mynyddoedd a rhyferthwy tonnau'r Iwerydd yn hyrddio yn erbyn creigiau Connemara. Mwynhau'r prydau o fwyd lleol a'r gwmnïaeth gofiadwy.

Oherwydd eu bod yn enwog am ddweud pethau digri, amheuais erioed bod y Gwyddelod yn adrodd ambell i ddywediad â'u tafod yn eu boch. Roeddwn yng nghwmni rhai o aelodau tîm rygbi Pwllheli yn Nulyn un gaeaf. Pan gyrhaeddodd ein bws tynnodd un o'r hogiau sylw'r gyrrwr fod un o'r olwynion blaen yn fflat. Daeth yntau allan a dweud, 'Diolch mai yn y tamed gwaelod o'r teiar mae o'.

Weithiau, nid yw eu dywediadau mor wirion ag y maent yn ymddangos ar yr olwg gyntaf. Er enghraifft, y stori am Wyddel yn gofyn i gyfaill, 'Ai ti ynteu dy frawd a fu farw'r wythnos ddiwethaf?' Tybed a oedd ei frawd ac yntau'n efeilliaid oedd mor debyg fel na ellid yn hawdd wahaniaethu rhyngddynt?

Roedd Alan 'gwallt' o Bwllheli a minnau wedi llogi tacsi un

prynhawn ac, o glywed sŵn cyrn yn canu'n geryddgar yn aml, sylwasom nad oedd ein gyrrwr yn cymryd dim sylw o olau coch. Dyma ofyn iddo, mor ddiplomataidd ag oedd yn bosibl, pam yr oedd yn gwneud hyn? Atebodd, 'Rwy'n cymryd yn ganiataol nad yw'r golau'n gweithio.'

Honnodd un o'r hogiau iddo fynd ar fws o gwmpas y dref i weld adeiladau enwog y ddinas. Yn sydyn, daeth car ar frys gwyllt o stryd gerllaw a chroesi dan drwyn y bws. Gwaeddodd Sais o'r cefn, 'Gyrrwr Gwyddelig wedi meddwi eto'. Atebodd y gyrrwr, 'Na dydyn ni Wyddelod byth yn gyrru ac yfed; rydyn ni'n yfed cyn gyrru bob amser.'

Canmol y croeso y mae pob ymwelydd â'r Ynys Werdd. Mewn gwesty moethus gryn bellter o ganol Dulyn yr arhosai ein criw ni. Cafodd tîm rygbi Cymru andros o gweir y prynhawn hwnnw. Pan gyraeddasom yn ôl i'r gwesty roedd y gweinyddesau yn un rhes wrth y drws yn dweud, 'Peidiwch poeni, fe wnawn ni eich cysuro'.

Gyda'r nos roedd tua hanner cant o wahoddedigion i briodas yn aros yn y gwesty ac yn mwynhau cwmni ei gilydd mewn ystafell ar wahân. Pan glywsant sŵn canu'r hogiau estynnwyd gwahoddiad inni ymuno â hwy. Canodd sawl un ganeuon Gwyddelig yn gyfnewid am ein cyfraniadau ninnau.

Y bore roeddem yn ymadael safodd nifer dda o'r staff wrth y drws i ffarwelio. Tystiodd y rheolwr ei fod wedi bod yn nerfus wrth dderbyn cefnogwyr rygbi i'w gwesty, yn enwedig gan fod nifer o westeion eraill yno yr un pryd. Ychwanegodd fod croeso inni ddod eto ac na chafodd un gŵyn am ein hymddygiad, er mor fywiog ydoedd. Meddai un o'r gweinyddesau, 'You're all mad – I'm going to write a book about you and it will be a best seller'.

Un tro, roeddwn yn crwydro Iwerddon ar fy mhen fy hun ac wedi colli fy ffordd. Arhosais i holi tri hynafgwr oedd yn eistedd ar fainc gerllaw. Yr oeddwn, meddent, tua naw milltir o'm nod, a dyma finnau'n dechrau sgwennu cyfeiriadau. Yna, meddai un ohonynt, 'Mi ddeuwn ni'n tri efo chi yn y car i ddangos y ffordd i chi.' 'Diolch yn fawr,' atebais innau, 'ond sut y dowch chi'n ôl i'r fan hon?' 'O,' meddent, 'mae rhyw ddyn diarth yn siŵr o ofyn y ffordd inni o'r fan honno i'r fan hon.'

Ddechrau Medi roeddwn yn crwydro Connemara ac arhosais am funud neu ddau i wrando ar blant yn chwarae ym muarth ysgol fechan ym mherfedd gwlad. Roeddwn wrth fy modd yn eu clywed yn siarad Gwyddeleg. Ffwrdd â mi i'r pentref am banad o goffi. Tua hanner awr yn ddiweddarach roedd y disgyblion yn dal i chwarae. Galwais yn yr ysgol a gweld y ddwy athrawes yn yfed te, yn ysmygu ac yn sgwrsio'n hamddenol. Crybwyllais fod yr amser chwarae yn hir. Eu hymateb oedd, 'Ni ddylem flino'r plant yn ormodol ar ddiwrnod cyntaf y tymor.' Esboniais iddynt fy mod yn digwydd bod yn Gadeirydd Pwyllgor Addysg Cyngor Gwynedd a'n bod ni'n dysgu trwy gyfrwng y Gymraeg. Holais tybed a allwn gael gwrando ar un ohonynt yn rhoi gwers mewn Gwyddeleg? Cytunasant ar unwaith a galw'r plant ynghyd i un ystafell a dweud, 'Blant, mae gennym ymwelydd o Gymru heddiw ac o rŵan hyd amser cinio mae am sôn wrthych am ei wlad.' Fy sodro'n ddeheuig – am awgrymu fod y plant yn cael gormod o amser chwarae rwy'n siŵr!

Gofynnodd siopwr imi a fuaswn yn caniatáu i wraig ganol oed, oedd yn y siop, deithio gyda mi yn fy nghar i'r dref tua naw milltir i ffwrdd a chytunais. Wrth deithio dywedodd ei bod yn mynd unwaith yr wythnos o'r pentref bychan lle roedd yn byw, i siopa yn y dref. Nid oedd wedi bod yn unman arall erioed. Gofynnais iddi onid oedd yn teimlo bod ei bywyd yn dlawd? 'Na,' meddai, 'mae gen i gartref sych a tho uwch fy mhen, digon o fwyd a dillad, dau o blant a rhywun i swatio'n glyd efo fo ar noson oer.' Gofynnais iddi ble yr hoffai ymweld ag ef pe bai ganddi ddigon o arian. Goleuodd ei hwyneb a dweud, 'O, Caergybi.' Man gwyn man draw?

Haerai cyfaill imi, oedd yn crwydro'r hollfyd gyda'i waith,

mai dwy wlad fwyaf croesawgar y byd i deithiwr ar ei ben ei hun yw Cymru ac Iwerddon. Clywais seicolegwyr yn dweud un tro nad yw'r Cymry na'r Gwyddelod yn gwerthfawrogi pa mor athrylithgar ydynt am wneud dieithriaid yn gyfeillion. Y mae pob ymweliad a wnaeth cannoedd o Gymry â'r Ynys Werdd yn cadarnhau gwirionedd hynny.

Gair byr i gloi

Soniodd Dafydd Orwig wrthyf un tro ei fod ef a Beryl yn caniatáu i'w teulu aros ar eu traed yn hwyr weithiau i wrando ar atgofion difyr ambell i hen chwarelwr oedd yn galw heibio. Gobeithient, ymysg pethau eraill, y buasai'r plant yn cael blas ar sgwrsio. Yn yr ysbryd hwnnw yr ysgrifennwyd yr atgofion cymysg hyn. Difyrru, dyna oedd y prif gymhelliad.

Ond gan mai *Wir Yr!* yw teitl y gyfrol hon, rhaid gwneud un cyfaddefiad wrth ddweud 'ffarwél'.

Aeth yn beth ffasiynol bellach i ddweud nad oes gan bobl ddiddordeb mewn gwleidyddiaeth. Er hynny, mewn amryw benodau, mentrais sôn am gynghorau a gwleidyddion. Lled obeithiaf, wrth roi cip y tu ôl i'r llenni, ddangos bod hyd yn oed 'yr hen bolitics yma' yn aml nid yn unig yn bwysig, ond yn ddigri, yn ddramatig ac yn ddiddorol.

Yr hanesydd Arnold Toynbee a ddywedodd, 'Nid yw hanes byth yn digwydd. Y mae hanes yn cael ei greu wrth i bobloedd gwlad benderfynu bod yn ddewr, neu lwfr, yn wyneb yfory.'

Mewn geiriau eraill, y mae sut Gymru fydd gennym ni yfory yn dibynnu arnoch chi a minnau. 'Hwynt-hwy ydyw'r gweddill dewr . . . ' Gyda chân Dafydd Iwan yn seinio yn ein clustiau, 'Dewch hen ac ieuanc, dowch i'r gad,' diolchaf i chi am alw i gael sgwrs.

Mynegai